GAOGUAN TUANDUI JINGYAN，
GAOGUAN JILI
YU QIYE SHEHUI ZEREN

高管团队经验、高管激励
与企业社会责任

马景晨◎著

西南财经大学出版社

中国·成都

图书在版编目(CIP)数据

高管团队经验、高管激励与企业社会责任/马景晨
著.--成都:西南财经大学出版社,2024.11.
ISBN 978-7-5504-6519-0

Ⅰ.F279.2

中国国家版本馆 CIP 数据核字第 2024Z3S743 号

高管团队经验、高管激励与企业社会责任

马景晨 著

策划编辑:王甜甜
责任编辑:王甜甜
责任校对:李建蓉
封面设计:墨创文化
责任印制:朱曼丽

出版发行	西南财经大学出版社(四川省成都市光华村街 55 号)
网　　址	http://cbs.swufe.edu.cn
电子邮件	bookcj@swufe.edu.cn
邮政编码	610074
电　　话	028-87353785
照　　排	四川胜翔数码印务设计有限公司
印　　刷	成都国图广告印务有限公司
成品尺寸	170 mm×240 mm
印　　张	14
字　　数	237 千字
版　　次	2024 年 11 月第 1 版
印　　次	2024 年 11 月第 1 次印刷
书　　号	ISBN 978-7-5504-6519-0
定　　价	88.00 元

前言

在数字化背景下，社会公众对企业履行社会责任提出了新的要求。企业不仅要履行传统的社会责任，还要重视数字化带来的隐私泄露、算法黑箱等社会问题。企业社会责任是关系企业持续发展的重要问题，真正意义上的高水平企业社会责任应该同时包括两个方面：一方面，企业需要避免"做坏事"，即积极规避企业不负责任的行为；另一方面，企业需要积极"做好事"，即积极实施负责任的行为。

国内同时研究企业负责任的行为与不负责任的行为的文献较少，原因主要有两个：一是中国的企业社会责任的测量机制存在问题，很少有机构从企业负责任行为和不负责任行为两个方面披露企业社会责任履行情况，更多的是以总分的形式呈现，人们只能通过整体得分分析企业社会责任履行状况，这给研究带来了很大的困难。二是与企业负责任的行为相比，不负责任的行为会吸引更多人的关注，企业会将更多的注意力投放在企业不负责任的行为上。不只是消费者、供应商，媒体和大众也更加关注被报道的企业的不负责任行为，这就使得一些学者将研究的重点放在单独研究企业不负责任行为上。

然而，企业负责任行为与不负责任行为的关系类似于双因素理论中的"激励—保健"关系，并不是非此即彼的，而是可以同时出现在企业的行为中的。企业所处的发展阶段、所拥有的资源以及所面对的外部环境不同，企业对负责任行为与不负责任行为所投入的关注可能是不同的，因此，我们有必要对二者同时进行研究。

我国企业战略决策的制定与实施大都由管理者最终决定，管理者对企业的最终结果负责，因此研究高管团队对企业社会责任的影响是重要的。高管团队经验不只代表着高管团队的特征，还代表着管理团队各种知识与能力的积累与整合。研究高管团队经验如何影响企业负责任行为与不负责任行为，不仅能验证高管团队经验是否同时影响负责任的行为与不负责任的行为，也能验证高管团队依据其经验做决策时，是否会对企业负责任的行为或不负责任的行为有所侧重。以往的研究更多关注内外部压力对高管团队特征与企业社会责任的关系的影响，而本书研究的是如何从组织内部激发高管团队成员履行社会责任的积极性。因此，本书在探究高管团队经验如何同时影响企业负责任行为与不负责任行为时，将高管激励纳入研究框架。

本书共有 7 章。第 1 章为导论，提出本书的研究背景和意义、研究内容与研究方法，以及研究的创新之处。第 2 章为企业社会责任、高管团队经验、高管激励相关研究文献综述。第 3 章为研究的理论框架和相关理论，包括对高阶梯队理论、注意力理论和激励理论的介绍。第 4 章研究高管团队经验对企业社会责任的影响。第 5 章研究高管团队经验交互对企业社会责任的影响。第 6 章研究高管激励对高管团队经验与企业社会责任的关系的影响。第 7 章对前面的研究进行总结，并进行研究展望。

本书的研究在验证高管团队经验、高管激励与企业社会责任行为之间的关系时，以 2013—2021 年 A 股主板公司为研究样本，采用固定效应回归等多种计量方法进行假设检验。首先，本书的研究分别验证了职能经验异质性、共享经验、行业经验对企业负责任行为与企业不负责任行为的影响。研究表明，职能经验异质性、共享经验、行业经验都能优化企业负责任的行为，也能改善企业不负责任的行为。职能经验异质性较多关注企业负责任的行为，而共享经验和行业经验对企业不负责任行为的关注略多于对企业负责任行为的关注。为了进一步验证高管团队经验对企业社会责任的影响的这种不对称性，本书将企业社会责任分为对内部利益相关者、外部利益相关者负责任与不负责的行为，研究高管团队不同的经验针对不同利益相关者时对企业社会责任行为的影响。验证了在不同股权性质的企业、处于不同生命周期的企业，以及不同产业类型的企业中，高管团队经验对企业负责任行为与不负责任行为的影响的不同。其次，本书的研究检验了高管团队职能经验异质性与共享管理经验、行业经验与共享管理经验交互对企业社会责任的影响。结果表明，共享经验与职能经验异质性、共享经验与行业经验进行交互后，仍然可以使具有职能经验异质性和行业经验的管理者注意优化企业负责任的行为和改善企业不负责任的行为。然而随着高管团队成员共事时间的增加，职能经验异质性带来的多样性知识变少，企业高管优化负责任行为和改善不负责任行为的积极性有所降低。最后，本书的研究将高管激励作为门槛变量，检验薪酬激励、股权激励与声誉激励对高管团队经验与企业社会责任的关系的影响。结果表明，声誉激励并没有明显的门槛效应，但声誉激励可以促使有经验的管理者改善企业不负责任的行为；以薪酬激励为门槛变量时，需要跨过一定的薪酬门槛，高管才能更好地发挥经验的作用来优化企业负责任行为或改善企业不负责任的行为；而股权激励作为门槛变量时，股权激励存在一个门槛值。过多的股权激励不但不会促使高管改善企业不负责任的行为，还会因为高管团队成员的经验而促使企业做出更不负责任的行为。

在数字化时代，企业社会责任面临着更大、更多的挑战。高管团队提升企业的社会责任水平任重而道远。本书的研究丰富了企业社会责任相关研究成果，拓宽了企业社会责任的研究视角。针对本书的研究结果，笔者提出了相关的建议，以期能帮助企业完善高管团队成员结构，完善企业激励制度，提高高管团队成员的积极性，提高企业的核心竞争力，从而促进企业持续健康发展。

马景晨

2024 年 5 月

目录

1 导论

1.1 研究背景

儒家以"仁"为核心思想，包括仁爱、仁慈和人道主义。企业社会责任的理念与中国传统文化的理念是一致的（王鹤丽，2020）。中国企业强调履行社会责任，自2000年年末以来，深圳证券交易所和上海证券交易所强制要求部分企业对其社会责任报告进行披露，并鼓励其他企业积极披露企业社会责任报告。2022年11月20日，国务院发布的《企业社会责任蓝皮书（2022）》中，中国300强企业发展指数为36.4分，与前几年相比，虽然该指数波动不大，但超四成半企业社会责任发展指数达到三星级及以上水平，说明企业社会责任水平在平稳中有所提升。润灵环球携手第一财经研究院和诺亚控股撰写的《2022中国A股公司ESG评级分析报告》，以截至2022年5月底披露的A股上市公司为样本，分析显示：近年来上市公司ESG①信息披露水平不断提高，企业ESG平均得分也呈现上升趋势。可以看出，上市企业正逐渐把ESG理念贯穿于经营实践，这也说明企业履行社会责任的水平在稳步中有所提升。党的十九大要求企业注重生态环境保护，要求企业在发展的同时注重回馈社会，提高就业率，并要求企业不断创新。党的二十大又强调了推动产业结构、能源结构、交通运输结构等调整优化，加快构建废弃物循环利用体系；加快节能降碳先进技术研发和推广应用，健全就业促进机制，促进高质量充分就业，消除影响平等就业的不合理限制和就业歧视；健全终身职业技能培训制度，完善劳动者权益

---

① ESG是environmental（环境）、social（社会）和governance（公司治理）的缩写，是一种关注企业环境、社会、治理绩效的投资理念和企业评价标准。

保障制度。

　　越来越多的企业重视自身的形象，投身到履行企业社会责任中来。然而，一个难以否认的现实是：企业社会不负责任的行为如同"幽灵"一般，始终伴随着中国企业经济的发展（许罡，2020；杨继生和阳建辉，2016），并给相关企业以及社会大众都带来了深远的负面影响。例如，三鹿集团在2008年汶川地震时捐款捐物，但同年却爆发了震惊全国的三鹿奶粉事件；紫金矿业自诩以优质的矿物材料为中国及全球经济增长助力，但在2010年发生3次溃坝事件、2次废水泄漏事件、1次氰化钠泄漏事件；长春生物在2018年以前疫苗研发风生水起，研发各类疫苗，市值更是达到292亿元，然而同年，毒疫苗事件爆发，被爆各类疫苗不合格，严重损害了人民对于疫苗的信任；还有"3·15"国际消费者权益日曝光的酸菜门事件，不仅是对统一集团的打击，更是对整个与酸菜有关的产业都产生了影响……这些企业存在着这样一种现象，即当企业不负责任的行为被公众熟知和关注时，即使企业之前有良好的负责任的行为，并且事件爆发之后也采取了相关的补救措施，仍然会对企业发展带来重大影响。真正意义上的高水平的企业社会责任应该同时包括两个方面：第一，企业需要避免"做坏事"；第二，企业需要积极"做好事"。

　　企业履行社会责任存在多种动机，如追求企业利润、迫于合法性的压力、来自利益相关者的压力以及竞争的需要等（Porter & Kramer，2002；Kaul & Luo，2018；Flammer，2018；Petrenko et al.，2016）。学者们用多种理论对企业行为动机进行研究，其中利益相关者理论是企业社会责任研究的主导范式（Agle et al.，2008；Flammer，2015；McWilliams & Siegel，2001）。利益相关者理论提出：企业履行社会责任可以帮助企业与各种利益相关者建立关系，从而提升企业绩效（Bansal & Roth，2000；Flammer & Bansal，2017；Jones，1995；Jones et al.，2018）。代理理论则被应用于研究管理层自利动机和公司治理对企业社会行为的影响（Masulis & Reza，2014；Petrenko et al.，2016）。制度理论强调企业社会责任如何受到合法性压力的影响（Campbell，2007；Jeong & Kim，2019；Luo et al.，2017；Marquis & Tilcsik，2016）。高阶梯队理论关注管理层的特质或价值观，以及这些特质或价值观会如何影响企业的社会责任行为（Chin et al.，2013；Petrenko et al.，2016；Tang et al.，2018；Tang et al.，2015）。与其他理论相比，高阶梯队理论更加注重高管自身特征在决策时所起的作用，唐塑

（2020）提出高管团队才是企业社会责任战略的最终制定者和执行者，并对企业的行为结果负责。因此，本书选择高阶梯队理论作为全文的理论支撑，研究高管团队对企业社会责任行为的影响。

有学者将高管团队特征以及异质性应用于企业社会责任的研究中，高管团队特征主要考虑年龄等常见人口统计学特征变量的平均值，同样地，任期的均值、平均学历、女性在高管团队的占比（Krishna，2008；Adams & Ferreira，2009；Manner，2010；Zhang，2017；Reimer et al.，2018），也被用于与企业履行社会责任相关的研究。随着研究的深入，高管团队的年龄异质性、学历异质性、职能经验异质性（周虹，2017；徐海成和张蓓奇，2020）都被用于企业履行社会责任的相关研究。考虑到高管是企业各项决策的制定者，高管的相关经历会影响企业的社会责任。例如，海外经历（Zhang et al.，2018；Beji et al.，2020），拥有海外经历的管理者被认为可能更关注企业的社会责任；贫困经历（许年行和李哲，2016；陈良勇等，2022）使高管更关注企业的声誉；从军经历（朱沆 等，2020；傅超等，2021）则使高管做决定更加谨慎。一些学者关注到高管团队特征（如海外背景、女性高管占比）对企业不负责任行为的影响（张林刚 等，2020），然而高管特征是否同时影响企业负责任的行为和不负责任的行为，并没有受到广泛关注。高管的经验源于高管在企业工作时知识经验的不断积累，高管团队的经验既包含每个高管的个体经验，又是对所有高管经验的整合，是企业独特的竞争优势。高管团队不同的经验引导着高管注意力的分配，使其决策能够关注到企业负责任的行为或不负责任的行为。高管的专业水平、知识整合能力以及行业知识对企业收集信息、制定和执行决策非常重要。而与专业水平、知识整合能力以及行业知识相对应的是高管团队的职能经验、共享管理经验与行业经验，这些经验也可能会使企业陷入以往的决策模式中。因此，高管经验究竟如何起作用，会使企业及时作出调整还是故步自封，会使企业优化负责任的行为，还是改善企业不负责任的行为，这些问题都应该得到学术界的关注。

由于我国的企业社会责任评分并不高，还有很大的提升空间，因此研究高管激励机制是否能够真正地激发高管团队的积极性以提升企业社会责任水平具有现实意义。近年来，高薪酬成为企业吸引高管的重要手段，当企业的薪酬能够满足高管的期望时，高管会更愿意做出对企业有利的行为。2006 年，股权激励的管理办法被正式写入政府文件。之后，股权激励被普遍运用于企业，以让渡高管股权的形式激励高管做出对企业有利的决策。股权激励是一种契约，这份契约将高管获得的报酬与公司的股价绑定，与公司的经营绩效直接相关（吕长江 等，2009）。高管不仅需要薪酬或股权这类显性报酬激励展示自己的能力，而且良好的高管声誉也是高管的追求，因为这能证明其才能和价值（黄群慧和李春靖，2001）。高管普遍认为，声誉能带来更多的尊重和高度评价。Dunbar 和 schwalbach（2000）的调查结果认为，多数高管通常把自己的声誉作为其事业成功的内在驱动力。薪酬激励是将高管的短期业绩与企业经营好坏相绑定；股权激励将高管的长期业绩与企业的经营好坏相绑定；声誉激励是高管将自我价值的实现与企业相绑定。企业应该如何有针对性地制定激励措施，以促使高管团队成员充分发挥经验的作用并积极地解决企业问题，还需要进行进一步的研究。

1.2 研究意义

1.2.1 理论意义

第一，拓宽了企业社会责任的研究视角。目前的研究中，更多是将企业社会责任看作一个整体，只有少部分单独研究企业不负责任的行为，并得出企业要积极履行社会责任的结论。笔者认为，企业负责任的行为与不负责任的行为应该同时研究：一方面，企业负责任的行为和不负责任的行为是企业不同的行为方式，将其混为一谈，容易造成企业社会行为的"好坏抵消"，并掩盖企业"做坏事"所产生的负面影响。事实上，企业负责任行为的增加并不意味着企业不负责任行为的减少。另一方面，企业负责任的行为与不负责任的行为给公众带来的刺激也是不同的（Crilly et al.，2016；Groening & Kanuri，2018）。当企业同时存在负责任行为与不负责任行为时，负责任行为与不负责任行为受到的企业的关注也可能是不同的，这可能会导致企业管理层做决策时更加关注企业负责任行为与不负责任行为的某一方面（Fu et al.，2020；Ma & Huang，2022）。因此，本书将企业负责任的行为和不负责任的行为同时引入研究框架，不仅研究相关因素如何分别影响负责任的行为与不负责任的行为，还比较了相关因素对二者的影响是否对称，并把企业社会责任进一步细化为对内部利益相关者、外部利益相关者的负责任与不负责任行为。以上研究拓宽了以往只将企业社会责任看作一个整体的研究，为研究企业社会责任提供了新的视角。

第二，拓展了企业社会责任影响因素的研究。本书以高阶梯队理论为理论基础，研究高管团队经验对企业社会责任的影响。高管团队作为企业战略的主要制定者和执行者，其经验对企业社会责任战略的制定与执行有不可忽视的作用。虽然在高阶梯队理论的描述中经常将"经验"一词包括在内（杨林 等，2020），但鲜有文献对高管团队经验与企业社会责任的关系进行相应的研究。本书以高管团队经验为切入点，不仅研究了高管团队经验对企业社会责任的影响，还研究了不同的高管团队经验交互对企业社会责任的影响。这是对高阶梯队理论的进一步应用，不仅补充了高管团队对企业社会责任影响的相关文献，还有助于进一步了解和掌握企业社会责任的影响因素。

第三，丰富了高管团队特征对企业战略影响的解释方式。本书将高阶梯队理论与注意力理论相结合，用来解释高管团队经验对企业负责任行为与不负责任行为关注的不对称。以往研究只得出高管团队特征会影响企业社会责任履行的结论，鲜有文献解释高管团队为什么对企业社会责任的影响有所不同。本书认为，对于不同股权性质、不同生命周期与不同产业类型的企业而言，高管团队经验对企业负责任行为与不负责任行为的关注不同。这主要是因为，在信息与资源有限的情况下，高管团队的注意力会集中在那些对企业有利的行为上。高阶梯队理论与注意力理论相结合，解释了为何不同经验的高管团队会侧重于关注企业社会责任的不同方面，为今后开展类似的研究提供新的研究思路与方法借鉴。

第四，丰富了激励作为调节变量的研究。本书的研究将高阶梯队理论与激励理论相结合，分析不同高管激励措施对高管团队经验与企业社会责任关系的影响。已有的研究大多着眼于某激励措施的线性调节效果，而本书认为，激励只有在满足高管期望时才能发挥作用。因此，本书将激励作为门槛变量，研究薪酬激励、股权激励、声誉激励如何激励高管发挥不同经验的作用，以促进企业优化负责任的行为或改善不负责任的行为。本书的研究丰富了高管激励计量方法的同时，也增加了激励对高管团队特征与企业社会责任关系的影响等方面的文献。

1.2.2 实践意义

第一，企业如何履行社会责任一直是企业和社会公众关注的问题。尽管企业社会责任水平在稳步提高，但企业不负责任的行为仍然以各种形式隐藏在不同的利益相关者中。提升企业社会责任水平应该包括两个方面：

一方面是优化企业负责任的行为；另一方面是改善企业不负责任的行为。本书认为高管团队经验中的职能经验异质性、共享管理经验和行业经验可以优化企业负责任的行为并改善企业不负责任的行为，同时在面对不同的利益相关者、不同的生命周期、不同的产业类型的企业时，高管团队经验对企业负责任行为与不负责任行为的关注程度有所不同。因此，本书研究高管团队经验对企业社会责任的影响，可以使高管在企业的不同阶段、面对不同的环境，充分发挥经验的作用，做出对企业有利的决策。

第二，本书不仅研究了高管团队职能经验异质性、共享管理经验与行业经验对企业社会责任的影响，还研究了高管团队经验交互对企业社会责任的影响，即随着高管团队成员共事时间的增长，高管团队经验对企业社会责任的影响是否会发生改变。这对企业高管团队的组建也具有重要意义。丰富的职能经验能为团队带来多样性的知识，而行业经验使高管熟知本行业中供应商、竞争者的优势和劣势，这些都可以为企业及时调整企业社会责任战略提供充足的依据。共享管理经验可以提升知识整合的效率，促进团队成员间的沟通，发现并纠正信息传递过程中的错误。然而，随着共享管理经验的增加，高管团队知识的多样性会减少，进而可能会出现集体思维倾向。因此，研究高管团队经验对企业社会责任的影响，可以使企业在组建高管团队时就重视对高管团队成员的选择，并且在企业的日常经营中注重高管团队成员能力的提升，以保持团队的活力。

第三，高管团队经验是高管长期在企业中积累的宝贵财富，是企业重要的知识储备，如何激发高管的积极性，使他们将积累的经验用于企业的发展，是企业长期关注的问题。因此研究高管激励发挥作用的机制对企业提升社会责任水平有重要作用。本书得出这样的结论：企业的薪酬激励需要跨越一定的门槛，股权激励存在一个门槛值，在此基础上的高管激励可以激发高管团队成员的积极性，使其发挥经验的作用提升企业的社会责任水平。这对企业制定和实行激励措施有一定的指导作用。

1.3 研究内容与研究方法

1.3.1 研究内容

本书以高管团队经验对企业社会责任的影响为主线展开研究，旨在找出高管团队经验如何影响企业负责任的行为与不负责任的行为，以及高管的薪酬激励、股权激励、声誉激励是否能作为门槛变量，影响高管团队经验与企业社会责任的关系。为了进行以上研究，全书共分为7章，研究内容如下：

第1章为导论。这一部分是对所研究内容的概括。开篇即阐述研究背景，该背景又包含现实背景和理论背景。在此背景下，笔者提出研究意义、研究内容，并总结出研究框架，绘制了技术路线图，还提出了本书具备的创新点。

第2章为文献综述。本章首先梳理了企业社会责任的演化历程，发现企业负责任的行为和不负责任的行为可以同时存在于企业中；系统地梳理了影响企业社会责任的因素，发现管理者在很大程度上影响企业社会责任的行为；对常用的企业社会责任的测量方式进行了汇总，从中找出了适合本书的测量方式。其次，梳理了高管团队经验的相关文献，发现高管团队经验还没有被用于企业社会责任的研究。最后，梳理了高管激励的相关文献。通过对以往文献的梳理，发现以往研究的不足，并确定了本书的主题与方向。

第3章为理论基础。理论基础为本书的研究提供理论支撑。首先，本书以高阶梯队理论作为主要理论；其次，将高阶梯队理论与注意力理论相结合，解释高管团队经验对企业社会负责任行为与不负责任行为的影响并不对称；最后，将激励理论引入研究框架，解释激励产生的原因，以及激励所带来的结果。

第4章为高管团队经验对企业社会责任的影响。首先，本章对所要研究的问题进行了理论分析并提出了研究假设，选取了适当的数据，确定了模型，利用多元回归法实证检验了职能经验异质性、共享管理经验与行业经验对企业负责任行为和企业不负责任行为的影响。其次，在进一步研究中，将高管团队经验对企业负责任行为和不负责任行为进行比较，以确定不同的高管经验是否对企业社会责任行为的关注点不同。再次，本章还将企业社会责任行为分为对内部利益相关者、外部利益相关者的负责任行为和不负责任行为，进一步解释高管团队经验对企业负责任行为与不负责任行为的关注存在着区别。最后，本章还进行了异质性研究，从股权性质、企业生命周期与产业类型三个方面全面阐述了高管团队经验在不同股权性质的企业、不同生命周期阶段的企业，以及不同产业类型的企业中对企业社会责任的关注与影响方式。

第 5 章为高管团队经验交互对企业社会责任的影响。在研究了不同高管团队经验对企业社会责任的影响后，本章研究高管团队经验的交互效应对企业社会责任的影响。本章利用多元回归法实证检验了高管职能经验、行业管理经验与共享经验的交互效应对企业负责任行为与不负责任行为的影响，分析随着高管团队共事时间的增加，职能经验异质性和行业经验对企业社会责任的影响是否会发生变化。为了更好地解释这种变化，本章进一步研究将企业社会责任分为对内部利益相关者、外部利益相关者的责任。

第 6 章为高管激励对高管团队经验与企业社会责任的关系的影响。本章在进行了理论分析和提出研究假设后，设定了研究模型，依次验证了以薪酬激励、股权激励和声誉激励为门槛变量，高管团队经验与企业社会责任行为之间关系发生的变化，在本节的最后还进行了稳健性检验。

第 7 章为研究结论与启示、研究局限与展望。在总结以上研究的基础上，提出了本书的理论贡献与政策建议，并根据本书研究存在的局限性提出了未来可能的研究内容与方向。

1.3.2　研究框架

按照本书的研究内容与思路，本书的研究框架如图 1-1 所示。

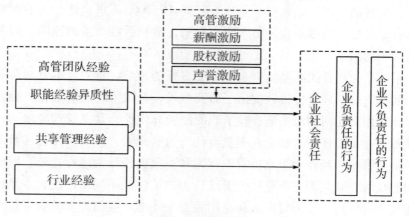

图 1-1　研究框架

图 1-1 为本书的研究框架，主要包括三个部分的研究：高管团队经验对企业社会责任的影响，高管团队经验的交互效应对企业社会责任的影响，以及高管激励对高管团队经验与企业社会责任的关系的影响。这三个

部分环环相扣，紧密联系，很好地解释了高管团队经验、高管激励与企业社会责任之间的关系。

1.3.3 研究方法

本书所采用的研究方法包括：

1.3.3.1 文献综述法

文献综述法是指通过收集整理前人的科学研究成果，掌握研究对象的研究现状，以达到对研究问题全面的认识。本书使用文献综述法对本书所涉及的理论（高阶梯队理论、注意力理论与高管激励理论）与关键变量（高管团队经验、企业社会责任与高管激励）进行系统性的文献梳理和回顾，为后文进行假设推导提供文献基础。

1.3.3.2 规范研究法

规范研究法是根据相关理论的逻辑性，探讨事物间的内在联系，为进行实证研究打下基础。本书在高管团队经验、企业社会责任等相关文献的基础上，结合我国企业中既存在负责任的行为又存在不负责任的行为的现状，基于高阶梯队理论，并以注意力理论作为补充，推导出高管团队经验影响企业负责任行为与不负责任的行为，并且其对二者的影响是不对称的，二者的关系会受到高管激励机制的影响。

1.3.3.3 实证研究法

实证研究法是将之前的逻辑分析以实证的方式加以验证，是对规范研究法的补充。本书利用中国经济金融研究数据库（China stock market & accounting research database，CSMAR）获得高管团队经验的数据以及控制变量和调节变量的数据，利用中国研究数据服务数据库（China research data services，CNRDS）获得相应的企业社会责任的数据，并以公司年报及网络媒体相关报道、百度百科等相应的数据作为补充，使用Stata15.1等软件进行了相关的实证分析，验证了本书的假设。

1.3.4 技术路线

图1-2展示了本书的行文逻辑，根据相关的现实背景确定了本书的研究主题；对所要研究的对象进行文献梳理，发现以往研究的不足；立足于相关理论，提出相关假设，并进行实证研究；根据研究结果提出相关建议。

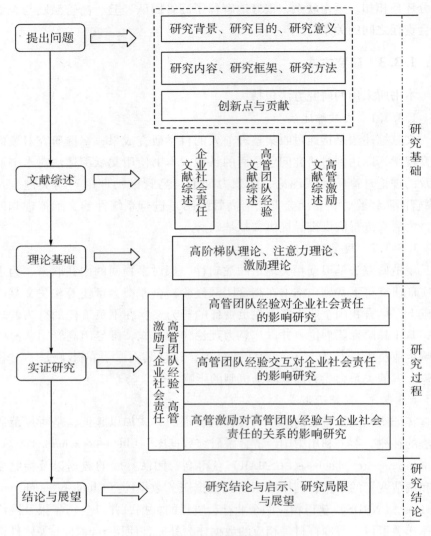

图 1-2　技术路线

1.4　创新之处

本书立足于企业社会责任这一经典议题，将企业社会责任分为企业负责任的行为和不负责任的行为两个维度。以我国要求企业积极承担社会责任、改善企业不负责任的行为为背景，本书选取高管团队经验为切入点，深入、系统地探究了高管团队经验、高管激励与企业社会责任三者之间的关系，为我们深入理解高管团队经验如何影响企业社会责任的行为提供了新的视角，也为如何完善企业激励体系提供了有益的参考。

本书研究主要有以下创新点：

第一，拓宽了企业社会责任的研究视角，丰富了企业社会责任的研究成果。已有的研究中，大部分学者将企业的社会责任行为看作一个整体，只有一小部分学者对企业不负责任的行为进行单独研究。然而，企业负责任的行为与不负责任的行为并不是对立的，而是同时存在于企业中的企业社会责任行为的两种形式，优化企业负责任的行为并不意味着企业不负责任行为的减少。真正地提升企业社会责任水平，既包含优化企业负责任的行为，也包括改善企业不负责任的行为。基于此，本书把企业社会责任行为分为负责任的行为和不负责任的行为，研究某些因素如何同时影响企业的负责任行为与不负责任行为，并将企业社会负责任的行为与不负责任的行为进一步分为对内部利益相关者、外部利益相关者负责任的行为与不负责任的行为，拓宽了企业社会责任的研究视角，所得出的结论丰富了企业社会责任的研究成果。

第二，丰富了企业社会责任的影响因素研究，是高阶梯队理论在企业社会责任领域的进一步应用。以往应用高阶梯队理论对企业社会责任进行研究，大多将视角停留在高管团队特征和高管背景上，虽然"经验"一词经常被提到，但却鲜有文献对其与企业社会责任关系进行研究。本书认为，经验不仅是高管团队知识的来源，还是高管团队在有限的资源与不断变化的环境中做决策的依据，构成了其他企业难以模仿的竞争优势。因此，研究高管团队经验对企业社会责任的影响是重要的。本书的研究丰富了企业社会责任影响因素的研究，同时也是高阶梯队理论作为理论基础在企业社会责任领域的进一步应用。

第三，将高阶梯队理论与注意力理论相结合，为解释为何不同经验的高管团队会侧重于关注企业社会责任的不同方面提供了理论依据。以往研究多以高阶梯队理论作为理论基础，解释高管团队特征是否会对企业相关战略产生影响，缺乏对高管团队为何关注企业这一战略的解释。同时，注意力理论作为对高阶梯队理论的补充，可以明确地解释高管团队成员关注企业的某一战略是因为当下所处的环境，或是在此阶段企业为了获取有利于企业发展的资源。本书将高阶梯队理论与注意力理论相结合，为解释高管团队经验如何影响企业战略提供了一个新思路。

第四，以高管激励作为门槛变量，不仅丰富了高管激励作为调节变量的相关文献，也丰富了高管激励的计量方式。以往的研究将高管激励当成调节变量，研究高管激励的线性影响。激励的效果如何，主要源于高管对激励的感知。适度的激励可以促使高管团队对企业相关战略产生积极影响。激励的目的不仅是证明此种方式有激励作用，还有找出最佳的激励区间。因此，本书以高管激励作为门槛变量，尝试找出激励起作用的点或最佳区间，从而丰富了以高管激励作为调节变量的文献，也拓展了高管团队经验、高管激励与企业社会责任之间关系的研究。

2　文献综述

2.1　企业社会责任文献综述

2.1.1　企业社会责任的演化与不负责任行为的出现

2.1.1.1　企业社会责任的演化

早期的企业社会责任是商人为了满足社会的要求和实现自己的价值而制定的与生产经营有关的义务，是商人自己意愿的体现（Bowen，1953）。Davis（1960）认可 Bowen 对商人社会责任的定义，并对该定义进行了补充，进一步说明了商人履行社会责任是出于非经济性的目的。Davis 在1967 年的研究中又指出，商人的某些关于社会责任的决策是出于道德的要求。

随着企业社会责任的发展，一些问题开始显现出来。例如，既然企业社会责任受到了广泛关注，那么企业是否应履行其社会责任呢？1972 年，学术界对此问题展开了讨论，此次讨论将法律责任纳入企业社会责任中来。在此之前，企业社会责任属于完全自愿行为；在加入法律责任后，部分责任变成了强制性的行为。企业社会责任在此阶段将经济责任、道德责任和法律责任相结合，初步构成了企业社会责任的框架内容。

20 世纪 70 年代的文献中不仅有很多对企业社会责任的研究，还出现了一个新的概念：企业社会责任绩效。Sethi（1975）认为，企业社会责任绩效使得企业社会责任可以被度量。首先是度量企业对社会的义务，也就是现在的法律责任；其次是社会责任，这里指的是自发的一些道德行为；最后是社会的响应，也就是适应社会变化的能力。Carroll（1979）在前人研究的基础上提出了一个企业社会责任绩效的三维模型，并将企业社会责任分为经济责任、法律责任、道德责任和企业自由决定的责任，并进一步阐述了各个责任的定义、范围及其重要性。Wartick 和 Corhran（1985）的研究又重新定义了企业社会责任绩效，其认为企业社会责任绩效是衡量企业与社会关系强度的一个重要标准。

企业社会责任获得了进一步发展，是在著名的"金字塔"模型提出后。Carroll（1991）认为"金字塔"模型的最底部是经济责任，而最上层为慈善责任，中间两层为法律责任和伦理责任。现代企业履行社会责任最关心的环境问题，由 Balderjahn（1988）最先提出，其将环境责任纳入企业社会责任的范畴。企业道德在随后的研究中也加入企业社会责任（Schlegelmilch，1994）。Schwartz 和 Carroll（2003）的研究与之前学者研究最大的不同表现在，他们认为企业社会责任的各部分是独立的，尽管有联系，但不是明显的联系。他们反对将企业社会责任中的某一种责任解释为是最重要的责任，他们还提出了一个新的模型——IC 模型。此模型不再设定最重要的社会责任，而是认为企业选择履行某项社会责任是在企业现有资源和组织价值观的基础上做出的决定。随后又有学者提出了企业社会责任的"3+2"模型（Jamali，2007），其包括 3 种强制性的社会责任和 2 种自愿性的社会责任。

之后虽然学术界也有对企业社会责任的新研究，但基本都是对之前定义的补充与应用，并没有得出一致的结论。Matten 和 Moon（2008）表示，由于企业社会责任是许多相关概念的总称，其内容会随着企业价值的变化而自然演变，因此对企业社会责任的定义存在主观性。在企业社会责任演变的同时，有一小部分学者关注到了企业社会责任中的另一个问题：企业不负责任的行为。

2.1.1.2　企业不负责任的行为

企业在履行社会责任的同时，还存在着许多不负责任的行为。虽然每个企业不负责任的行为可能不同，但几乎所有不负责任的行为都要经历以下三个阶段：首先，在利益驱动下企业采取不负责任的行为，从而引发不负责任的事件；其次，不负责任的行为被察觉并逐渐被放大，导致社会公众对企业产生负面的评价，进而对企业造成不良后果；最后，企业为了减轻不负责任行为的影响而采取补救措施。

企业不负责任的行为引起学者们的关注，学术界对其进行研究，但研究的成果不多。Armstrong（1977）认为企业不负责任的行为是企业的一种选择，企业做出此种选择尽管损耗了其他方的利益，但如果企业不做出这种选择，企业自己的利益可能会受到更大的影响。Armstrong 认为，企业不负责任的行为包含企业中非法行为与合法但不道德的行为。Timothy 和 Kristen（2012）认为，企业不负责任的行为是指所有不合法的行为。Lange 和 Washburn（2012）则认为，企业不负责任的行为不仅会给企业带来损失，最终还会给社会带来损失。Li-Hi 和 K Muller（2013）的研究认为，一些企业出现不负责任的行为是无意的，而有些则是故意的。企业无意的行为是企业并没有预料到会出现某种情况，会给相关的人员带来利益的损失；有意的行为是指企业明知道此种情况会损害相关方的利益，而为了自身的利益仍采取的不负责任的行为。最常见的有意的不负责任的行为就是企业虽然知道添加某种添加剂会使得顾客的健康受到影响，但为了节约成本，仍然采取这样的行为。Kang（2015）对企业不负责任的行为进行了实证研究，通过结构方程的方法得出企业不负责任的行为会给利益相关者的利益带来损失并危害社会的结论。Ralph 等（2018）认为，与企业负责任的行为相比，不负责任的行为更加清晰，应该被单独研究，并认为企业需要做的应该是改善企业不负责任的行为。

企业通过采取某种不负责任的行为，在短期内会使企业获利，但社会不会允许企业不负责任的行为一直存在。当企业不负责任的行为被感知后，企业所面临的后果是严重的。Grimmer 和 Bigham（2013）的研究明确说明了某一企业不负责任的行为，会直接或间接导致与其生产相似产品但履行社会责任的企业获利。最明显的就是消费者会购买其竞争对手的产品，并且愿意支付更高的价格（Mohr &Webb，2005）。Folkes 和 Kamins（1999）的研究早已指出，社会对企业的负面信息反应强烈，会对企业不负责任的行为进行归因，并会主动对企业负面评价进行传播。因此，企业采取不负责任的行为带来的利益可能是一时的。一旦这种不负责任的行为被社会熟知和传播，其负面效应是很难被消除的。

正是由于企业不负责任的行为给企业带来的负面影响是重大的，因此很多学者开始研究企业如何补救不负责任的行为。Pfarrer（2008）认为企业要改善公众对企业不负责任形象的认知，首先，要阐述事情的经过并做出相对的解释；其次，承认错误并制定出一系列补救方案；最后，满足利益相关者的诉求，获得其谅解。他认为，最重要的就是了解利益相关者的诉求，并对其进行满足，将不负责任的行为的影响降到最低。Williamsh 和

Barret（2000）认为恢复被损害的声誉的最好办法就是开展企业负责任的活动，如进行慈善捐款等，并大力宣传。

2.1.2　企业负责任行为与不负责任行为

2.1.2.1　企业负责任行为与不负责任行为的概念

企业社会责任在大多数的研究中代表着企业"做好事"，它通常被定义为企业对社会有益的行为（Baudot et al.，2020；Hur et al.，2019；Mcwilliams & Siegel，2000；曾爱民 等，2020）。企业社会不负责任行为，俗称"做坏事"，其特点是"不道德的行为和道德上令人厌恶的行为"（Ferry，1962；Li-Hi & K Muller；2013），这些行为有的会给利益相关者带来财产损失，而有些（如生产安全等）会威胁到利益相关者的生命（Mena et al.，2016）。不负责任的行为包括不合法的行为，以及合法但不道德的企业行为，都是以牺牲某些利益相关者的利益来满足企业当前的需求（Murphy & Schlegelmilch，2013；张爱卿和高应蓓，2020）。典型的企业社会不负责任的行为包括但不限于：各种破坏环境、污染环境的行为，不能保证员工安全、不进行员工培训、不公平对待员工的行为，向供应商或消费者出售劣质产品的行为，垄断或不公平竞争的行为（Chen et al.，2018；Scheidler & Edinger-Schons，2020；Sun& Ding，2020）。

在研究二者的关系之前，本书首先对企业负责任的行为与不负责任的行为进行定义：企业负责任的行为是指符合社会对企业预期的，超越其直接利益和法律义务的、对社会有益的行为；而企业不负责任的行为是指与社会对企业的预期相背离的，会对企业本身产生负面影响，并对社会和政府等利益相关方也产生负面影响的行为。

2.1.2.2　企业负责任行为与不负责任行为的关系

DeMacrty（2010）认为，企业做出负责任或不负责任行为都是为了使企业获得更多的收益，并且都能使企业获得竞争优势。二者最大的区别就是不负责任的行为更加的隐蔽。Choi 和 Wang（2009）的研究将企业不负责任的行为视为企业社会责任的一部分，企业社会责任的得分为满分减去企业不负责任行为的分数。这也是大多数学者的观点，现有数据库对企业履行社会责任情况的披露只披露企业社会责任的总分，而总分是已经扣除了企业不负责任行为的分数。

Jones 等（2009）认为企业负责任的行为和企业不负责任的行为是同

一连续体的两个极端，他们对企业社会责任中涉及的维度进行了列举，并得出企业负责任的行为与不负责任的行为在道德、环境以及资源方面是完全对立的这一结论。他们认为，获取经济利益是企业采取不负责任行为的主要原因，并强调了企业不仅应该关注自身的经济利益，还应将其他利益相关者的利益考虑在内，同时指出不负责任的行为并不一定违法。Lange 和 Washburn（2012）将企业负责任的行为与不负责任的行为对立，认为两者是此消彼长的关系。他们认为企业的社会责任只有负责任行为和不负责任行为两种，不负责任的行为减少了，企业负责任的行为就增多了，然而此种说法并不符合实际。例如，在 CNRDS 数据库中存在这样一种情况，企业慈善捐赠涉及融资纠纷，企业为了改善这种不负责任的行为，选择不进行捐赠，并不能说明企业负责任的行为增加了。又如，企业受到环境处罚是企业采取了不负责任的行为，而企业没有被处罚，只能说明企业改善了不负责任的行为，不能认为企业提升了负责任的行为。

与 Lange 和 Washburn（2012）的研究不同，更多的学者认为企业负责任的行为与不负责任的行为相互独立（Lin-Hi & Müller，2013，郑海东等，2017），企业负责任的行为的增加并不能说明企业不负责任行为的减少（Keig et al.，2015，Yuan et al.，2017）。彭雪蓉和刘洋（2016）、李茜等（2018）认为，企业负责任的行为和企业不负责任的行为类似于双因素理论中的"激励—保健"关系：企业负责任的行为的对立面并不是企业不负责任的行为，而是企业没有负责任的行为；企业不负责任行为的对立面也不是企业负责任的行为，而是没有不负责任的行为。两者的关系并不是非此即彼的零和博弈，而是可以同时出现在企业的行为之中（Strike et al.，2006；Sun & Ding，2020；Kang et al.，2016；Kim et al.，2021）。

Fu 等（2020）认为企业负责任的行为与不负责任的行为是企业履行社会责任的两个维度，二者同时存在于企业，并且首次提出了企业社会责任的管理者对企业负责任行为与不负责任行为的关注是不同的。Ma 和 Huang（2022）的研究将中国企业的社会责任行为也分为企业负责任的行为与不负责任的行为，并认为中国企业社会责任水平的提高，不仅包括提倡企业多做好事，还包括责令企业改善不负责任的行为。对企业负责任行为与不负责任行为的关系研究的相关文献梳理见表 2-1。

表 2-1　以往文献对企业负责任行为与不负责任行为的关系研究

学者	企业负责任行为与不负责任行为的关系
Choi 和 Wang（2009）	将企业不负责任的行为视为企业社会责任的一部分
Jones 等（2009）、Lange 和 Washburn（2012）	企业负责任的行为与不负责任的行为对立，是此消彼长的关系
Lin-Hi 和 Müller（2013）、Yuan 等（2017）	认为企业负责任的行为与不负责任的行为相互独立
彭雪蓉和刘洋（2016）、李茜 等（2018）	企业负责任的行为和企业不负责任的行为类似于双因素理论中的"激励—保健"关系，可以同时出现在企业的行为中
Fu 等（2020）、Ma 和 Huang（2022）	企业负责任的行为与不负责任的行为同时存在于企业中，其获得的管理者的关注是不同的

2.1.2.3　同时研究企业负责任行为与不负责任行为的原因

目前学术界对于企业负责任行为与不负责任行为同时存在于企业中的研究还比较少，把它们放在一起研究是有必要的。

企业负责任的行为和不负责任的行为是企业不同的行为方式，将其混为一谈，容易造成企业社会行为的"好坏抵消"，会导致对企业"做坏事"行为的掩盖。而单独研究企业不负责任的行为，将企业改善不负责任的行为，等同于提升了企业社会责任水平（Lange & Washburn，2012），这种做法实际上是将企业改善不负责任的行为与优化企业负责任的行为看作是对立面，而实际上企业不负责任行为的对立面是没有不负责任的行为（彭雪蓉和刘洋，2016；李茜 等，2018），企业不负责任行为的改善并不意味着企业社会责任水平一定提升（Keig et al.，2015，Yuan et al.，2017），真正意义上的提升社会责任水平，应该是既优化企业负责任的行为，又减少企业不负责任的行为。因此，研究企业如何提升社会责任水平，应该同时研究企业负责任的行为与不负责任的行为两个方面。

有学者认为企业负责任的行为和不负责任的行为对企业带来的影响是不同的，给公众带来的刺激也是不同的（Crilly et al.，2016；Groening & Kanuri，2018）。当企业同时存在负责任行为与不负责任行为时，不负责任的行为会吸引公众的注意。因此，企业负责任行为与不负责任行为同时存在时，受到的关注也可能是不同的，这可能会导致企业管理层做决策时更加关注企业负责任的行为与不负责任的行为的某一方面（Fu et al.，2020；

Ma & Huang，2022）。同时，企业在不同的发展阶段对企业负责任的行为与不负责任的行为的态度也可能是不同的。因此，我们有必要同时研究企业负责任的行为与不负责任的行为。

2.1.3　企业社会责任的影响因素

2.1.3.1　企业社会责任的动因

第一，企业履行社会责任的动因。企业的经济动机是企业履行社会责任的重要因素。Branco 和 Rodrigues（2006）认为，履行社会责任可以给企业带来好处。谢佩洪和周祖城（2008）也认为，企业在履行社会责任的同时，会提升自身的资源利用率，从而获得竞争优势。

压力是企业履行社会责任的重要动因。制度压力被认为是首要原因，它来自法律法规、政府政策。企业的行为必须要合法合规，这不仅是企业对自身的要求，也是法律对企业的强制要求。利益相关者也会给企业履行社会责任带来压力，正是由于利益相关者对企业生产经营活动的支持，才使得企业可以在市场上占有一席之地。为了继续获得利益相关者的支持，企业不得不履行社会责任（冼迪曦，2021）。竞争带来的压力也会促使企业关注社会责任，企业虽然可以以低成本或差异化的商品暂时获得顾客的认可，但要想长久生存与经营，企业就必须满足社会对企业的相关期望，在增强信誉的同时，维持好自身的形象，履行社会责任是企业在竞争压力下获得优势的重要手段。媒体监督等也是促使企业履行社会责任的原因之一（赵选民和李瑾瑾，2020）。

伦理道德压力是企业履行社会责任的另一个动因。企业采取不负责任的行为，会受到社会公众的谴责，企业在通过向社会成员提供商品获得收益后，应该回馈社会，履行相关的义务。按照彭钰和陈红强（2015）的观点，企业不仅是经济组织，还兼具社会组织的属性。企业必须迎合社会的需要，在确保自身行为合法的同时也要符合社会的道德规范。伦理道德的压力是企业对自身的约束，声誉是企业的无形资产。拥有良好道德水平的企业会获得社会和公众更多的认可。

第二，企业不负责任行为的动因。环境因素是企业不负责任行为的一个动因。其一，市场环境。不断变化的市场环境，给企业的经营带来挑战，而有的企业并不能很好地应对环境的变化。此时企业为了在市场中获得竞争优势，就会选择牺牲一些利益相关者的利益，做出不负责任的行为。企业面临的经营环境日趋激烈，不负责任的行为被认为是一种手段，过度的负责任的行为反而会给企业带来负担。其二，自然环境。由于自然环境中某些资源是稀缺的，而获取该资源不仅需要企业支付高昂的费用，还可能会和竞争对手展开激烈的竞争。因此，在这个过程中，可能会出现企业不负责任的行为甚至是违法的行为（Sen & Bhattacharya，2001）。其三，行业环境。Baucus 和 Near（1991）将行业环境看作是企业社会责任缺失的原因之一，因为一些行业普遍存在不负责任的行为。例如，重污染的企业，安全事故频发并且污染环境的行为屡禁不止；又如，乳制品行业，由于气候等原因使得生产的产品达不到国家食品的标准要求。Daboub 等（1995）认为，乳制品行业不负责任行为严重的原因还有产品同质化严重。

组织结构特征也容易引发企业不负责任的行为，集权型的企业最容易发生不负责任的行为，如果管理者不反对甚至支持企业利用不负责任的行为构建竞争优势，那么组织无疑将陷入社会责任缺失的灾难（Daboub et al.，1995；Pearce & Manz，2011）。早在 1986 年，学者 Gellerman 就总结出来管理者做出不负责任行为决策的原因。首先，管理者并不认为自己的行为是不负责任的行为；其次，管理者认为企业经营的好坏是衡量企业的唯一指标，并不关心是否履行了社会责任；再次，管理者并不认为不负责任的行为会带来严重的后果；最后，管理者认为即使不负责任的行为被发现，也能处理好。只要企业发展得好，就可以抵消不负责任行为带来的影响。

2.1.3.2 影响企业社会责任的因素

第一，内部因素。企业自身的经营状况会影响企业履行社会责任，当将企业社会责任作为一项战略纳入企业中时，企业会积极履行社会责任（Wu，2014）。应佩佩和刘斌（2016）从成本角度探讨了企业不负责任的行为，当企业的生产成本过高时，企业会采用不负责任的行为以降低企业的生产成本，从而获得更多的利润。Xu 等（2019）研究也指出，企业出现财务问题时，会更容易采取不负责任的行为。他认为企业不会主动采取非法或不道德的行为，但当企业财务恶化到一定程度时，不负责任的行为是企业自救的手段。业绩期望落差是企业出现不负责任行为的重要原因，而行贿是弥补企业业绩期望落差的手段。Wiengarten 等（2019）的研究发现，业绩期望落差越大，企业越可能采取环境违规或安全违规行为来促进企业绩效恢复到预期水平。钟鹏等（2021）研究发现，企业社会责任报告的质量会对企业社会责任产生正向影响，当披露的企业社会责任报告的质量高时，企业会减少不负责任的行为。

管理者持股会影响企业的社会责任。Li 等（2017）的研究认为，企业高管的持股比例越高，企业社会责任履行水平越高。持有股份的高管为获得良好声誉以增加自身股权价值或减少其持有股权价值的波动（Jia & Zhang，2013），同时也为提升自身声誉以便提升薪酬合约的议价能力（Barnea & Rubin，2010），会积极履行社会责任。黄珺和周春娜（2012）的研究认为，政府的监管和股东的监督会迫使企业提升社会责任水平。蒋尧明和郑莹（2014）的研究指出，股权集中度会正向影响企业社会责任的履行水平。同样地，国外学者也有相似的研究结论：Majeed 等（2015）采用了不同国家的数据对管理者持股对企业社会责任的影响进行了研究，发现上市公司股权越集中，企业越重视社会责任履行，其在企业社会责任方面的表现越好。当然，并不是所有的研究都同意管理者持股使企业履行社会责任。Mc Connell 和 Servaes（1990）的研究发现高管持股比例的平方与企业托宾 Q 值显著负相关，且其一次项与托宾 Q 值显著正相关，即为高管持股产生的两种效应："利益趋同"效应和"壕沟防守"效应。同时，Wright 等（2010）从风险偏好的角度指出，管理层持股价值与公司风险承担之间的关系并非单调为正，而是呈现倒 U 形的。

管理者的偏好会影响企业履行社会责任。Kang（2010）的研究发现企业高管退休的时间会影响企业社会责任的履行，他的研究明确指出，当企业高管面临退休时，其对企业社会责任的关注会下降。Tang（2015）也从企业高管的角度对企业社会责任的影响进行分析，当企业高管过度自信时，会增加企业不负责任的行为。Atay 等（2019）通过案例研究也证明了管理者偏好的影响，高管的贪婪和良心的缺乏会提高企业实施不负责任行为的可能性。

在高管特征方面，学者们研究发现高管团队成员特征与企业社会责任的决策有关。学者主要围绕高管人口学统计特征，包括年龄、性别、学历、任期等（Krishna，2008；Manner，2010；王士红，2016；张兆国 等，2018），以及一些特定的经历（如海外经历、贫困经历、从军经历等）（李心斐 等，2020；张林刚 等，2020；许年行和李哲，2016；朱沆 等，2020），研究这些因素对企业社会责任的影响。

第二，外部影响因素。行业属性是影响企业社会责任信息披露的主要因素之一（Fernandez- Feijoo et al.，2012）。某些行业天然会受到社会或政府的关注，这也验证了学者的假设：不同行业企业受到的关注的差异，会使得企业社会责任披露水平有很大不同（殷红和杜彦斌，2018）。张正勇（2012）认为，市场竞争是影响企业社会责任披露水平的因素之一。当产品同质化或竞争激烈时，企业会通过披露自己履行社会责任这一行为，展现自己积极承担社会责任的企业形象，从而达到占领市场的目的。大量实证研究支持了这一观点（谭雪，2017；罗正英，2018）。国外学者 Besley 和 Part（2006）、Campbell（2007）研究与上述研究的结论相似，他们认为由于市场化程度过低的企业并不会担心会因为激烈的竞争而退出市场，因此与市场化程度高的企业相比，市场化程度低的企业更容易出现不负责任的行为。Baucus 和 Near（1991）认为某些行业的企业发生企业不负责任行为的概率和他们发生违法行为的概率是接近的。杨忠智和乔印虎（2013）认为，只有在捐赠和环保方面，激烈的竞争会使企业履行社会责任，而在其他方面，位于垄断市场的企业比位于激烈竞争市场的企业更愿意履行社会责任。行业内不良的利益价值观、过度的同行竞争、不良行为模仿和过严的行业规制等，都有可能导致企业采取不负责任的行为（Daboub，1995）。

肖作平和杨娇（2011）、黄雷等（2016）研究都认为，企业社会责任的披露水平与当地法律法规的要求有关，当地完善的法律法规使得企业自愿或被迫优化企业负责任的行为。周中胜等（2012）认为法律法规会促使企业履行社会责任。法律法规越完善、市场要素越完善、政府干预程度越低，企业越会积极履行社会责任。媒体报道是监督企业社会责任履行的重要工具。国内外学者的研究几乎都得出了相似的结论，当媒体报道作为外部监管手段时，企业会更积极地履行社会责任，以避免不负责任的行为被公众知晓（Dyck & Zingales，2002；Jingoo & Y Han Kim，2013；贺云龙和肖铭玥，2020）。

目前从制度层面探讨企业社会不负责任行为的研究成果并不多见。早期研究指出，缺乏法律法规或足够的制裁为企业实施不负责任的行为提供了机会（Baucus & Near，1991；Surroca et al.，2013）。李新春和陈斌（2013）的研究指出，企业的监管对企业社会不负责任的行为有负向的影响，当监管不力时，企业不负责任的行为会增多。Wu（2014）研究发现，地方政府的腐败程度与企业对社会或环境不负责任的行为呈正相关。Walker 等（2019）研究指出，在不同的市场经济中，企业不负责任的行为受到的惩罚不同，在需要调控的市场经济中，企业不负责任的行为面临着更大的损失、更严重的后果，这是由于在需要调控的市场中，定价不由企业决定，而此时尽管企业想通过不负责任的行为来降低成本，也不容易实现，反而容易被发现企业的不负责任的行为。Mombeuil 等（2019）在研究中也明确提出了制度的不完善会对企业不负责任的行为产生正向的影响，同时他们也验证了地方政府腐败对企业社会责任的影响，并得出了地方政府腐败对企业社会不负责任行为影响不显著的结论。

由以上研究可以看出，影响企业履行社会责任的内部因素大部分与管理者有关。作为企业战略决策的制定者和实施者，管理者做决策必然会受到自身特征的影响，高管特征还存在许多没有被研究的视角，这些视角值得进行研究，因此高管团队特征作为企业社会责任的影响因素之一，受到了本书的关注。

2.1.4　企业社会责任的测量

国外研究多采用 KLD[①] 数据库揭露的数据来衡量企业社会责任（Barnett & Salomon，2012；Di Giuli & Kostovetsky，2014；Fu et al.，2020）。KLD 数据库从 7 个维度分析企业负责任的行为和不负责任的行为，分别为：环保、社区、人权、员工关系、多样性、产品和企业治理。所有"strength"的指标项视为企业负责任的行为，加总后得到企业负责任行为的得分；"concern"的指标项视为企业不负责任的行为，加总后得到企业不负责任行为的得分（Di Giuli & Kostovetsky，2014）。

润灵环球数据库的数据与和讯网数据库的数据被广泛用于中国企业的社会责任的研究。润灵环球数据库倾向于对上市公司发布的社会责任报告进行评级，专注于考察上市公司社会责任信息披露的质量和透明度，并开发了评级工具——MCTI 系统。其中，M 代表整体性，C 代表内容性，T 代表技术性，I 代表行业性。和讯网有关企业社会责任评估，主要对企业社会责任的表现进行评分，一级指标分为：股东责任评分，员工责任评分，供应商、客户和消费者权益评分，环境责任评分和社会责任评分，依据总得分判断企业履行社会责任的情况。润灵环球数据库与和讯网数据库能够较为全面和客观地反映企业的社会责任表现。这两个数据库存在着一个共

---

① KLD 是 Kinder、Lydenberg 及 Domini & Co. Inc 的简称。

同点：它们都是从整体上衡量企业社会责任的履行情况，所得到的分数是已经扣除了企业不负责任行为的分数。

本书对企业不负责任行为的衡量方法进行了整理，主要有以下三种：

第一，一些学者将 CSMAR 数据库里的上市公司违规数据，作为企业不负责任行为的替代变量，这是因为上市公司违规数据比较详细地记载着违规的事件，可以根据企业此年违规的事件估算出违规的次数。虽然上市公司违规数据能比较清楚地展示企业违规的事件，但是一些不负责任的行为（如工作中不合理的性别比例、不合理的薪酬）并不包括在内，这种衡量方式存在着一定的缺陷。

第二，张正勇等（2017）、张宏亮等（2017）、吴丽君和卜华（2020）等区分了企业正常的社会责任和异常的社会责任。其中，异常的社会责任表现是指与企业的资产规模、盈利能力、负债水平等不相匹配的企业社会责任表现，并进一步将其细分为超额社会责任表现与社会责任表现不足。虽然此种衡量方法将企业社会责任表现与企业经营情况紧密结合，但却忽视了其他情况对企业社会责任表现的影响。因此，对企业社会责任的衡量还不够完整。

第三，自主建立企业不负责任行为的衡量指标。李冬伟和黄祺雯（2018）根据 Freeman（1984）提出的企业利益相关者理论，按照所有权、经济依赖性、社会利益的角度制作企业社会责任缺失行为评价表。但更多的研究者偏向于模仿 KLD 数据库衡量企业不负责任行为的方式，建立企业不负责任行为的评价指标（李茜 等，2018；钟鹏，2021；徐莉萍，2020）：首先，从环境、社区、治理三个层面制作评分表；其次，利用国泰安违规处理研究数据库、国泰安财经新闻数据库、企业官网、环保局网站等，筛选企业不负责任的行为；再次，对企业出现的不负责任的行为进行赋值；最后，计算出得分，即为企业不负责任行为的总得分。学者之所以模仿 KLD 数据库建立企业不负责任行为的评价指标，是因为 KLD 指数的评价模型是目前最有影响力和最被广泛接受的社会责任衡量方法（Waddock，2003；James，2006）。此种衡量方法下设三级指标，第三级指标用 1 表示企业有不负责任的行为；用 0 表示企业没有不负责任的行为。虽然构建企业不负责任行为的指标内容填充来自官方数据库，但自主建立的衡量指标很容易被质疑，因此并不能被广泛地认可。

本书在选择企业社会责任的衡量方法时，力求所选用的数据来自官方数据库，可以同时揭露企业负责任的行为和不负责任的行为。在对比了润灵环球数据库与和讯网数据库，以及其他与企业社会责任相关的数据库后，笔者发现 CNRDS 数据库中的 CESG（原 CCSR）数据库，为本书的数据获取提供了可能。本书所用到的企业社会责任数据库来自 CNRDS 中的原企业社会责任数据库（CCSR），虽然现改名为 CESG 数据库，但衡量的指标没有改变。CNRDS 官方对企业社会责任数据库的描述：该数据库旨在为科研人员提供中国上市公司的企业社会责任数据，并且该数据库的设计主要以 KLD Stata 的数据作为主要设计模板，同时结合了我国企业社会责任所涉及的具体内容。它从"慈善、志愿者活动以及社会争议""公司治理""多样化""雇员关系""环境""产品"6 个方面，以及"优势"与"关注"两个角度，用 58 个细分指标对企业社会责任进行衡量。该数据库包括了 2006 年至今，沪、深两市所有披露过企业社会责任报告的上市公司的企业社会责任数据①。

此数据库的优点：第一，它是与国外 KLD 数据库衡量方法基本一致的官方数据库，给中国企业同时衡量企业负责任的行为和不负责任的行为提供了可能；第二，该数据库的数据由官方收集并给出，比手动收集的数据更具有说服力；第三，它的衡量维度不只包括违法违规的数据，还包含了是否有女性高管这样的维度，对企业不负责任的行为的衡量更加具体。然而，此数据库也存在着一个缺陷：数据缺失。综合考虑到数据的可靠性和所研究问题的特殊性，本书认为，该数据库的数据能够满足研究的需要，也尽可能多地保留了该数据库披露的企业。在比对了从其他数据库获取的企业样本情况，该数据量满足了大样本的研究需求。因此，本书选择 CNRDS 数据库的 CESG 数据库作为衡量企业社会责任行为的数据库，并开展相关研究。

---

① 源于 CNRDS 数据库对原企业社会责任数据库（CCSR，现更名为 CESG）的介绍，网址为 https://www.docin.com/p-2143593050.html。

2.2 高管团队经验文献综述

2.2.1 高管团队经验

2.2.1.1 高管团队的定义

谈到企业的发展与管理问题，都避免不了对管理层的评价。多数学者的研究都认为高管团队在企业决策中有最大权力，高管团队的作用不只是做出决策，他们还要对企业的结果负责（Wiersema & Bantel，1992；Hambrick & Cho，1996）。以高阶梯队理论（Hambrick & Mason，1984）的提出为重要节点，对高层管理团队的研究逐渐引起学术界的重视，从不同学者对高管团队的定义也能看出这一趋势。

国内外多数学者根据研究不同的结果变量，对高管团队进行界定。其中，最具代表性的学者 Boeker（1997）将包括首席执行官（CEO）、执行副总裁、董事长、首席财务官（CFO）和各业务主管等高层管理人员划入高层管理团队范畴，认为其一方面要负责公司战略的决策和实施，另一方面还要与各部门同事交流协作，在企业日常经营活动的决策和执行中占据着重要的位置。Wiersema 和 Bantel 等（1992）认为高层管理人员由总裁、执行副总裁、CEO、董事长组成；Finkelstein 和 Hambrick 等（2008）强调高层管理人员由企业最高执行层及战略决策的管理人员构成。

国内企业管理体系中，企业高级管理层通常由董事会成员以及各部门的经理组成，即领导班子。国内学者关于高管团队定义的差异主要基于以下两点：一是监事及独立董事是否被考虑在内（张兆国 等，2018；邓彦 等，2021）；二是董事长是否包含在内（魏立群，2002；张平，2006）。研究目的和研究内容的差异性，以及行业选择的不同，使得研究的决策主体也不相同。

根据中国情境下企业决策话语权的差异和 CSMAR 数据库中高管团队数据的可获得性，本书将董事长、董事会秘书、副总裁、首席执行官（CEO）、总经理、副总经理、执行总经理、执行副总经理、总会计师、财务负责人、总经济师及总工程师在内的高级管理人员纳入高管团队成员的范畴。

2.2.1.2　高管团队的特征

在 Hambrick 和 Mason（1984）的研究中，高管团队和人口统计学研究得到了统一。其研究得出这样的结论：高管团队特定的人口统计学特征可以导致某种企业的结果。Hambrick 和 Mason 的研究成果可以这样解释：高管处理信息的能力是有限的。面对某一特殊环境时，由于其无法获取全部信息，高管在制定相关战略决策时，不得不根据自身的经历、经验和价值观对企业可能面临的问题进行补充。而年龄、学历、职能经验等人口统计学特征，被认为是可以反映管理者认知的代理变量。Bantel（1993）、Michel 和 Hambrick（1992）、Wiersema 和 Bantel（1992）等研究高层管理者的特征与各种组织结果之间的联系，这使得组织研究中的两项重要结果得到了发展：第一，它将组织领导力的研究主体，从个人（如 CEO）转移到整个高管团队；第二，越来越强调在组织研究中使用可观察到的人口统计学特征（如年龄、学历、任期等），并探索这些特征与组织结果之间的关系。之后有一系列的研究完全或主要依赖于高管团队的人口统计学变量，这些研究主要集中在团队组成的两个维度：第一个维度的研究关注人口统计学特征对公司战略的影响，并基于这样一种信念，即特定的人口统计学特征与某些行动和决策的执行相关（Finkelstein & Hambrick，1990；Wiersema & Bantel，1992）；另一个维度则主要关注高层管理团队的人口统计学特征与公司绩效之间的关联。Pfeffer（1983）认为，使用可观察的管理特征有助于解决主观研究的局限性，这些主观研究通常包括测量误差、概念化的差异和低水平的方差。人口统计学特征还避免了心理研究的局限性，Finkelstein 和 Hambrick（1996）认为依赖人口统计学方法有持续的研究前景，因为人口统计学变量可以得到具体的数值，是理想的替代变量，其还认为高管通常不愿意接受一系列的心理测试。

2.2.1.3　高管团队经验的维度与定义

高管和高管团队在制定战略和企业规划方面所扮演的核心角色一直是战略管理文献中有趣的研究主题。高管团队负责对企业战略进行制定、实施和重新调整。高管团队的管理经验是高管团队能力的体现（Carpenter et al.，2001，Harris & Helfat，1997）。由于专业管理经验塑造了管理者的知识、信心和想象力，因此评估管理能力需要审查高层管理团队的管理经验（Penrose 1959，1995；Van de Ven et al.，1984）。由于高管团队成员并不能完全获取某一任务的信息，其在决策时会面临很大程度的信息模糊性，而此时经验的存在可以弥补信息有限性带来的决策风险。

对于高管团队经验的界定，学术界尚未达成一致。学者根据自身的研究主题选取相应的高管团队经验进行研究分析。Kor（2003）最早建立了一个关于不同层次管理经验的模型，以区分出不同层次管理经验所代表的知识库的根本差异。Kor建立了一个顶级管理团队能力模型，解释了公司、团队（集团）和行业水平的管理经验如何为创业企业增加价值。Kor将高管团队经验划分为创始人的经验、共享团队的管理经验和行业经验。他认为在创业型企业中，创始人的经验代表着管理者利用资源的能力，其决定着公司经营的方向；共享经验代表着团队成员分享技能和特殊习惯的隐性知识（Eisenhardt & Schoonhoven，1990）；特定行业的管理经验涉及行业中竞争条件和特定技术的知识，管理者可以在此基础上识别新兴的机会、定位新的产品和服务（Castanias & Helfat，2001）。

此后，学者们关注经验对企业战略的影响。陈云（2011）认为高层管理团队的经验指所有成员在某些行业中担任过的职位的平均数量和从事过的行业总数目。Rodenbach和Brettel（2012）关注CEO的相关经验。CEO的经验在一定程度上影响企业的战略选择，尤其是CEO的年龄、CEO是否有海外经历、CEO过往的企业经验以及CEO的职能经历等。Rodenbach和Brettel的研究中涉及海外经历，海外背景经常被当作重要的经验来源，高管的海外背景会正向影响企业的多元化战略或并购战略（Herrmann & Datta，2005；Reuber & Fischer，1997；席小涛和李巍，2013）。杨林等（2018）和胡宝亮（2018）将高管团队经验与企业跨界成长结合，认为高管团队的经验异质性、行业经验的异质性和中心性正向影响企业的跨界行为。他们的研究主要突出职能经验和行业经验在企业跨界时发挥的作用。杨林等（2020）在Nadkarni和Barr（2008）相关研究的基础上，整理出了影响企业战略的三种机制，分别是管理认知机制、行为整合机制和环境扫描机制。其中，管理认知机制主要表现为，管理者在战略选择时基于过往经验和知识结构的不同而产生差异化的见解（李卫宁和李莉，2015）；行为整合机制是高管团队成员之间共事和集体交互的过程，通过多个成员间的信息交换和经验共享，使得高管团队能对问题、战略获得更全面的理解（胡保亮 等，2018）；环境扫描机制是企业高管团队进行信息搜索进而获得战略更新的重要途径。杨林等将这三种机制与高管团队经验对应起来，职能经验异质性对应的是高管团队的管理认知机制；高管团队共享管理经验对应的是高管团队的行为整合机制；而行业经验对应的是环境扫描机制。韩晓宇（2021）将高管经验分成多个维度：职业经验、行业经验、经验异质性及经验共享，研究其对风险承担的作用。田雨霁（2022）将高管团队经验分为异质性经验、共享经验和复合经验，研究其对企业风险承担的作用。

以往文献对高管团队经验的分类如表 2-2 所示。

表 2-2　以往文献对高管团队经验的分类

研究者	研究主题	经验分类	分类原因
Kor（2003）	创业企业的发展	企业创始人的特定管理经验；共享管理经验；行业经验	不同层次管理经验代表了知识库的根本差异。企业创始人的管理经验、共享管理经验、行业经验代表公司、团队（集团）和行业三个不同层次的经验，研究其对创业企业可持续发展的作用
Rodenbach & Brettel（2012）	动态能力	CEO 的年龄；CEO 职能经验；海外经历；企业经验	CEO 的职能背景、年龄、企业经验、海外经历对企业动态能力的发展至关重要
杨林 等（2018）、胡保亮 等（2018）	企业跨界成长	职能经验中心性；职能经验异质性；行业经验中心性；行业经验异质性	高管团队经验对企业跨界成长发挥着重要作用。职能背景会形成高管的独特思维模式和观念；高管过去从事行业的性质和数量会影响他们对未来行业选择的判断和决策
杨林 等（2020）	战略突变	职能经验异质性；共享经验；行业经验	高管团队经验主要通过管理认知、行为整合、环境扫描三种机制对企业战略行为产生影响。管理认知机制对应职能经验异质性；行为整合机制对应共享管理经验；环境扫描机制对应行业经验
韩晓宇（2021）	企业风险承担	职业经验；行业经验；经验异质性；经验共享	管理层团队经验是指导管理层团队开展企业日常管理及经营工作的重要基础，会影响企业的风险识别、风险管理和风险应对等。从管理层团队职业经验、行业经验、经验异质性及经验共享多个视角，系统地探究管理层团队经验的效用意义重大

表2-2(续)

研究者	研究主题	经验分类	分类原因
田雨霁 （2022）	企业风险承担	异质性职能经验；共享经验；复合经验	将经验作为高管团队成员在工作中知识技能积累、认知行为调适的综合产出。职能背景异质性高的高管团队有更多的信息资源和更强的问题处理能力；共享经验是指高管团队成员在面对问题、协商决策、反思总结中形成的团队共有经验；复合经验用于表示高管团队整体经历过的职能岗位的丰富程度

从表 2-2 中，我们发现对高管团队经验维度的划分大多是根据所要研究的问题。学者们认为高管团队经验对企业的战略决策是重要的，既代表了高管团队的知识库，又代表了高管团队的相关能力，是高管做出决策的重要依据。对不同学者划分的高管团队经验维度进行比较，我们发现，职能经验异质性、共享管理经验、行业经验是被不同管理者关注最多的经验。职能经验作为高管团队的重要经验，代表着高管团队成员对工作的熟练程度和其工作技能的积累（杨林 等，2018；田雨霁，2022）。高管团队成员的共同管理经验被认为是高管团队经验的重要组成部分，它代表知识的传递与整合（Kor，2003；杨林 等，2020）；行业经验代表了高管团队成员的社会资源和关系网络（杨林 等，2020；韩晓宇，2021）。在企业社会责任的制定过程中，需要对政府的政策进行解读，各部门的管理者依据本部门的实际情况提出需要履行的企业社会责任，此时职能经验、行业经验发挥着重要作用；在提出相关的建议后需要高管团队成员将知识进行整合，对相关的不足进行补充，此时共享管理经验发挥着重要作用。张雯和王新安（2017）提出高管的知识、高管的技能对企业社会责任的制定至关重要。因此，本书将高管团队经验划分为职能经验异质性、共享管理经验和行业经验，作为高管团队经验的代理变量，不仅符合以往文献对高管团队经验的划分标准，也符合实际研究的需要。三种经验的定义如下：

CSMAR 数据库对高管团队职能的分类有九种，每一种都代表着不同的职能经验。一些管理者自身就拥有多种职能经验，有多种职能经验的管理者组成的高管团队，其职能经验充满了异质性。异质性的职能背景带来多样化的知识的碰撞，打破了单一职能经验的思维局限，使得做出的决策能兼顾企业的更多方面。不同的职能经验带来的不仅是多样化的知识，更是专业化的知识。因此，职能经验异质性代表了高管团队的专业能力，这种专业能力对于减少高管短视行为至关重要，还可以使高管团队所做的决策更符合企业现阶段的要求（李卫宁和李莉，2015）。

共享管理经验是指高管团队成员分享彼此拥有的技能和知识。由于每个高管团队成员所积累的技能和知识不同，共享管理经验可以使多样化的知识得到流通。而在共享过程中，不只是知识的流通，也是高管团队成员之间不同性格的磨合。Alchian 和 Demsetz（1972）指出，一个团队的产出是集体创造的，而不是作为个人贡献的总和。因此，团队成员的磨合沟通和知识的共享对高管团队最终的战略决策有着重要的作用。共享管理经验是对现有知识的梳理与整合，是对决策中的不足进行完善的重要机会。

行业经验是高管团队对企业所属行业的熟悉程度，行业经验的重要性一般表现在两个方面：一方面，这种经验涉及了解特定行业的机会、威胁、竞争条件和法规，是企业制定某些决策的基础；另一方面，拥有相关行业经验的管理者，往往拥有别人不能轻易模仿和获取的社会关系网络，这是企业发展不可或缺的重要资源。因此，行业经验带来的不只是行业的相关知识，最重要的是与本行业相关的合作伙伴。

2.2.2　高管团队经验与企业社会责任

由于直接研究高管团队经验对企业社会责任的影响的文献比较少，而研究高管团队特征的相关因素（如年龄、学历、职能经验、海外背景、相关经历等）对企业社会责任影响的文献比较常见，因此本书将其分为两类进行文献回顾：一类关注相关的人口统计学特征，他们关注性别、年龄、学历、任期、职能背景等特征是否影响企业社会责任的履行；另一类则关注管理者的相关经历，如从军经历、贫困经历、海外经历等对企业社会责任履行的影响。

Greening 和 Johnson（1997）的研究发现，在应对突发的环境事件时，高管团队的年龄异质性越高，企业最终的决策越理想。关于高管团队能否对企业社会责任产生影响，学术界展开了广泛讨论。国内学者在分析高管团队的特征时，一般会同时考虑人口统计学特征的影响，所得出的结论也一般包括了年龄、性别、学历等因素对企业战略的影响。早期学者用人口统计学特征分析企业战略时，主要是计算人口统计学特征的平均值，孙德升（2009）同时分析高管团队的特征（如年龄、学历、职业经验和团队异质性）对企业社会责任的作用。随着对人口统计学特征的研究，学者们发现异质性更能体现一个团队的年龄、学历的分布规律，因此从高管团队异质性视角研究企业的战略的文献逐渐增多。周虹（2017）研究发现，高管团队异质性对企业社会责任的影响所得到的结果显著性并不相同：性别和教育水平异质性正向影响企业社会责任履行水平，但年龄异质性则会负向影响企业社会责任履行水平。而一些学者的研究并不完全支持此结论，张兆国等（2018）的实证研究结果表明，年龄和任期异质性负向影响企业社会责任履行水平；团队受教育水平和性别异质性则会正向影响企业社会责任履行水平。有相关学者对高管特征与企业不负责任的行为进行了研究。有研究表明，女性高管情感更加细腻，更能关注到企业不负责任的行为，并愿意积极做出应对；高管团队中拥有女性高管可以减少企业不负责任行为的发生（黄荷暑和周泽将，2015）。高管年龄和受教育水平会影响企业不负责任的行为（王士红，2016），平均学历越高的企业越愿意揭露企业的社会责任行为，但高管团队平均年龄与企业社会责任披露有显著的负向关系。任期也是衡量高管经验的特征之一，高管任期越长，越倾向于披露企业不负责任的行为（郑冠群，2015；王士红，2016）。

有学者研究海外背景经验是否会影响高管团队成员履行社会责任，以拥有海外背景的高管除以高管团队的总人数，从而得出高管团队中拥有海外经历的人员的占比。虽然得出的大多数结论都支持海外经历会使高管制定积极的企业社会责任策略（文雯和宋建波，2017），但一般而言，拥有海外经历的高管并不多，其能否在决策中起到关键作用还需要进一步的验证。蒋尧明和赖妍（2019）的研究表明，相较于仅有海外求学背景的高管，具有海外任职背景的高管更能显著影响企业的社会责任。张林刚（2020）发现，有海外背景的董事对企业不负责任的行为的发生有减少的作用。

关于高管贫困经历和高管从军经历对企业社会责任的影响，几乎所有的研究都将企业社会责任当作一个整体，并没有区分企业负责任的行为和不负责任的行为。实证研究表明，高管团队成员有过贫困经历，会更加关注企业社会责任（许年行和李哲，2016）；高管团队成员拥有从军经历，也更愿意履行和承担企业社会责任（邵剑兵和吴珊，2018；朱沆 等，2020）。

通过对高管团队经验与企业社会责任的文献进行梳理，我们发现高管团队经验用于企业社会责任的研究较少，究其原因：一是因为经验的一些变量与高管团队特征中的一些变量相似或重合，只是解释不同；二是对于企业社会责任来说，很难将所有与企业社会责任有关的经验统一到一个框架下进行研究，并且高管团队的某些特征作为经验的替代变量也具有局限性。例如，年龄在一定程度上代表着从业的时长和经验，但年龄越大并不意味着能力越强，年龄不能作为企业做出战略决策时的主要经验；学历所代表的知识来自课堂，通常这种知识过于理想化，并且这种知识会随着实践的增加而淡化。高管的海外经验主要包括海外的工作经历和一些海外求学的经历，此类工作经验适用于进行海外并购的企业，也有研究证明拥有海外经验的高管倾向于促使企业履行社会责任，但企业中拥有海外经历的高管在企业高管总数中的占比较小，多数企业不具备拥有海外经历的高管。因此，在实证研究中，海外经历虽然对企业的战略决策有一定的影响，但海外经历并不是决定企业采取该战略的主要因素。企业社会责任的战略制定，关系到高管团队成员的专业能力、管理整合能力和行业知识，而高管团队经验——职能经验异质性、共享管理经验与行业经验，满足了高管团队做出企业社会责任决策所需要的经验与能力。因此，本书将高管团队经验划分为职能经验异质性、共享管理经验和行业经验（Kor，2003；杨林 等，2020；韩晓宇，2021；田雨霁，2022），为高管团队经验影响企业社会责任行为的研究提供了可能性和说服力。

2.2.3　高管团队经验与企业社会责任的调节机制

本节对影响高管团队经验与企业社会责任关系的相关调节机制进行了整理。企业的外部压力主要来自行业竞争、市场化进程、制度与媒体报道。蒋亚楠（2020）的研究验证了媒体报道作为外部压力的调节作用：在媒体关注度较高时，高管团队特征对企业社会责任履行水平的正向影响也更为显著。郭文忠和周虹（2020）将市场化程度作为调节变量，研究其对高管团队特征与企业社会责任关系的影响，发现随着市场化程度的加深，高管团队特征对企业社会责任履行的正向影响减弱了。Fu 等（2020）研究发现，首席问题官（CSO）的存在增加了公司的社会责任活动，减少了其不负责任的活动；当企业处于特殊的行业（如烟草、赌博等）时，这些与企业社会责任的关系就会变得更加明显。Abubakr（2022）等研究了企业社会责任委员会在高管团队性别差异与企业社会责任之间所扮演的角色，发现当一个企业存在社会责任委员会时，高管团队性别的异质性对企业社会责任的正向影响会增强。

企业内部影响可以分为企业的冗余资源、预算管理、权力距离等。学者杜君（2020）认为组织冗余具有调节作用：高组织冗余在高管团队性别异质性与企业社会责任之间起到显著的正向调节作用。Fu 等（2020）等认为存在于董事会中的可持续发展委员会可以影响 CSO 与企业社会责任的关系，可持续发展委员会可以促进 CSO 制定减少企业不负责任行为的战略。张兆国等（2018）验证了预算管理的调节作用，当企业的预算较高时，高管团队异质性会使得企业积极履行社会责任行为，而这种现象在非国有企业中表现得更明显。赖妍等（2020）验证了权力距离的调节作用，任职地区权力距离在高管海外背景与企业社会责任信息披露之间存在负向调节作用。Van 和 Reimer（2016）的研究验证了 CEO 短视会减弱高管任期对企业社会责任的积极影响。

2.3　高管激励文献综述

2.3.1　高管激励

2.3.1.1　高管激励的定义

高管激励是以某种可以满足高管需要的手段，促使其努力工作，既可以是物质的手段，也可以是非物质的手段。企业使用这些手段的目的就是将高管与企业绑定，迫使高管做出有利于企业的决策。国内外的学者很早就关注到了高管激励。Berle 和 Means（1932）、Jensen 和 Meching（1976）等认为高管激励是必要的，因为这关系到企业的所有权与经营权分离的情况下，如何使管理者重视股东的利益，做出不损害股东利益的选择。

高管激励按照不同的划分方式有不同的分类。鲁桐等（2008）将高管激励划分为薪酬激励和非薪酬激励，李维安（2014）则认为，按照激励内容划分，可分为物质激励和精神激励；按照激励时间的长短划分则可分为长期激励和短期激励。隐性激励机制和显性激励机制（曾爱民和王昱晶，2017）相结合是企业经常采用的激励方式。显性激励机制包括薪酬激励或实质性的补偿；而隐性激励机制则不具备规范的契约性，一般包括声誉激励或控制权激励等。现有的研究多根据研究的目的不同选择不同的激励方式。薪酬激励与股权激励虽然都是通过增加高管收入的方式进行激励，但二者有着明显的不同。薪酬激励主要获取的是以货币方式支付的报酬，当高管的决策使得企业实现既定目标时就可以获得。高管股权激励是通过股权将高管的收入与股价绑定在一起，并且由于股票期权兑现需要一定的时间，因此高管做出的决策一般是有利于企业的长期决策。股权激励的优势在于，它使得管理层以股东的身份参与到企业的各项业务决策中。薪酬激励和股权激励要想充分发挥激励作用，它们必须要能达到高管的期望。除了显性的激励外，一些隐性的激励手段也被用于高管激励中，其中最常用的就是晋升激励和声誉激励。晋升激励是当高管的决策对企业的发展有巨大贡献时的一种激励手段。但是它的缺陷是，当晋升到一定的位置时，晋升激励就失去了应有的作用。高管声誉可界定为对高管才能在一段时间内的累积性评价。张维迎（2005）提出，评价高管首先要考虑高管的综合能力，而高管声誉是市场对高管的综合评价。Kreps 等（1982）提出的"声誉能够增加承诺的力度"的论断，成为声誉理论的基石。声誉激励是高管获取了满意的薪酬后对荣誉的追求，声誉更能满足高管的心理需求以及虚荣心（王帅和徐宁，2016）。声誉激励除了能带来激励的作用外，还带来监督的效应，使得高管可以自行约束自己的行为，延长了并强化了激励的效用。

本书选择薪酬激励、股权激励与声誉激励构成高管激励的维度，主要理由如下：一是虽然薪酬激励与股权激励最终都是满足管理者对货币的需求，属于显性激励，但是薪酬激励能在短时间内得到兑现，使高管短期内获得满足感；而股权激励则可以使管理者关注企业的长远发展。两种激励的激励效果存在着差异，有必要对其进行同时的研究。二是与晋升激励等其他的隐性激励相比，声誉激励在满足高管对荣誉的需求的同时，可以形成对高管的自我约束，更能促进高管选择正确的、符合企业当前发展的决策。因此，本书认为声誉激励、薪酬激励和股权激励一起构成了企业完整的激励机制：既有以货币薪酬为主的短期激励，又有关系到股价高低的长期激励，还有激发高管约束自身行为的声誉激励。

2.3.1.2 高管激励的研究现状

Sloan（1993）与 Core 等（1999）研究表明，薪酬与企业的业绩成正相关，建立薪酬激励可以使管理者关注股东的利益，只有这样才能使企业经营得更好，从而获得收益。而 Berle 和 Means（1991）的研究与以上研究者的结论正好相反，他们认为薪酬激励并不能取得缓和代理冲突的良好效果，相反会带来更多的问题，薪酬与业绩并不是正相关，而是彼此不敏感的关系。进入 21 世纪，研究者认为薪酬激励会带来更多的问题，例如，当管理层拥有绝对的权力可以随意决定薪酬时（Bebchuke & Fried，2003），薪酬激励就失去了作用。

货币薪酬激励的重点在于货币，这是一种可以看得见的激励形式，并且可以在短期内看到激励的效果，被企业广泛采用。从短期来看，高薪酬可以给企业带来人才，还可以使高管服从组织安排，因此有利于高管团队制定出利于企业发展的决策；但从长期来看，高薪酬带来的高管决策效果的持续性有待验证，并且还可能会使高管为了短期的利益而损害企业长期的利益。Tosi 等（2000）的研究认为，薪酬激励与企业的短期绩效正相关。随着薪酬的提升，这种业绩的增加并不能保持下去，而且薪酬激励并没有解决委托代理问题。在高薪酬的诱惑下，高管更会选择一些可以在短期内获得收益的项目。Richardson（2006）认为，高管激励可以减少高管的短视行为，从而促使高管去冒险尝试一些有风险的项目。Pepper 和 Gore（2015）对高管的薪酬激励进行了综合的研究，并对高管薪酬的决定因素进行了总结。他们认为高管薪酬激励并不是简单的事，薪酬激励能否起作用不只取决于薪酬的高低，与高管自身的因素也有关系，例如高管自身的期望、诉求与偏好等。

高管的股权激励与薪酬激励既有相似的地方，又存在不同的方面。相似的方面是最后都以货币的形式实现激励；不同的是薪酬激励是短期内的激励，其根据本阶段企业的业绩进行薪酬的发放。股权激励则与股价有关，股价的波动受到各种因素的影响。股权激励是将企业与管理者深度绑定的激励方式。股权激励的优势在于，以股票获得收益需要一定的周期为基础，让渡一定的股权给高管人员，使他们为了获得股利不得不进行对企业有益的决策，这不仅提高了高管履行社会责任的积极性，还可以控制高管的离职率，进而使长期绩效得到提升。在现有的文献中，大多数的研究也更关注股权激励，因为股东们认为股权激励是重要且有价值的（Collins，2019）。Smith 和 Watts（1992）对企业规模与股权激励的关系进行研究，其认为股权激励的强度越强，企业越倾向于扩大规模，由于企业规模扩大会带来企业人员的骤增，而企业的股权激励又可以为企业留下人才，因此股权激励对企业的长期发展有利。Kim（2011）的研究认为，CFO 会影响股权激励与公司股价崩盘的关系，CFO 对其拥有的期权组合价值的敏感性越高，股价崩盘的风险就越大。

目前对于高管股权激励与公司业绩的关系，主要分为两个效应："利益趋同"效应和"战壕防御"效应。"利益趋同"效应是企业选择进行高管激励的重要原因。Hall 和 Murphy（2003）的实证研究表明管理者持股与企业价值增加是正相关关系，这是由于管理者拥有部分股权时，可以降低工会的议价能力，因此有利于企业在决策上的统一，并增加企业的价值。Hanlon 等（2003）的研究发现，CEO 在股权激励中扮演重要角色，CEO 的股权与企业的收入正相关，增加 CEO 的股权，企业的收入也会增加。Chaigneau（2018）的研究结果也证实了股权激励与企业绩效之间呈正相关关系。正是由于股权激励通过将管理者与企业的股价绑定在一起带来企业绩效的增加，因此股权激励被认为可以减少管理者短视，弥补薪酬激励带来的不足。随着企业给管理者的股权越来越多，股权激励的"战壕防御"效应显现出来，高管团队股权的增加，使得高管获得了企业的控制权。Fama 和 Jensen（1983）提出了股权激励会不利于企业价值提升的假设。后来，Brisker 等（2014）开展的一项研究发现，给予管理者过多的股权，不仅不利于企业价值的提升，还会使股价下跌，会影响企业未来三年的绩效。曹晓丽和杨敏（2014）将研究的企业锁定为国有企业，在国有企业中，管理者所持有的股份越多，越不利于企业的发展。当企业中存在一股独大的现象时，股东与企业高层管理者存在合谋现象，导致股权激励效果变差（陈文强 等，2017）。

高管声誉激励与薪酬激励和股权激励不同，它并不以货币为激励标准，而是对高管的才能在一段时间内的累积性评价。评价高管的才能是一项困难且具有较大不确定性的事情。不同的学者对高管声誉的定义有所不同，Ferris 等（2003）认为个人的声誉来自三个重要的方面：一是突出的人格特质与魅力；二是在工作中取得的造诣；三是在以往工作中形成的既有印象。Milbourn（2003）对高管声誉的定义精炼而概括，其认为高管声誉即为市场对高管能力的评价。张维迎（2005）提出，高管声誉代表了市场对于高管个人能力与行为等的综合反映。为确保未来更高的报酬与更多的职业发展机会，高管会更加关注自己的声誉。Ranft 等（2006）则认为个体层面的声誉是其他人对一个人品质或行为的认知。管理者必须重视自己的声誉，以此来换取更高的报酬与更好的发展机会。

Fama 最早提出声誉激励可作为一种有效的治理机制，并影响企业价值。Bebchuk 和 Fried（2003）认为声誉激励是更有效的激励机制，由于它与薪酬或股权激励相比带来的是精神上的满足，因此更不容易被操控。然而有的学者并不这样认为，Holmström 等（1991）认为，声誉激励会给管理者带来负担，高管担心自己的声誉受损，因而会减少企业相关的风险行为。与薪酬激励和股权激励类似，声誉激励也存在着两种不同的假说。有效契约假说是其中的一种，这种观点认为声誉激励具有明显的激励效应。Holmström（1999）论证了声誉激励是减少高管逆向选择和道德风险的重要手段。与经济惩罚相比，声誉上的损失对高管的影响更加长远。因此，Bednar 等（2015）的研究指出，在声誉激励的作用下，高管会减少有争议的行为。廖飞（2010）也提出过类似的观点，声誉激励会使得高管注重企业长远利益，而减少通过有争议的方式获取短期利益的行为。马连福和刘丽颖等（2013）检验了声誉激励与企业绩效的关系，发现在声誉激励的作用下，企业的绩效会提高。声誉激励看似为激励，但它背后却隐藏着惩罚机制，获得声誉激励的高管一旦做出损害其声誉的行为，将会受到更为严重的惩罚，Milgrom 等（1980）早就发现了此种情况，并提出高管声誉激励会触发高管的风险规避动机，为了避免声誉损失带来的惩罚，他们会避免做出对企业发展有利但却存在风险的决策。Cambini（2015）的研究证实了这一观点。因此也就出现了另一种假说：寻租效应假说。

2.3.2　高管激励与企业社会责任

薪酬激励对企业社会责任的影响没有得出一致的结论。Flammer（2015）的研究表明，薪酬激励可以促使企业履行社会责任，因为薪酬激励可以满足高管对高薪酬的需要，而物质欲望的满足可以激励高管去履行社会责任，以获取更高层次的满足感。Hong 等（2016）的研究指出，高管获取薪酬激励的方式为合同薪酬，当合同中规定薪酬与企业的社会责任挂钩时，那么高管激励会提升企业履行社会责任的水平。罗正英等（2018）认为，薪酬激励会使高管积极参与公益慈善、社会救助等有利于企业长期发展的活动，从而促进企业履行社会责任。苏奕婷和王彦勇（2020）的研究验证在哪种情况下可以使薪酬激励发挥到最佳水平，从而促进企业履行社会责任。然而，并不是所有的研究都认为薪酬激励可以正向影响企业的社会责任。Coombs 和 Gilley（2005）的研究发现，当给予高管较高的薪酬激励时，反而使得高管不再积极履行企业社会责任。李闽洲和顾晓（2018）的研究也表明高管薪酬与企业社会责任显著负相关。

股权激励与企业社会责任的关系研究也得出不同的结论。Deckop 等（2006）认为股权激励正向影响企业履行社会责任，管理者获得股权后，可以通过高股价获得高收益，这就使得高管与企业的利益相绑定，进而促进管理者履行企业社会责任。陈笑雪（2009）认为只要给予高管股权，就能促进其履行企业社会责任。苏然（2016）和曾爱民等（2017）也认为股权激励使得高管薪酬结构更加合理，更能激发高管自愿制定提升企业社会责任水平的决策。以上观点认为给予高管股权可以促进企业的良性循环，拥有股权的高管为了提升股价会更加积极地展示企业良好的社会责任行为，而良好的社会责任水平又有助于股价的稳定与提升，从而为高管带来更多的收入。

我国股权激励税收政策存在股票期权分类不合理、授权日或行权日纳税不科学、税收优惠力度不够等问题（张英明和徐晨，2021），而这些问题也使得股权激励的效用受到了制约。单令彬等（2021）认为，高管的股权激励并不会优化企业负责任的行为，反而会因为履行社会责任的投资项目周期长并且收益滞后，而使得企业的股价不能在短时间内得到提升。高管更愿意选择那些可以在短时间提升股价的项目进行投资。贾鲜凤和田高良（2019）的研究得出高管的股权激励并不能促使企业履行社会责任，甚至得出激励的效果很差的结论。

单独将高管声誉激励作为自变量研究企业社会责任行为的文献比较少。一般认为，高管的声誉激励来自在政府中担任职务、加入相关的行业协会或者获得奖励等。高管的政治关联会促进企业履行社会责任，政治联系显著提升了企业的社会责任表现水平，政治关联是企业高管在政府任职，从而能在第一时间掌握政府对企业社会责任的政策变动，贾明等（2010）的研究认为政治关联提升了企业的慈善捐赠水平，与政府有关联的企业，以慈善捐赠的形式展现企业良好的履行社会责任的态度。衣凤鹏和徐二明（2014）的研究也得出相似的结论，为了更好地获取政府的资源，有政治关联的企业比没有政治关联的企业履行社会责任的积极性要高。陈浩等（2018）的研究则证明了与不同政府的政治关联对企业社会责任履行的水平也有影响，与中央政府有关联的企业会发布高质量的企业社会责任报告。还有少量文献从高管加入行业协会促进企业履行社会责任的角度进行了研究，Galaskiewicz（1991）的研究得出这样的结论：高管加入行业协会后会约束企业的行为，促使其保持较高的社会责任水平。Campbell（2006）认为企业加入行业协会不只是通过加入协会换取好的声誉，而是把企业置于行业协会的监督之下，在此基础上企业会积极承担社会责任。

2.3.3 高管激励对高管团队特征与企业社会责任的调节作用

高管激励在高管团队经验与企业社会责任研究中的作用，暂时还没有学者对其进行研究，但高管激励在高管团队特征与企业社会责任的关系中，多数情况下起到调节作用。大多研究集中于高管的股权激励或薪酬激励，或是股权激励与薪酬激励的联合效应在高管的年龄、性别、学历、任期与企业社会责任之间起调节效应。舒力和熊晓炼（2019）以 509 家上市企业为研究对象，探讨高管激励的调节效应，发现随着高管薪酬激励的增加，年龄越大的管理者越愿意对企业的社会责任行为进行披露；同时他们也对股权激励的作用进行了验证，发现股权激励没有表现出明显的调节效应，让渡一部分股权给管理者时，也不能很好地激励管理者去重视企业社会责任。徐海成等（2019）将股权集中度作为门槛变量进行了相关研究，发现股权集中度存在一个门槛值，当跨越此门槛值时会使得高管团队年龄异质性、受教育水平异质性对企业社会责任有显著负向影响。周旋（2021）的研究结论为薪酬激励对高管团队海外背景异质性和企业社会责任的关系有正向促进作用；高管股权激励增强了高管团队职业背景异质性、海外背景异质性与企业社会责任的负相关关系。

2.4 文献述评

通过对企业社会责任相关文献的梳理，笔者发现虽然学者们提出了企业负责任的行为和不负责任的行为同时存在于企业，但鲜有学者研究某一因素同时对企业负责任行为与不负责任行为的影响。然而，研究企业负责任的行为与不负责任的行为是十分重要的。第一，增加企业负责任的行为并不意味着企业不负责任行为的减少；同样的，企业不负责任行为的减少也不意味着企业负责任行为的增加。真正意义上的提高企业履行社会责任的水平，既包含优化企业负责任的行为，又包含改善企业不负责任的行为。第二，企业负责任的行为与不负责任的行为给公众带来的刺激是不同的（Crilly et al.，2016；Groening & Kanuri，2018），因而企业负责任的行为与不负责任行为受到的管理层的关注也可能是不同的，可能会导致企业管理者在做决策时更加关注企业负责任行为与不负责任行为的某一方面（Fu et al.，2020；Ma & Huang，2022），并且企业在不同的发展阶段对企业负责任的行为与不负责任的行为的态度也可能是不同的。因此，有必要同时研究影响企业负责任的行为与不负责任的行为。

在梳理高管团队对企业社会责任影响的文献时，笔者发现，虽然经验一词经常出现在高阶梯队理论的定义里，但对高管团队经验与企业社会责任关系的研究比较少，究其原因：一是经验的一些变量与高管团队特征中的一些变量相似或重合，只是解释不同；二是对于企业社会责任来说，很难将所有与企业社会责任有关的经验统一到一个框架下进行研究，然而，企业制定社会责任必定要受到相关经验的影响。笔者认为，存在一个经验的框架，使得高管经验可以很好地解释其对企业社会责任行为的影响。梳理以往的文献，笔者发现，企业社会责任的战略制定需要高管团队的专业能力、整合能力和行业知识，而职能经验异质性和共享管理经验、行业经验满足了高管团队做出企业社会责任决策所需要的经验与能力。因此在这一基础上，本书将研究高管团队经验对企业负责任的行为和不负责任的行为的影响，并且研究高管团队对企业负责任的行为与不负责任的行为的关注是否对称。

虽然大多数文献倾向于研究薪酬激励和股权激励这种最终以货币形式呈现的显性激励方式对高管与企业战略之间关系的影响，但隐性激励的方式是不应该被忽视的。本书的研究既关注到了显性激励中的薪酬激励和股权激励，又关注到隐性激励中的声誉激励如何影响高管团队经验与企业社会责任不同行为之间的关系。对相关文献进行梳理后，笔者发现，以往的研究只是证明了高管激励是否会对二者关系造成影响，没有进一步研究企业应该如何进行激励，从而找出激励的最优决策。因此，本书将高管激励作为门槛变量引入相关研究，以期找出最佳的激励方式激励高管团队发挥经验的作用，做出提升企业社会责任水平的决策。

3 理论基础

3.1 理论框架

企业社会责任一直是被实业界和学术界普遍关注的话题。学者从不同角度、根据不同的理论对其进行了研究，例如利益相关者理论、代理理论、制度理论强、高阶梯队理论等。而企业社会责任作为企业战略的一种，其制定与实施最终由高管团队决定，并且会受到高管团队成员自身特征的影响。本书研究高管团队经验如何影响企业社会责任行为，而高管团队经验作为高管团队特征的一种，必然会影响企业社会责任战略的制定。因此，在众多的理论中，高阶梯队理论成为本书研究的主要理论基础。

高阶梯队理论指出，由于决策者的有限理性与决策信息不足，决策者自身的经验、特征、心智、状态等都会影响其决策（Hambrick & Mason，1984）。简而言之，企业的战略决策与结果很大程度上都是由企业高管的个人特征而非客观数据决定的。高阶梯队理论本质上是一种信息处理理论，它试图从高层管理者的特征（包括人口统计学特征和心理特征）来解释和预测企业行为。

依据高阶梯队理论可以得出，高管团队经验会影响企业负责任的行为与不负责任的行为这一结论。然而在企业的实际经营中，企业往往会在不同的阶段和不同的环境下选择不同的履行社会责任的方式：有的企业可能会选择优化负责任的行为；而有的企业则可能会重点改善那些不负责任的行为，以此来获取企业当前的竞争优势。为了解释这种现象，笔者将注意力理论进入到理论框架中来。

注意力理论与高阶梯队理论具有共同点：第一，均建立在有限理性的基础之上；第二，均强调高层管理者的关键作用。注意力理论可以对高阶梯队理论进行进一步的深化和补充（Souitaris & Maestro，2010）；注意力理论丰富和拓展了高层管理者影响企业行为和结果的作用机制。管理者注意力的分配通常符合两个基本原则：一个是由于管理者的注意力和企业的资源有限，他们的注意力会集中到那些具有更大价值或合法性的问题上（Bouquet & Birkinshaw，2008；Haas et al.，2015；Hoffman & Ocasio，2001）；另一个是管理者对一个问题的关注程度与企业所处的环境相关（Ocasio，1997，2011）。如果说高阶梯队理论被用来作为高管团队特征影响企业决策的理论支撑，那高阶梯队理论与注意力理论相结合的观点则适合解释高管团队在某些特征的影响下更加关注企业战略中的某一个方面（Ma & Huang，2022）。将高阶梯队理论与注意力理论相结合，给解释高管团队成员为何会更多地关注决策中的某些问题提供了依据。

企业中的高管团队作为"经济人"，他们的目的是通过帮助企业实现良好的经营水平和绩效以获得更高的收益。高管团队通过制定相关的企业社会责任战略，可以使企业获得更多利益相关者的认可，而高管激励作为有效刺激高管团队做出决策的重要手段，会促使高管团队成员发挥经验的作用以改善企业社会责任的履行水平。高阶梯队理论指出，高管团队特征会影响企业的战略选择，而这种选择伴随着高管团队对个人利益与股东利益的衡量与取舍。高管激励是指企业所有者为了充分调动管理者的工作积极性，使其更好地为公司服务，而与其达成的一系列契约，通过激励契约激发、引导、维持和调节高管的行为动机。因而高管激励在高管做出相关决策时，可能会改变高管的关注点，使高管更多地考虑如何使企业获利。

图 3-1 为本书的理论框架。高阶梯队理论、注意力理论和高管激励理论共同构成了本书的理论基础。在此基础上，本书的研究主体包括三个部分：第一部分，研究高管团队经验对企业负责任行为与不负责任行为的影响，并在进一步研究中对高管团队经验对企业负责任行为与不负责任行为影响的不对称性加以解释；第二部分，研究高管团队经验的交互对企业社会责任的影响，研究随着高管团队成员共事时间的增加，职能经验异质性和行业经验对企业负责任行为与不负责任行为的关注是否会发生变化；第三部分，研究高管激励如何发挥作用。这三个部分环环相扣，紧密联系，很好地解释了高管团队经验、高管激励与企业社会责任之间的关系。

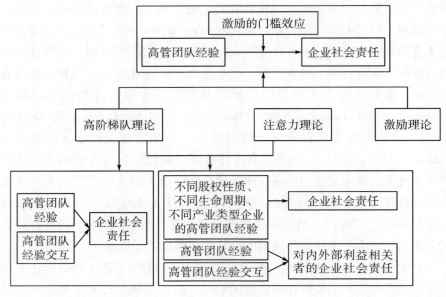

图 3-1　理论框架

3.2　相关理论

3.2.1　高阶梯队理论

高阶梯队理论于 1984 年由 Hambrick 和 Mason 首次提出，此后大量的研究以此理论作为理论基础。该理论的核心观点是高管特征会影响企业的战略决策。与高管个人相比，高管团队成员之间通过互通信息、共享知识、协同合作等，更有利于企业战略的制定。

高阶梯队理论认为高管团队对企业是重要的，高管团队的决策可以弥补高管个人决策中考虑不全面的问题，避免决策的片面性。分析高管团队的决策能力至关重要，高阶梯队理论为学者们依靠人口统计学特征研究高管团队认知及能力提供了理论基础。自此，包括风险偏好、战略变革、融资问题、创新以及社会责任（马永强和邱煜，2019；Bantel & Jackson，1989；Malmendier et al.，2011；Serfling，2014；马永强 等，2019；许年行和李哲，2016）等在内的企业战略问题，学者们都会从高管团队的视角加以研究。

高管团队特征对企业行为决策的影响分为以下三个步骤：第一，收集信息。由于收集的信息具有有限性，使得高管要依靠自己的相关经历与经验补全现有信息的不足。第二，对获取的信息进行筛选。依靠企业的需要和管理者自身的经验与经历对信息进行过滤。第三，高管依靠上述信息做出最终决定。既然高阶梯队理论认为企业的战略决策受到企业高管的心智模式和经验特征的影响，那么企业社会责任作为企业的某项特定战略决策，也可以由企业高管的相关特征或经验所决定（唐翌，2020）。

高阶梯队理论更多地关注管理层的特质或价值观，以及这些特质或价值观会如何影响企业社会责任行为。这意味着，具有不同特质或价值观的决策者，以及同一决策者在不同位置或状态下，都可能会产生不同的解读，继而采取迥然不同的战略响应行为（Daboub et al.，1995；Tang et al.，2015）。由此而论，企业社会责任行为的决策受企业中个人或群体决策特征的影响（Yuan et al.，2017）。学者们以高阶梯队理论作为理论基础，分别研究了高管的年龄、性别、学历、任期等特征对企业社会责任的影响（Adams&Ferreira，2009；Krishna，2008；Manner，2010；Zhang，2017；Reimer et al.，2018），随着研究的不断推进，高管团队异质性（如年龄的异质性、性别的异质性、任期的异质性等）也被用于研究企业社会责任（Harjoto et al.，2015；李冬伟 等，2017；张兆国 等，2018）。朱帮助和李璨（2022）以高阶梯队理论为理论支撑研究了高管团队断裂带对企业社会责任的影响。不难看出，高阶梯队理论正被越来越多地用于研究企业社会责任，而经验作为高阶梯队理论定义中经常出现的一个词，也被用于研究企业的战略决策（杨林 等，2018；2020）。然而，至今还鲜有文献将经验与企业社会责任相结合，企业社会责任的制定离不开管理团队经验的积累，因此本书以高阶梯队理论为理论基础，研究高管团队经验如何影响企业负责任的行为与不负责任的行为。

3.2.2 注意力理论

在 Dahl（1957）把注意力引入管理学领域之前，它一直被认为是心理学特有的概念，Dahl 定义了管理学领域的注意力，其认为注意力是管理者的选择，而企业的最终决策是管理者选择性地关注某些信息而做出的。D'Aveni 等（1990）将环境纳入注意力研究中来，其认为在成功企业与失败的企业中，管理者的注意力在对待内外部环境时存在差异。虽然学者们对注意力在管理学意义上进行了定义，但并没有掀起学者对新领域中注意力的研究浪潮，也并未对管理学的相关研究产生很大的影响。Ocasio 在1997 年发表的有关企业注意力的文章，成为企业注意力的奠基性文献。他把企业的注意力定义为决策者将自己的时间和精力用来关注、编码、解释并聚焦于组织的议题（issues）和答案（answer）两个方面的过程。这里的议题是指组织基于对环境的认识需要议决的问题，如机会、威胁等，而答案则是指备选行动集合，如提议、惯例、项目、规划、流程等。解释企业行为就是解释企业如何配置和管理其决策者或高管的注意力。管理者注意力的分配符合两个基本原则：第一，管理者的注意力和资源是有限的，所以他们更愿意关注他们所关心的问题。在注意力分配中，消极刺激往往会得到更多的关注。负面刺激也倾向于自动吸引注意力（Hansen & Hansen,1988）。人们通常更重视负面信息，并对负面事件做出更多的因果归因（Peeters & Czapinski, 1990）。而企业的决策者往往更能意识到一个问题的负面影响，这是因为企业的利益相关者更有可能根据企业的负面行为来评估企业的目标，从而导致负面信息更广泛的传播，造成更严重的负面影响（Bouquet & Birkinshaw, 2008; Haas et al., 2015; Hoffman & Ocasio,2001）。第二，注意力对一个问题的关注程度取决于企业所处的环境（Ocasio, 1997, 2011）。注意力理论常与高阶梯队理论结合，用以解释高管的行为。公司的决策在很大程度上反映了其高管对环境的解释以及他们对环境的关注程度（Hambrick & Mason, 1984）。高阶梯队理论关注管理者某些特征对企业战略的影响，而注意力理论则解释管理者为何关注企业中的某项活动的某一个点，例如不负责任的行为。因此，某些战略问题得到的关注越多，企业向它们分配的资源也就越多，以便使这些战略问题得到很好的解决。

注意力作为单独的变量出现在研究中是在以注意力为理论基础的研究中经常出现的现象。卫武和易志伟（2017）将注意力作为调节变量，验证了高管团队的注意力配置对高管团队异质性与企业创新战略的关系起调节作用，发现当注意力的配置增多时，高管团队相关特征的异质性会促进企业创新。注意力也作为中介变量出现在相关文献中，赖妍和刘小丽（2022）认为高管团队的海外经历获取的知识通过注意力进行配置进而影响企业社会责任，发现高管团队在企业社会责任方面配置的注意力越多，企业社会责任信息披露质量就越高。近年来，也出现了学者将高阶梯队理论与注意力理论相结合，用两个理论共同解释管理者的相关行为，Fu 等（2020）的研究就将高阶梯队理论与注意力理论相结合，将企业的 CSO 作为注意力的载体，研究其对企业社会责任的影响。

参考 Fu 等（2020）的研究，本书认为高阶梯队理论与注意力理论相结合，可以更好地解释高管团队经验可能存在的对企业负责任行为与不负责任行为影响的不对称性，也可以更好地解释高管团队经验对企业内部利益相关者、外部利益相关者的负责任行为与不负责任行为的关注与影响不同。而解释高管团队经验在同一企业不同的生命周期、不同的产业类型企业中对企业社会责任的影响不同时，也将高阶梯队理论与注意力理论相结合，并认为由于管理者的注意力和资源是有限的，因此他们更愿意关注企业在当前情况下最关心的问题。因而高管团队经验会驱使企业采取不同的企业社会责任战略，以获取当前的竞争优势。

3.2.3 激励理论

激励理论一直被学术界所关注，并被广泛应用于企业管理。高管激励是指企业所有者为了充分调动管理者的工作积极性，使其更好地为公司服务，而与其达成的一系列契约，通过激励契约进而激发、引导、维持和调节高管的行为动机。经济激励理论与管理激励理论是主流的激励理论的分支。研究中常用的显性或隐性激励理论属于经济激励理论，它的前提假设是企业中的人为"经济人"，他们的目的是通过帮助企业实现良好的经营水平和绩效以获得更高的收益，经济激励迎合了高管的这种追求。管理激励理论认为期望是使得激励起作用的根本原因。管理激励理论的理论基础是以马斯洛的需求层次理论为代表的其他一系列与期望有关的理论，例如，双因素理论、期望理论。由于高管对自己的薪酬或地位有所期望，因此那些显性或隐性的激励才能通过满足高管的期望而发挥激励作用。

Vroom（1964）用一个等式解释了激励起作用的方式，此等式可以应用于解释个人在做各种行为选择时所经历的过程（Du et al.，2017）。Vroom 认为激励效用由期望值和效价组成，即激励效用＝期望值×效价。此等式表明，激励能起到激励的作用不是随机的。一方面，被激励者会对是否能完成目标进行评估；另一方面，会对目标完成后的收益进行预判。激励只有满足了个人的期望，激励才会起作用，正如 Parijia 和 Bagga（2014）

的研究所描述的，激励效用取决于个人对目标完成概率的预判以及之后所能得到的回报。高管存在着期望，激励才能得以实现，只有对企业有所期待，高管的主动性才能被激发，才能使高管做出对企业有利的行动（KeKeocha，2016）。

现有的研究多数将激励作为调节变量，研究其在高管团队特征与企业战略决策中所扮演的角色。例如，以激励理论中的锦标赛理论研究高管薪酬差距的影响（吴丽君和卜华，2020）；以期望理论研究薪酬激励强度、股权激励强度、晋升激励和声誉激励的影响（舒力和熊晓炼，2019；章琳一，2019；曹越和郭天枭，2020；林宏妹 等，2020）。本书认为，激励作为企业的一种管理手段，显性激励和隐性激励都不可或缺。当高管低层次的期望满足后，必定会追求更高层次的期望。因此，本书从激励理论出发，选择薪酬激励、股权激励和声誉激励来研究其对高管团队经验与企业社会责任关系的影响。

3.3　本章小结

本章基于企业的战略决策受到高管相关特征影响的现实，以高阶梯队理论为基础，提出高管团队经验会影响企业社会责任。同时，鉴于企业中同时存在企业负责任的行为和不负责任的行为的现象，本书在高阶梯队理论的基础上加入注意力理论，用来解释高管团队经验对企业负责任行为与不负责任行为关注的不同，以及在不同的生命周期、不同产业类型的企业中，企业社会责任战略的选择差异。此外，本书还引入了激励理论用于解释不同的激励方式激励高管团队做出相关的企业社会责任决策。本书将理论与现实问题相结合，不仅阐述了高管团队经验对企业社会责任影响的机制，还提出了如何制定相应的激励机制，以促进企业提升社会责任水平，促进企业的可持续发展。

4 高管团队经验对企业社会责任的影响

管理者在战略选择和企业决策方面所扮演的核心角色一直是战略管理文献中的研究主题（Castanias & Helfat，2001；Finkelstein & Hambrick，1996）。彭罗斯（1959）强调了管理者们是作为一个团队在进行常规部署和相关流程的调整；高管团队在选择公司的发展道路、配置资源组合以及参与市场竞争方面发挥着主导作用（Castanias & Helfat，1991；Kor & Mahoney，2000）。高阶梯队理论指出，高管团队特征影响企业的相关战略，并且认为一家企业的决策在很大程度上反映了其高管对环境的解释以及他们对环境的关注程度（Hambrick & Mason，1984）。高管团队在长期的企业实践中获取的经验，不只是高管团队的特征，还代表着他们的专业水平和管理能力（Carpenter et al.，2001；Harris & Helfat，1997）。由于专业管理经验塑造了管理者的知识、信心和想象力，评估高层管理能力还需要审查高层管理团队的管理经验（Penrose 1959，1995；Van de Ven et al.，1984）。不同层次管理经验所代表的知识库存在着根本差异。

经验中学习的观点认为，管理者可以将以往的知识与当前所获取的信息相结合，并进行新的选择与思考，从而做出正确的选择。Nadkarni 和 Barr（2008）、杨林等（2020）认为高管团队经验主要通过管理认知、行为整合、环境扫描这三种机制对企业战略决策产生影响，而三种机制主要对应管理者的三种经验：职能经验异质性、管理者共享经验和行业经验。企业社会责任作为一项复杂的并且需要根据政策或环境不断进行调整的战略决策，它的制定需要专业的知识。高管团队职能经验异质性可以提供多样化的专业知识，这些多样化的专业知识对企业是重要的。李卫宁和李莉（2015）认为，首先，企业异质性的职能经验多，表明企业存在多元化的知识，能促进组织的变革和发展；其次，当拥有多样化的专业知识后，企业管理者需要对知识进行整合，而高管团队成员共享经验代表了对知识的整合能力；最后，行业经验可以帮助管理者解读相关政策，了解供应商和顾客的需求。行业经验代表的行业知识对企业做出相关的企业社会责任战略也是重要的。

本章通过研究高管团队经验如何同时影响企业负责任的行为与不负责任的行为，来探讨高管团队经验影响企业社会责任的机制。企业社会责任领域的学者已经认识到将这一结构分解为积极和消极成分的重要性（Godfrey et al.，2009；Kotchen & Moon，2012；Muller & Kräussl，2011）。负责任的行为指的是旨在改善社会条件的自愿的企业行为（Mackey et al.，2007）；而不负责任的行为涉及那些违法或合法但不道德的，会对利益相关者产生负面影响的企业行为（Strike et al.，2006）。虽然企业负责任行为和不负责任行为的概念不同，但二者可以同时受到相同因素的影响，并可能产生不同的结果（Lange & Washburn，2012；Mattingly & Berman，2006）。

4.1 理论分析与研究假设

4.1.1 职能经验异质性与企业社会责任

高阶梯队理论认为，决策者自身的经验会影响其决策。高管团队的专业知识是高管在企业长期的工作中所获得的，这种专业知识与高管的职能背景息息相关。杨林等（2018）认为，高管团队的职能经验是高管从工作中获取的与其职能背景相关的专业知识，这种知识代表了高管的思维方式、思维偏好和认知水平，会在高管做决策时发挥重要作用。高管职能经验越丰富，表明其曾从事过的职能岗位数量越多，越能理解不同职能间的差异性，而这样的管理者可以在高管团队成员由于异质性的职能经验产生分歧时，统筹全局，减少团队冲突（崔小雨 等，2018；邓新明 等，2020），增强团队的战略思考能力（Liouia，2006）。高管团队职能背景多元带来的多样化的思维方式可以避免群体思维，减少企业决策时的个体短视，从而使企业制定的相关决策更加全面、科学、合理（Jehn et al.，1999；杨林，2013）。因此，职能经验异质性对高管团队解决标准化问题或非惯例性的问题非常重要。

一方面，具有不同职业背景的管理人员在面对同一问题时，考虑问题的出发点是自身所在部门的行动计划（张平，2006）。在参与企业的策略制定时，不同职能背景的高管总会从自己专业的视角出发，提出相应的竞争行动方案（姚冰湜 等，2015）。例如，有生产和研发背景的高管团队成员他们对生产新的产品、改进生产线、改进生产技术等更加关注；而拥有管理背景的高管团队成员会关注慈善等行为；拥有财务背景的管理者会关注资金的流转等相关问题；拥有市场经验的管理者则关注产品的营销、市场的反馈等问题。高管团队成员的职能背景越丰富，越能为企业提供多元化的专业视角、多渠道的市场信息，越能发现企业各个业务板块需要注意的问题（张振刚 等，2019；Buyl et al.，2011）。另一方面，具备不同职能背景的高管团队成员在思维方式上也存在着差异。例如，拥有生产、研发和市场经验的管理者，他们的思维更理性，对生产、研发和市场数据更加敏感，往往倾向于制定改进技术、改良产品等战略（Goodwin et al.，2009）；而拥有管理、人力等背景的管理者思维相对感性，因而沟通是他们解决问题的主要方式（Kirzner，1997）。不同职能领域的工作经验对高管的认知基础也有重要影响（史元和李琳，2020），具有更广泛职能背景的顶级管理团队将能够更好地应对环境的复杂性（Finkelstein，1992）。

职能经验异质性主要给企业带来以下优势：第一，由于职能经验在一定程度上代表着管理者的专业知识水平和管理者对当前环境的认识（Waller & Glick，1995；杨波和李佩，2017），多样化的职能经验使得高管对环境的变化更加敏感（Bantel，1989；郗海拓 等，2021）。第二，高管团队成员多样化的职能经验除了可以为企业带来多样化的知识，还可以避免群体思维。Williams 和 O'Reilly（1998）证实在信息总量增多的情况下，职能经验异质性的高管团队具有多样化的信息处理视角，更容易避免陷入群体思维，从而能够全方位考虑企业所处情境并做出最优决策。第三，职能经验异质性的高管团队往往包容性比较强，可以使高管发挥创造性的思维，促进企业的创新行为（何明钦，2020）。

虽然企业社会责任投资是一项综合社会效益、环境效益以及经济效益的可持续发展的投资，具有投资多、风险大、见效慢的特点，但是良好的企业社会形象能够帮助企业建立长期竞争优势。提升企业社会责任水平，不只要优化企业负责任的行为，还要改善企业不负责任的行为。

多元化职能经验的高管团队将从全链条全方位评判企业当前的处境，

提出企业需要关注和解决的问题，更倾向于引领企业承担社会责任方面的企业责任（沈红波，2012）。例如，从事财务管理的管理者会从财务预算角度评估企业慈善投入；从事市场营销的管理者则更多关注顾客对产品的反馈等。拥有多样化职能经验的高管团队能深入理解和挖掘企业应该承担的社会责任。

对于企业中存在的不负责任的行为，职能经验异质性的高管团队可以有针对性地提出解决问题的方法。例如，针对环保问题，生产和研发部门需要找出是哪个环节出现了问题，并及时进行调整或更新设备；当产品出现问题时，市场部门需要尽快对出现问题的产品进行召回，生产部门及时对产品进行检测，找出问题产生的根本原因，管理部门还应对顾客与媒体关心的问题进行回复等。高管团队多样化的职能经验可以帮助企业找到不负责任的行为出现的原因，快速梳理情况，缩短企业解决相应问题的时间，减少企业的损失。因此本书提出以下假设：

H4-1a：高管团队职能经验异质性有助于优化企业负责任的行为。

H4-1b：高管团队职能经验异质性有助于改善企业不负责任的行为。

4.1.2　共享管理经验与企业社会责任

共享的意思就是分享，与其他所有人共同拥有一件物品或者信息的使用权或知情权。而共享经验意味着将从经验中获取的知识与他人分享。高管团队共享管理经验是指高管团队成员将自己的管理经验在团队内部进行分享。高阶梯队理论认为高管团队的决策可以弥补单个高管决策中考虑不全面的缺陷，避免决策的片面性。高管团队作为一个整体，最终对企业的产出负责，并且共同承担企业经营的风险（Kor & Mahoney，2000），高管团队共享管理经验对于企业做出最终决策至关重要。在企业经营期间，虽然管理者掌握了不同的技能，积累了专业的知识，但仍有其无法克服的局限性（Barnard，1938；孙继伟 等，2020），高管团队只有将个人的知识进行共享，并对知识进行整合，才能使知识的作用得到发挥，从而克服高管个人的局限性，最终做出对企业有利的决策。一个管理团队不仅仅是个人的集合，它是一个有共同工作经验的个人的集合，只有通过共享管理经验才能发展团队合作（Kor，2003）。

选择高管团队成员的共同管理经验作为对企业社会责任重要的经验，有以下三个原因：第一，高管团队共享管理经验的程度，与高管团队成员的共同工作时长有着重要的关系。高管团队成员的共同任期的长短会影响团队成员互动程度的深浅，共同任期较长的管理者比共同任期较短的管理者互动程度更深入，对彼此的行事风格更了解，形成的集体性认知更深刻。由于高管团队可以进行更深入的沟通，当企业面临挑战或需要解决的问题时，能够快速做出反应。高管团队成员长期合作意味着对方的价值理念较为符合自我的积极预期，会在不经意间产生对彼此的信任，这种信任可能是依赖于双方的私人感情，也可能源于对彼此工作相关能力的认可（付悦，2018）。第二，高管团队成员共享管理经验可以加快知识的整合速度，提高决策的效率，通过对知识进行整合，不仅弥补了单个高管决策的不足，还增加了团队成员识别企业获取新的成长机会的可能性（Wang，2010；Williams et al.，2017）。共享管理经验还可以增加企业的创新行为（Lubatkin et al.，2006；张兆国 等，2018），因为最终的战略由高管团队成员共同进行决策，高管团队成员必须共同承担决策的最终结果，经由高管团队共同认可的创新行为，比单个管理者提出的创新行为更为稳妥。高管团队共享管理经验与个人经验相比，其优点体现在，有了团队的认可作为后盾，团队成员更敢于做出大胆、冒险的创造性决策（姚振华和孙海法，2010）。第三，每个企业的高管团队共享的管理经验，都是其他企业难以获取的资源，因为这种经验涉及的隐性知识只能通过人的互动来产生（Berman et al.，2002；Zhang，2019；杨林 等，2020），并且需要花费相当多的时间和多个管理者共同参与，所以共享团队管理经验也为企业筑起了一个防止模仿的屏障。

企业社会责任是一项需要不断调整的战略，高水平的企业社会责任不仅要优化企业负责任的行为，还要改善企业不负责任的行为。共享管理经验的高管团队有助于优化企业负责任的行为：第一，高管团队成员共事时间越长，在日常工作及风险决策中积累的信任和默契越深（Kor，2003），越能加快相关项目的决策和实施的过程；第二，共事时间长的高管团队成员交流会更通畅（杨林 等，2020；田雨霁，2022），更能精准、全面地预判未来企业在解决社会责任问题时所面临的挑战，通过共享管理经验，管理者之间的沟通更有效，决策更加科学合理（Penrose，1959；Smith et al.，1994）。

企业不负责任的行为带来的负面影响会受到管理者的重点关注，而高管团队成员共同的管理经验可以促进管理者之间的信息交换，减少团队成员之间知识整合所需要的时间，还可以根据企业的现有需求和面对的问题进行头脑风暴，降低企业的损失，高管团队成员共享管理经验能改善企业不负责任的行为。因此本书提出以下假设：

H4-2a：高管团队成员共享管理经验能优化企业负责任的行为。

H4-2b：高管团队成员共享管理经验能改善企业不负责任的行为。

4.1.3　行业经验与企业社会责任

行业经验主要是管理者之前在相关行业或近似行业工作的经验。研究发现，管理者更愿意在自己曾经工作过的行业再就业（王竟一和张东生，2015）。行业经验是对企业发展比较重要的一种经验。行业管理经验涉及了解特定行业的机会、威胁、竞争条件和法规，以及特定供应商和客户的意愿。行业经验有助于管理者处理与本行业有关的信息，识别和评估市场和社会的需求，设计适当的战略，定位新的产品和服务（Schefczyk & Gerpott，2001；杨林 等，2018）。

高管行业经验反映了团队成员的行业敏感程度（朱丽，2017）。第一，行业经验丰富的高管团队与企业上下游、多方利益相关者甚至竞争对手都有着多维度的关系（Simsek，2007；孙德升，2009），而高管团队成员的行业经验越多，在该行业的人际关系网络就越发达，团队成员不仅可以依靠这些关系网络及时获取可靠的内外部信息和市场发展机会，更能与行业利益相关者建立紧密的联系，从而提升企业的市场感知能力、顾客关联能力和渠道绑定能力。第二，行业经验丰富的高管团队具有深厚的阅历，能够准确判断哪些资源能够给企业带来最大效益，同时也更能知道从哪里获得资源和机会，评估潜在机会的价值（陈伟民，2007；Von den Driesch et al.，2015）。高管团队成员从行业中获取的经验还可以帮助企业建立新的价值观、目标和认知模式（Kraatz & Moore，2002），打破原有的思维束缚和战略模式（Tushman et al.，1986）。

行业经验对优化企业负责任的行为十分重要。第一，行业经验丰富的高管团队能捕捉行业隐蔽信息和挖掘行业政策动向，并基于自身在该行业多年积累的经验选择符合本企业发展实际、投资较小且见效较快的方案，降低企业因履行社会责任导致的短期利润下降的程度（Ma & Huang，2022）；第二，行业经验还包括了对政府政策的解读能力，某些行业有特殊的环境要求和政策要求，需要企业根据政策对企业社会责任的内容进行相关调整。

优化企业负责任的行为并不意味着企业不负责任行为的减少，当企业同时存在负责任的行为与不负责任的行为，不负责任的行为往往会给消费者和供应商带来更大的刺激，因此企业要积极改善不负责任的行为，当企业出现比较重大的不负责任的行为时，拥有行业经验的管理者可以稳住相关的供应商与客户，给企业争取宝贵的补救时间，由于管理者了解该行业客户的需求，也能相对容易地找出补救的措施，以减少企业的声誉损失。因此本书提出以下假设：

H4-3a：高管团队成员行业经验有助于企业优化负责任的行为。

H4-3b：高管团队成员行业经验有助于企业改善不负责任的行为。

4.2　研究设计

4.2.1　样本选择和数据来源

2006 年是中国企业社会责任发展的元年，而 2012 年堪称中国企业社会责任管理元年（殷格非，2012），2012 年的《企业社会责任蓝皮书》也提到，这一年中国企业的社会责任进入起步阶段。2012 年后，中国研究数据服务平台（China research data services，CNRDS）披露的履行企业社会责任的企业数量逐渐增加。由于相关规定在 2012 年颁布，而企业做出反应存在一定的滞后性，因此本书的数据起始年份设定为 2013 年。

本书以 2013—2021 年 A 股上市的主板公司为研究对象，借鉴 Xu 等（2014）、孟庆斌等（2018）的研究，对样本进行如下筛选：①剔除 ST 和 ST*的企业样本；②剔除金融行业样本；③剔除高管团队成员少于 3 人的数据；④剔除数据缺失和数据异常的样本。经过以上的筛选，总计得到 6 228 个"公司—年度"样本。企业社会责任的数据来自 CNRDS 数据库，其余高管团队数据、财务数据、高管激励数据来自国泰安（China stock market & accounting research database，CSMAR）数据库。为减轻极端值带来的干扰，本书的研究对连续变量在 1% 水平上进行 Winsorize 处理。

4.2.2 变量选取与定义

4.2.2.1 因变量：企业社会责任

本书的 2.1.4 小节详细解释了选择 CNRDS 数据库中的企业社会责任数据库的原因。企业社会责任行为的数据，本书采用 CNRDS 中 CESG 数据库（原 CCSR 企业社会责任数据库）中企业社会责任的数据，以优势作为企业负责任的行为，关注作为企业不负责任的行为（袁业虎和熊笑涵，2021），企业社会责任优势和关注涉及六个维度："慈善、志愿者活动以及社会争议""公司治理""多样化""雇员关系""环境""产品"。本书通过为每个特定的优势或关注点分配一个 1 或一个 0 来评估一个企业的企业社会表现；遵循以往文献的研究方法（Di Giuli & Kostovetsky，2014；Koh et al.，2014），通过六个维度的优势的总数来衡量企业负责任的行为，通过关注的总数来衡量企业不负责任的行为。为了检验高管团队经验对企业社会责任行为的影响是否对称，本书进一步标准化了企业负责任的行为和不负责任的行为（Koh et al.，2014；Mattinnily & Berman，2006），使得企业负责任的行为和不负责任的行为的均值为 0，标准差为 1。

4.2.2.2 自变量：高管团队经验

本书将董事长、董事会秘书、副总裁、首席执行官（CEO）、总经理、副总经理、执行总经理、执行副总经理、总会计师、财务负责人、总经济师及总工程师在内的高级管理人员纳入高管团队成员。

职能经验异质性：本书参考 Tihany（2000）的分类思路，将高管团队职能经验划分为九个类别，其编码规则为：1＝生产，2＝研发，3＝设计，4＝人力资源，5＝管理，6＝市场，7＝金融，8＝财务，9＝法律，采用 Blau（1977）分类指数对团队职能经验异质性进行计算，公式如下：

$$\text{Blau's categorical} = 1 - \sum_{i}^{n} P_i^2$$

其中，i 表示类别，n 表示种类数量，P_i 为第 i 类职能类型高管数量占团队总数的比重。Blau 指数的取值在 [0, 1]，数值越大代表异质性程度越高。

高管团队成员共享管理经验：共享管理经验是管理者对团队成员的技能、限制和特殊习惯的集体知识。本书借鉴 Kor（2003）和杨林等（2020）的测量思路，这两位学者认为选取团队规模一半以上的高管成员的共同任期能代表绝大多数管理者的共享团队管理经验，即使有新成员的加入，这一指标也能够捕获这个团队中大多数经理的共享经验。例如，在其测量过程中，由于高管团队的规模为6人左右，因此二位学者选择高管团队中任期排名前四的高管人员共同任职的年限，对高管团队共享管理经验这一指标进行测量，4名成员的共同任期是共享管理经验的一个合适的代理变量，这个代理变量包含了团队中大多数经理的共享经验。本书样本中的高管团队成员的规模为3~16人，差异性较大，为保证高管团队在决策中发挥实质上的决策权和建议权，本书没有选择4名成员的共同任期作为共享管理经验，而是对高管团队成员的任期进行排序，并选取团队规模一半以上的高管成员的共同任期代表绝大多数管理者的共享管理经验，任期单位为月，对共同任期取对数。

行业经验：在Kor（2003）的研究中，他认为在某个行业中，特定企业每个职位上的管理者都熟悉行业参与者的资源和战略，以及行业中的供应商和买家。了解每个高层管理者在企业中的任职信息，便可以得到该管理者的行业经验。由于只有到达一定层级的管理者，才能掌握企业相关资源，并对企业的决策起决定作用，因此本书选用所有高层管理者在现任行业特定企业的工作年限的平均值测量行业经验。这一指标能反映管理者对行业资源、竞争对手、供应商以及客户的熟悉度。由于某一管理者在该企业可能不只担任过一个关键职位，现在任职的职位和最初的职位可能不同，但行业经验从最初的职位就开始积累。因此，用测量的年份减去最初职位的任期开始时间，并加1（以包括最初职位的完整一年），即为每个高管团队成员在现任行业特定企业的工作年限。行业经验的信息由CSMAR董高监①数据库获取。

4.2.2.3 控制变量

本书参考了Kor（2003）、Fu等（2020）、杨林等（2020）、邓新明等（2020）和田雨霁（2022）的研究及其变量测度方法，并控制了以下变量：企业股权性质、企业规模、企业绩效、企业成立年限和企业资本结构。本书在控制企业变量的同时也控制了高管团队的变量，包括高管团队规模、高管团队的年龄异质性和平均年龄；控制了任期异质性；控制了高管的学历，学历平均值代表了高管团队成员的学历构成；控制了女性高管占比，因为女性可能更倾向于履行社会责任；控制了高管海外背景，海外背景是

---

① 董高监指董事、高层管理人员、监事，一般主要指公司（特别是上市公司）的领导机构。

高管在海外留学时获得的经验；控制了 CEO 是否两职兼任，两职兼任的 CEO 在高管团队中更有话语权。本书中，相关的变量定义如表 4-1 所示。

表 4-1 变量定义

变量代码	变量名称	变量描述
CSR	企业负责任的行为	CNRDS 数据库中六个维度的优势总和
CSiR	企业不负责任的行为	CNRDS 数据库中六个维度的关注总和
Tfe	职能经验异质性	职能异质性的 Blau 指数
Tse	共享经验	Ln 高管团队中任期排名一半以上的高管成员共同任职期限（月）
Tie	行业经验	选用样本企业所有高管人员在现任行业工作年限的平均值进行测量
TMT size	高管团队规模	高管团队总人数
Hage	年龄异质性	标准差/年龄的平均值
Mage	年龄平均值	高管年龄总和/高管团队总人数
Htenure	任期异质性	任期标准差/任期的平均值
Medu	学历平均值	高管的学历总和/高管团队总人数
Female	女性高管占比	女性高管的人数/高管团队总人数
Oversea	高管海外背景	有海外经历的高管为 1，否则为 0
Dual	CEO 两职兼任	CEO 两职兼任为 1，否则为 0
Soe	企业股权性质	国有企业为 1，非国有企业为 0
Firmsize	企业规模	Ln 员工总数
Firmage	企业成立年限	企业从成立日至观察期的存续年限
Performance	企业绩效	企业的总资产收益率
Lev	企业资本结构	企业资产负债率

4.2.3 实证模型设计

为了实证检验高管团队经验对企业社会责任的不同行为是否存在显著的影响，设定以下模型：

$$CSR_{it} = \alpha_0 + \alpha_1 Tfe_{it} + \alpha_2 Controls_{it} + \sum Industry + \sum Year + \varepsilon_{it}$$

$$(4-1)$$

$$CSiR_{it} = \alpha_0 + \alpha_1 Tfe_{it} + \alpha_2 Controls_{it} + \sum Industry + \sum Year + \varepsilon_{it}$$
$$（4-2）$$

$$CSR_{it} = \beta_0 + \beta_1 Tse_{it} + \beta_2 Controls_{it} + \sum Industry + \sum Year + \varepsilon_{it}$$
$$（4-3）$$

$$CSiR_{it} = \beta_0 + \beta_1 Tse_{it} + \beta_2 Controls_{it} + \sum Industry + \sum Year + \varepsilon_{it}$$
$$（4-4）$$

$$CSR_{it} = \gamma_0 + \gamma_1 Tie_{it} + \gamma_2 Controls_{it} + \sum Industry + \sum Year + \varepsilon_{it}$$
$$（4-5）$$

$$CSiR_{it} = \gamma_0 + \gamma_1 Tie_{it} + \gamma_2 Controls_{it} + \sum Industry + \sum Year + \varepsilon_{it}$$
$$（4-6）$$

以上公式中，CSR 为企业负责任的行为，$CSiR$ 为企业不负责任的行为，Tfe 为高管团队职能经验异质性，Tse 为高管团队共享管理经验，Tie 为高管团队行业经验，$Controls$ 为一系列控制变量，$Industry$ 表示行业虚拟变量，$Year$ 表示年份虚拟变量，i 和 t 分别表示企业和年份。α_1、β_1、γ_1 为本章的待估系数，ε 为随机误差项，模型 4-1 和 4-2 用来检验假设 H4-1a 和 H4-1b；模型 4-3 和 4-4 用来检验假设 H4-2a 和 H4-2b；模型 4-5 和 4-6 用来检验假设 H4-3a 和 H4-3b。

4.3 实证检验与分析

4.3.1 描述性统计

表 4-2 报告了主要变量的描述性统计分析结果。CSR 和 $CSiR$ 的均值为 0，标准差为 1，为标准化后的均值和标准差，目的是对结果进行比较。高管团队职能经验异质性的均值为 0.687，标准差为 0.090，说明本书样本选择的高管团队成员职能经验的异质性比较高，高管团队成员的职能经验比较丰富；高管团队共享经验的均值为 3.533，标准差为 0.802，可以计算出高管团队成员的共同工作经验的平均值为 34 个月；高管团队行业经验的均值为 5.939，标准差为 1.712，本书所选的样本高管团队成员在本行业的平均工作年限为 6 年，这个时长说明高管团队成员拥有丰富的行业的经验。

高管团队的平均年龄为 48.332，标准差为 3.551，高管团队的年龄异质性为 0.118，标准差为 0.045，这说明样本企业的高管团队中，年龄平均值为 48，年龄异质性比较小，说明团队中的年轻人占比较低。任期异质性的均值为 0.637，标准差为 0.250，说明高管团队内成员的任期差异比较大。高管团队的平均学历为 3.424，说明团队中的成员学历多为本科以上。女性高管占比的平均值为 0.154，说明团队中的女性高管较少。拥有海外背景的管理者的平均值为 0.283，说明企业中有海外背景的管理者占比较低。

表 4-2　描述性统计

Variable	N	Min	Max	Mean	SD
CSR	6 228	−1.872	2.146	0	1
CSiR	6 228	−0.641	2.526	0	1
Tfe	6 228	0.320	0.816	0.687	0.090
Tse	6 228	1.099	4.942	3.533	0.802
Tie	6 228	2.556	10.826	5.939	1.712
TMT size	6 228	3.000	16.000	7.184	2.549
Hage	6 228	0.030	0.246	0.118	0.045
Mage	6 228	38.750	55.900	48.332	3.551
Htenure	6 228	0.000	1.000	0.637	0.250
Medu	6 228	2.000	4.500	3.424	0.530
Female	6 228	0.000	0.625	0.154	0.154
Oversea	6 228	0.000	1.000	0.283	0.450
Dual	6 228	0.000	1.000	0.206	0.405
Soe	6 228	0.000	1.000	0.534	0.499
Firmsize	6 228	20.609	27.250	23.155	1.387
Firmage	6 228	7.000	33.000	20.167	5.526
Performance	6 228	−0.137	0.193	0.043	0.048
Lev	6 228	0.075	0.863	0.468	0.194

4.3.2　相关性分析

由表 4-3 的相关系数可以看出，职能经验异质性（Tfe）和企业负责任的行为（CSR）的相关系数为 0.205，在 1% 的水平上显著为正，初步说明高管团队职能经验异质性与企业负责任行为存在显著的正相关关系；高管团队共享经验（Tse）和企业负责任的行为（CSR）的相关系数为 0.023，在 10% 的水平上显著为正，初步说明高管团队共享经验与企业负责任行为存在显著的正相关关系；行业经验（Tie）和企业负责任的行为（CSR）的相关系数为 0.147，在 1% 的水平上显著为正，初步说明高管团队行业经验与企业负责任行为存在显著的正相关关系。

职能经验异质性（Tfe）和企业不负责任的行为（CSiR）的相关系数为 0.016，没有通过显著性检验，初步说明高管团队职能经验异质性与企业不负责任行为不存在显著的相关关系；高管团队共享经验（Tse）和企业不负责任的行为（CSiR）的相关系数为 -0.053，在 1% 的水平上显著为负，初步说明高管团队共享经验与企业不负责任行为存在显著的负相关关系；行业经验（Tie）和企业不负责任的行为（CSiR）的相关系数为 -0.036，在 1% 的水平上显著为负，初步说明高管团队行业经验与企业不负责任行为存在显著的负相关关系。相关分析只是初步分析两两变量之间的相关关系，需要与控制变量共同进行回归才能得到严谨的结论。

本书还利用方差膨胀因子（VIF）进行多重共线性检验，表 4-4 为 VIF 检验结果，均值为 1.34，VIF 最大值为 1.85，远低于 10，可以认为变量不存在严重的多重共线性问题。

表 4-3　相关性分析

	CSR	CSiR	Tfe	Tse	Tie	TMT size	Hage	Mage	Htenure
CSR	1.000								
CSiR	0.069 ***	1.000							
Tfe	0.205 ***	0.016	1.000						
Tse	0.023 *	-0.053 ***	-0.023 *	1.000					
Tie	0.147 ***	-0.036 ***	-0.034 ***	0.429 ***	1.000				
TMT size	0.099 ***	0.006	0.088 ***	0.021 *	0.030 **	1.000			
Hage	0.008	-0.018	-0.001	-0.054 ***	-0.057 ***	-0.089 ***	1.000		
Mage	0.132 ***	0.090 ***	-0.033 ***	0.210 ***	0.270 ***	0.121 ***	-0.389 ***	1.000	
Htenure	-0.072 ***	0.030 **	-0.128 ***	-0.042 ***	-0.024 *	0.083 ***	0.003	0.034 ***	1.000
Medu	0.123 ***	-0.020	0.122 ***	-0.056 ***	-0.040 ***	0.059 ***	-0.098 ***	0.125 ***	-0.207 ***
Female	0.009	-0.116 ***	-0.031 **	-0.026 **	-0.017	-0.129 ***	0.206 ***	-0.248 ***	-0.024 *
Oversea	0.155 ***	-0.003	0.133 ***	-0.008	0.016	0.194 ***	0.122 ***	-0.061 ***	-0.134 ***
Dual	0.027 **	-0.024 *	0.032 **	0.080 ***	0.044 ***	0.004	0.200 ***	-0.114 ***	-0.083 ***
Soe	-0.006	0.022 *	0.007	-0.094 ***	-0.121 ***	0.115 ***	-0.384 ***	0.399 ***	0.087 ***
Firmsize	0.256 ***	0.141 ***	0.045 ***	-0.079 ***	0.026 **	0.257 ***	-0.246 ***	0.334 ***	-0.008
Firmage	0.127 ***	-0.011	0.084 ***	-0.068 ***	0.147 ***	-0.050 **	-0.035 ***	0.183 ***	0.125 ***
Performance	0.057 ***	-0.054 ***	0.012	0.098 ***	0.091 ***	0.020	0.022 *	-0.006	-0.017
Lev	0.066 ***	0.114 ***	-0.011	-0.100 ***	-0.082 ***	0.139 ***	-0.128 ***	0.140 ***	0.034 ***

表4-3(续)

	Medu	Female	Oversea	Dual	Soe	Firmsize	Firmage	Performance	Lev
Medu	1.000								
Female	−0.009	1.000							
Oversea	0.172***	0.070***	1.000						
Dual	0.026**	0.095***	0.084***	1.000					
Soe	0.166***	−0.187***	−0.180***	−0.323***	1.000				
Firmsize	0.260***	−0.138***	0.064***	−0.104***	0.303***	1.000			
Firmage	0.054***	0.019	−0.022*	−0.066***	0.169***	0.179***	1.000		
Performance	−0.044***	0.021*	−0.025*	0.040***	−0.134***	−0.059***	−0.068***	1.000	
Lev	0.117***	−0.120***	0.004	−0.076***	0.230***	0.547***	0.158***	−0.393***	1.000

注: *、**、*** 分别表示在10%、5%和1%的水平上显著。

表4-4 VIF 检验

Variable	VIF	1/VIF
Tfe	1.07	0.937
Tse	1.31	0.763
Tie	1.40	0.716
TMT size	1.18	0.850
Hage	1.32	0.755
Mage	1.62	0.616
Htenure	1.12	0.891
Medu	1.19	0.839
Female	1.12	0.896
Oversea	1.17	0.852
Dual	1.15	0.872
Soe	1.64	0.611
Firmsize	1.85	0.540
Firmage	1.17	0.852
Performance	1.26	0.794
Lev	1.80	0.556
Mean VIF	1.34	

4.3.3 回归分析

4.3.3.1 职能经验异质性与企业社会责任

首先选定模型，表4-5为选定模型的过程。从模型检验结果可以看出，Model 1和Model 2中的 F 检验的 p 值均小于0.05，拒绝原假设，认为固定效应模型优于混合效应模型；BP检验的 p 值均小于0.05，拒绝原假设，认为随机效应模型优于混合效应模型；豪斯曼检验的 p 值均小于0.05，拒绝原假设，认为固定模型优于随机效应模型。因此本书使用固定模型进行回归分析。

表4-5 职能经验异质性与企业社会责任模型检验

检验	Model 1	Model 2
F 检验	23.697	11.630
p	0.000	0.000
BP 检验	11 984.700	7 139.441
p	0.000	0.000
豪斯曼检验	121.667	35.900
p	0.000	0.001

表4-6为高管团队职能经验异质性与企业社会责任的固定效应面板回归结果。从回归结果可以看出，高管团队职能经验异质性（Tfe）对企业负责任行为（CSR）的回归系数为0.328，在1%的水平上显著为正，说明高管团队职能经验异质性正向影响企业负责任的行为，多样化的职能经验可以使企业优化负责任的行为，假设H4-1a得到验证；高管团队职能经验异质性（Tfe）对企业不负责任行为（CSiR）的回归系数为-0.326，在5%的水平上显著为负，说明高管团队职能经验异质性负向影响企业不负责任行为，多样化的职能经验可以改善企业不负责任的行为，假设H4-1b得到验证。由回归结果可以看出，职能经验异质性既能优化企业负责任的行为，又能改善企业不负责任的行为。

表 4-6 职能经验异质性与企业社会责任回归结果

Variable	(1) CSR	(2) *CSiR*
Tfe	0.328***	−0.326**
	(2.860)	(−2.060)
Tmtsize	−0.005	−0.007
	(−1.104)	(−1.188)
Hage	−0.616***	0.377
	(−2.877)	(1.275)
Mage	0.007**	0.009*
	(1.978)	(1.805)
Htenure	0.091**	0.013
	(2.018)	(0.202)
Medu	−0.030	−0.057*
	(−1.201)	(−1.659)
Female	0.185**	−0.353***
	(2.568)	(−3.549)
Oversea	0.012	0.042
	(0.528)	(1.384)
Dual	−0.034	0.044
	(−1.477)	(1.380)
Soe	−0.082	0.117
	(−1.409)	(1.452)
Firmsize	0.015	0.027
	(0.838)	(1.076)
Firmage	−0.005	−0.007
	(−0.184)	(−0.215)
Performance	−0.391**	−0.589**
	(−2.198)	(−2.398)
Lev	−0.090	−0.055
	(−1.083)	(−0.485)
Industry	Yes	Yes
Year	Yes	Yes
_cons	−0.933	−0.556
	(−1.529)	(−0.660)
N	6 228	6 228
R^2	0.441	0.022
F	197.75	5.76

注：括号里为 *t* 值，* 表示 $p<0.1$，** 表示 $p<0.05$，*** 表示 $p<0.01$，下同。

4.3.3.2 高管团队共享管理经验与企业社会责任

表 4-7 为模型检验结果，由结果可知，本书使用固定模型进行回归分析更为合适。

表 4-7　共享经验与企业社会责任的模型检验

检验	Model 1	Model 2
F 检验	24.207	11.581
p	0.000	0.000
BP 检验	12 202.431	7 128.697
p	0.000	0.000
豪斯曼检验	112.003	31.520
p	0.000	0.005

表 4-8 为高管团队共享管理经验与企业社会责任的回归结果。从回归结果可以看出，高管团队共享经验（Tse）对企业负责任行为（CSR）的回归系数为 0.020，在 5% 的水平上显著为正，说明高管团队共享管理经验正向影响企业负责任的行为，高管团队成员长时间的共事经验有助于企业优化负责任的行为，假设 H4-2a 得到了验证；高管团队共享管理经验（Tse）对企业不负责任行为（$CSiR$）的回归系数为 -0.032，在 5% 的水平上显著为负，说明高管团队共享管理经验负向影响企业不负责任行为，高管团队成员长时间的共事经验可以帮助企业改善不负责任的行为，假设 H4-2b 得到了验证。管理者共享经验既可以优化企业负责任的行为，也可以改善企业不负责任的行为。

表 4-8　共享经验与企业社会责任的回归结果

Variable	(1) CSR	(2) $CSiR$
Tse	0.020**	-0.032**
	(2.143)	(-2.485)
$Tmtsize$	-0.003	-0.009
	(-0.704)	(-1.562)
$Hage$	-0.588***	0.346
	(-2.745)	(1.169)
$Mage$	0.004	0.013***
	(0.991)	(2.657)

表4-8(续)

Variable	(1) CSR	(2) CSiR
Htenure	0.087*	0.016
	(1.926)	(0.253)
Medu	−0.027	−0.061*
	(−1.080)	(−1.756)
Female	0.190***	−0.359***
	(2.643)	(−3.617)
Oversea	0.014	0.039
	(0.637)	(1.294)
Dual	−0.038*	0.048
	(−1.655)	(1.527)
Soe	−0.077	0.110
	(−1.316)	(1.370)
Firmsize	0.011	0.032
	(0.614)	(1.247)
Firmage	−0.006	−0.006
	(−0.223)	(−0.178)
Performance	−0.398**	−0.581**
	(−2.235)	(−2.364)
Lev	−0.092	−0.056
	(−1.111)	(−0.490)
Industry	Yes	Yes
Year	Yes	Yes
_cons	−0.551	−0.963
	(−0.920)	(−1.164)
N	6 228	6 228
R^2	0.441	0.023
F	197.46	5.85

4.3.3.3 行业经验与企业社会责任

表4-9为行业经验与企业社会责任的模型检验结果，由结果可知，选用固定模型进行回归分析更为合适。

表4-9 行业经验与企业社会责任模型检验

检验	Model 1	Model 2
F 检验	24.211	11.604
p	0.000	0.000
BP 检验	12212.278	7124.522
p	0.000	0.000
豪斯曼检验	110.682	35.050
p	0.000	0.001

表4-10 为行业经验对企业社会责任的回归结果。从回归结果可以看出，高管团队行业经验（Tie）对企业负责任行为（CSR）的回归系数为0.017，在5%的水平上显著为正，说明高管团队行业经验正向影响企业负责任的行为，拥有行业经验的管理者在制定相关战略时，会注意优化企业负责任的行为，假设 H4-3a 得到了验证；高管团队行业经验（Tie）对企业不负责任行为（$CSiR$）的回归系数为-0.028，在1%的水平上显著为负，说明高管团队行业经验负向影响企业不负责任行为，拥有行业经验的管理者在制定相关战略时，会注意改善企业不负责任的行为，假设 H4-3b 得到了验证。回归结果表明，行业经验既可以优化企业负责任的行为，又可以改善企业不负责任的行为，行业经验对企业提升社会责任水平也非常重要。

表4-10 行业经验与企业社会责任

Variable	(1) CSR	(2) $CSiR$
Tie	0.017 **	-0.028 ***
	(2.503)	(-2.960)
$Tmtsize$	-0.003	-0.009
	(-0.694)	(-1.581)
$Hage$	-0.598 ***	0.362
	(-2.793)	(1.225)
$Mage$	0.003	0.014 ***
	(0.913)	(2.781)
$Htenure$	0.089 **	0.013
	(1.967)	(0.203)

表4-10(续)

Variable	(1) CSR	(2) CSiR
Medu	−0.025	−0.063*
	(−1.016)	(−1.831)
Female	0.184**	−0.350***
	(2.563)	(−3.522)
Oversea	0.014	0.040
	(0.620)	(1.314)
Dual	−0.037	0.046
	(−1.606)	(1.470)
Soe	−0.071	0.101
	(−1.213)	(1.249)
Firmsize	0.012	0.030
	(0.660)	(1.193)
Firmage	−0.006	−0.005
	(−0.248)	(−0.149)
Performance	−0.380**	−0.611**
	(−2.132)	(−2.484)
Lev	−0.100	−0.043
	(−1.212)	(−0.373)
Industry	Yes	Yes
Year	Yes	Yes
_cons	−0.568	−0.937
	(−0.948)	(−1.134)
N	6 228	6 228
R^2	0.441	0.023
F	197.59	5.97

4.3.4 进一步的研究

4.3.4.1 高管团队经验与企业社会责任：是否对称

以上的研究结果表明，高管团队经验既影响企业负责任的行为，又影响企业不负责任的行为。那么，有经验的高管对二者的关注是否对称？拥有不同经验的高管对哪种社会责任更为关注？为了得到这个问题答案，本书引入注意力理论与高阶梯队理论加以说明。

为了验证管理者如何关注企业社会责任中负责任的行为与不负责任的行为，本节参照 Fu 等（2020）的比较方式，通过对企业负责任的行为和不负责任的行为两个变量进行标准化，以便对表 4-6、表 4-8、表 4-10 的回归结果进行比较。

由表 4-6 可以看出，在职能经验异质性与企业社会责任的关系中，职能经验异质性对企业负责任的行为的影响系数的绝对值为 0.328，对企业不负责任的行为的影响系数的绝对值为 0.326，二者几乎没有差别，但从显著性来说，职能经验异质性对企业负责任的行为在 1% 的水平上显著，而对企业不负责任的行为在 5% 的水平上显著，说明拥有多元化职能经验的管理者虽然能比较均衡地关注到企业负责任的行为与不负责任的行为，但优化企业负责任的行为吸引了职能经验异质性高管团队成员更多的注意力。将共享管理经验对企业社会责任的影响进行比较，表 4-8 的回归结果显示，共享管理经验对企业负责任行为的影响系数的绝对值为 0.020，共享管理经验对企业不负责任行为的影响系数的绝对值为 0.032，表明管理者的共享管理经验既能优化企业负责任的行为，又能改善企业不负责任的行为，然而从比较结果看，企业高管对不负责任行为的关注会略多于企业负责任的行为，由于不负责任的行为可能会引起严重的后果，这种后果会更刺激管理者，使他们在整合知识时将更多的注意力放在改善不负责任的行为。表 4-10 的回归结果表明，行业经验对企业负责任的行为的影响系数的绝对值为 0.017，对企业不负责任行为的影响系数的绝对值为 0.028，拥有行业经验的管理者对企业不负责任行为的关注略大于企业负责任的行为，虽然相差不多，但在企业同时出现需要改善负责任行为和优化负责任行为的情况时，不负责任的行为还是会吸引管理者更多的关注。这可能是由于行业经验的管理者需要维持与外部客户和供应商等的利益关系，而企业不负责任的行为会直接影响企业与客户和供应商之间的关系，因此拥有行业经验的管理者在制定企业社会责任战略时会更多的关注企业不负责任的行为。

由以上比较可以看出，有经验的高管会关注企业负责任的行为，也会关注企业不负责任的行为，但不负责任的行为作为负面刺激可能会被高管团队更多地关注，这与 Fu 等（2020）的研究结论相一致。

4.3.4.2　高管团队经验与企业社会责任：内外部利益相关者视角

比较上述回归结果可以发现，有经验的管理者既关注企业负责任的行为，又关注企业不负责任的行为，并且在注意力有限的情况下会选择那些对企业有利的行为。为了进一步解释高管团队经验对企业社会责任影响的不对称性，本书将企业负责任的行为分为对内部利益相关者负责任的行为与对外部利益相关者负责任的行为，企业不负责任的行为分为对内部利益相关者不负责任的行为和对外部利益相关者不负责任的行为，高管团队经验如何影响内部利益相关者和外部利益相关者负责任的行为和不负责任的行为，回归结果见表4-11、表4-12。

Freeman 在 1984 年正式提出"利益相关者理论"，他认为利益相关者包括被企业目标所影响的个人或群体和能够影响企业目标的个人或群体。后来的研究将与企业利益相关的政府、社区以及生态环境等因素也归类为企业的利益相关者。学者们根据自己的研究将利益相关者进行了多种多样的分类，如自愿利益相关者和非自愿利益相关者（Clarkson，1994）、内部利益相关者和外部利益相关者（陈维政，2002）。内部利益相关者包括企业内部高层管理人员、员工以及股东；外部利益相关者包括企业的消费者、供应商、政府、社区以及公众媒体等。

本书的数据来自 CNRDS 中的企业社会责任数据库，将 CESG 数据库中的 6 个维度依据利益相关者的不同分为两类。由于本书将企业社会责任分为负责任的行为和不负责任的行为，因此在区分了内部利益相关者和外部利益相关者后，总共分为 4 个维度：对内部利益相关者负责任的行为（$InCSR$），对外部利益相关者负责任的行为（$OutCSR$），对内部利益相关者不负责任的行为（$InCSiR$），对外部利益相关者不负责任的行为（$OutCSiR$）：

内部利益相关者优势＝公司治理优势+雇员关系优势+多样化优势

外部利益相关者优势＝产品优势+慈善、志愿者活动以及社会争议优势+环境优势

内部利益相关者关注＝公司治理关注+雇员关系关注+多样化关注

外部利益相关者关注＝产品关注+慈善、志愿者活动以及社会争议关注+环境关注

表4-11 的回归结果显示，高管团队职能经验异质性（Tfe）对外部利益相关者负责任的行为（$OutCSR$）的回归系数为 0.163，未通过显著性检验，高管团队职能经验异质性（Tfe）对内部利益相关者负责任的行为（$InCSR$）的回归系数为 0.486，在 1% 的水平上显著为正；高管团队共享管理经验（Tse）对外部利益相关者负责任的行为（$OutCSR$）的回归系数为

0.023，在5%的水平上显著为正，高管团队共享管理经验（*Tse*）对内部利益相关者负责任的行为（*InCSR*）的回归系数为0.010，未通过显著性检验；高管团队行业经验（*Tie*）对外部利益相关者负责任的行为（*OutCSR*）的回归系数为0.016，在5%的水平上显著为正，高管团队行业经验（*Tie*）对内部利益相关者负责任的行为（*InCSR*）的回归系数为0.014，在10%的水平上显著为正。

以上结果表明，多样化的职能经验使得管理者关注内部利益相关者（如员工、股东）的利益，注重优化企业负责任的行为。而对于共事时间较长的管理者，外部利益相关者的利益会引起他们的关注，外部利益相关者对企业的评价关系到企业的声誉，而声誉问题是管理者在长期关注的问题，共享管理经验的管理者会更注重外部利益相关者对企业负责任行为的评价，因此也就会优化企业对外部利益相关者负责任的行为。行业经验的管理者由于熟知本行业的要求和利益相关者的需要，为了维护企业的关系网络，其既关注对内部利益相关者负责任的行为，又关注到对外部利益相关者负责任的行为。

表4-12的回归结果显示，高管团队职能经验异质性（*Tfe*）对外部利益相关者不负责任的行为（*OutCSiR*）的回归系数为-0.317，在5%的水平上显著为负，高管团队职能经验异质性（*Tfe*）对内部利益相关者不负责任的行为（*InCSiR*）的回归系数为-0.169，未通过显著性检验；高管团队共享管理经验（*Tse*）对外部利益相关者不负责任的行为（*OutCSiR*）的回归系数为-0.029，在5%的水平上显著为负，高管团队共享管理经验（*Tse*）对内部利益相关者不负责任的行为（*InCSiR*）的回归系数为-0.022，未通过显著性检验；高管团队行业经验（*Tie*）对外部利益相关者不负责任的行为（*OutCSiR*）的回归系数为-0.034，在1%的水平上显著为负，高管团队行业经验（*Tie*）对内部利益相关者不负责任的行为（*InCSiR*）的回归系数为-0.008，未通过显著性检验。

以上结果表明，当企业存在不负责任的行为时，高管团队首要关注并改善对外部利益相关者不负责任的行为，无论是多样化的职能经验的管理者，还是共享管理经验的管理者，抑或是拥有行业经验的管理者都会优先关注不负责任行为中的外部利益相关者的利益，这是由于对外部利益相关者不负责任的行为会引起广泛的关注，容易被公众察觉，并容易形成品牌舆情被媒体大肆报道，不仅使企业的效益受到影响，还会影响企业的声誉，一旦企业的声誉受到损害，短时间内将很难恢复。因此，高管团队成员更加注意改善对外部利益相关者不负责任的行为。

将表4-11与表4-12的结果进行比较，可以发现，从整体来说，高管团队经验既能优化企业负责任的行为，也能改善企业不负责任的行为，这与前文提出的假设相一致。然而将企业社会责任分为内部利益相关者和外部利益相关者后，可以明显地看出高管团队经验对内部利益相关者和外部利益相关者的社会责任侧重点不同，面对外部利益相关者负责任的行为与不负责任的行为时，异质性职能经验的管理者、共享管理经验的管理者和行业经验的管理者都会更加关注对外部利益相关者不负责任行为的改善（比较外部利益相关者不负责任行为与负责任行为的系数绝对值和显著性可知）。面对内部利益相关者负责任的行为与不负责任的行为时，职能经验异质性的管理者和行业管理经验的管理者会在制定社会责任战略时关注内部利益相关者的利益，但当内部利益相关者的利益受损时，其并没有改善行为。这也说明了高管团队经验虽然有助于高管团队优化企业负责任的行为并改善企业不负责任的行为，但将企业社会责任具体化后，其对内部利益相关者和外部利益相关者的社会责任的关注程度存在一定的差异，这也证明了有限的注意力使他们更加关注那些他们认为重要的问题。

表4-11　对内、外部利益相关者负责任的行为

Variable	(1) OutCSR	(2) OutCSR	(3) OutCSR	(4) InCSR	(5) InCSR	(6) InCSR
Tfe	0.163 (1.311)			0.486*** (3.662)		
Tse		0.023** (2.285)			0.010 (0.890)	
Tie			0.016** (2.165)			0.014* (1.783)
TMT size	−0.009* (−1.894)	−0.007 (−1.583)	−0.008 (−1.616)	0.002 (0.382)	0.004 (0.710)	0.004 (0.780)
Hage	−0.784*** (−3.363)	−0.766*** (−3.289)	−0.777*** (−3.335)	−0.259 (−1.041)	−0.222 (−0.893)	−0.228 (−0.919)
Mage	0.007* (1.766)	0.003 (0.862)	0.004 (0.931)	0.005 (1.363)	0.003 (0.740)	0.002 (0.483)
Htenure	0.043 (0.866)	0.042 (0.846)	0.043 (0.875)	0.135** (2.571)	0.127** (2.421)	0.129** (2.461)

表4-11(续)

Variable	(1) OutCSR	(2) OutCSR	(3) OutCSR	(4) InCSR	(5) InCSR	(6) InCSR
Medu	−0. 025	−0. 023	−0. 022	−0. 030	−0. 026	−0. 025
	(−0. 914)	(−0. 848)	(−0. 796)	(−1. 043)	(−0. 903)	(−0. 852)
Female	0. 005	0. 009	0. 004	0. 385 ***	0. 391 ***	0. 387 ***
	(0. 069)	(0. 121)	(0. 046)	(4. 616)	(4. 684)	(4. 635)
Oversea	0. 026	0. 027	0. 027	−0. 013	−0. 010	−0. 010
	(1. 068)	(1. 135)	(1. 115)	(−0. 517)	(−0. 399)	(−0. 404)
Dual	−0. 040	−0. 043 *	−0. 041 *	−0. 017	−0. 022	−0. 022
	(−1. 609)	(−1. 717)	(−1. 666)	(−0. 648)	(−0. 839)	(−0. 816)
Soe	−0. 013	−0. 009	−0. 004	−0. 160 **	−0. 154 **	−0. 149 **
	(−0. 212)	(−0. 149)	(−0. 068)	(−2. 371)	(−2. 278)	(−2. 193)
Firmsize	0. 065 ***	0. 063 ***	0. 064 ***	−0. 058 ***	−0. 064 ***	−0. 064 ***
	(3. 247)	(3. 146)	(3. 188)	(−2. 736)	(−3. 020)	(−2. 991)
Firmage	−0. 020	−0. 021	−0. 021	0. 019	0. 018	0. 018
	(−0. 729)	(−0. 759)	(−0. 777)	(0. 663)	(0. 630)	(0. 606)
Performance	−0. 555 ***	−0. 561 ***	−0. 543 ***	−0. 105	−0. 112	−0. 098
	(−2. 866)	(−2. 895)	(−2. 801)	(−0. 510)	(−0. 541)	(−0. 473)
Lev	−0. 024	−0. 022	−0. 030	−0. 166 *	−0. 174 *	−0. 179 *
	(−0. 262)	(−0. 240)	(−0. 338)	(−1. 729)	(−1. 815)	(−1. 869)
Industry	Yes	Yes	Yes	Yes	Yes	Yes
Year	Yes	Yes	Yes	Yes	Yes	Yes
_cons	−1. 552 **	−1. 332 **	−1. 358 **	0. 141	0. 663	0. 664
	(−2. 337)	(−2. 044)	(−2. 083)	(0. 199)	(0. 953)	(0. 956)
N	6 228	6 228	6 228	6 228	6 228	6 228
R^2	0. 308	0. 308	0. 308	0. 416	0. 415	0. 415
F	111. 32	111. 55	111. 52	178. 52	177. 54	177. 73

表4-12 对内、外部利益相关者不负责任的行为

Variable	(1) OutCSiR	(2) OutCSiR	(3) OutCSiR	(4) InCSiR	(5) InCSiR	(6) InCSiR
Tfe	−0. 317 **			−0. 169		
	(−2. 138)			(−0. 922)		
Tse		−0. 029 **			−0. 022	
		(−2. 399)			(−1. 487)	

表4-12(续)

Variable	(1) OutCSiR	(2) OutCSiR	(3) OutCSiR	(4) InCSiR	(5) InCSiR	(6) InCSiR
Tie			-0.034***			-0.008
			(-3.760)			(-0.682)
TMT size	-0.007	-0.009	-0.009*	-0.003	-0.004	-0.004
	(-1.216)	(-1.587)	(-1.684)	(-0.412)	(-0.616)	(-0.532)
Hage	0.252	0.221	0.239	0.362	0.344	0.352
	(0.906)	(0.797)	(0.860)	(1.055)	(1.003)	(1.027)
Mage	0.010**	0.014***	0.016***	0.004	0.007	0.005
	(2.139)	(2.954)	(3.351)	(0.647)	(1.154)	(0.895)
Htenure	0.009	0.012	0.008	0.022	0.024	0.024
	(0.155)	(0.211)	(0.134)	(0.308)	(0.325)	(0.329)
Medu	-0.073**	-0.076**	-0.079**	-0.023	-0.025	-0.025
	(-2.238)	(-2.337)	(-2.440)	(-0.571)	(-0.617)	(-0.626)
Female	-0.301***	-0.308***	-0.297***	-0.223*	-0.227**	-0.223*
	(-3.228)	(-3.296)	(-3.188)	(-1.937)	(-1.972)	(-1.938)
Oversea	0.039	0.036	0.037	0.017	0.016	0.016
	(1.359)	(1.268)	(1.285)	(0.493)	(0.449)	(0.464)
Dual	0.006	0.011	0.009	0.048	0.050	0.049
	(0.215)	(0.363)	(0.305)	(1.299)	(1.373)	(1.342)
Soe	0.123	0.116	0.104	0.063	0.059	0.058
	(1.621)	(1.539)	(1.373)	(0.672)	(0.630)	(0.615)
Firmsize	0.018	0.022	0.020	0.025	0.027	0.027
	(0.737)	(0.913)	(0.849)	(0.846)	(0.926)	(0.908)
Firmage	-0.003	-0.002	-0.000	-0.008	-0.007	-0.007
	(-0.090)	(-0.053)	(-0.008)	(-0.204)	(-0.184)	(-0.185)
Performance	0.092	0.100	0.066	-0.999***	-0.994***	-1.004***
	(0.400)	(0.435)	(0.288)	(-3.508)	(-3.489)	(-3.523)
Lev	-0.099	-0.099	-0.086	0.012	0.010	0.017
	(-0.928)	(-0.929)	(-0.801)	(0.090)	(0.077)	(0.129)
Industry	Yes	Yes	Yes	Yes	Yes	Yes
Year	Yes	Yes	Yes	Yes	Yes	Yes
_cons	-0.404	-0.795	-0.785	-0.465	-0.688	-0.651
	(-0.510)	(-1.023)	(-1.012)	(-0.476)	(-0.718)	(-0.679)
N	6 228	6 228	6 228	6 228	6 228	6 228
R^2	0.031	0.031	0.033	0.010	0.010	0.010
F	8.03	8.09	8.48	2.56	2.62	2.54

4.3.4.3 异质性研究

①高管团队经验与企业社会责任：股权性质异质性

国有企业具备"公益法人"和"营利法人"双重身份，这使其在完成自身盈利任务的同时，还肩负着辅助国家调节经济环境、调和社会均衡发展的使命（肖红军，2018）。与此相对应，民营企业在公众视角中则是"自主经营""利益至上"的典型代表（邓新明 等，2014），民营企业将盈利作为企业发展的第一要务。在提及不同股权性质的企业履行社会责任时，国有企业通常被认为应当承担更多的社会责任，而民营企业则不同。有些民营企业希望以履行社会责任的方式获取更多的资源或社会的认可，而另一些民营企业则不希望投入过多的成本来提升企业社会责任水平。那么，高管团队经验在国有企业和民营企业中是如何影响企业社会责任的？本节对此进行了实证研究。回归结果见表4-13、表4-14。

表4-13的结果表明，国有企业中，无论是职能经验异质性、共享管理经验，还是行业经验，都会优化企业负责任的行为。国有企业在追求经营目标时，需要对政府的政策做出更加及时、完全的响应。其中，履行与政策要求相关的社会责任正是国有企业对政府政策的一种回应形式。国有企业为社会提供就业机会，改善员工的待遇，积极投身于环保与慈善，都是在积极回应政府对企业的期待。Shafer 等（2007）也指出，国有企业更加注重传统股东利益的保护，而且其对员工的教育与培训也十分重视。因此，无论是职能经验还是共享经验和行业经验，都有助于国有企业高管团队引导企业积极履行社会责任。

对于民营企业而言，无论是职能经验，还是共享经验和行业经验，都没有明显地促进企业优化负责任的行为，与国有企业不同，民营企业的多数决策是从经济利益的角度，而非政治影响的层面做出的（齐宝鑫 等，2018），民营企业更加注重企业的经济效益，其提升企业社会责任的最终目的也是提升自己的经济效益。

表4-14的结果表明，民营企业关注企业不负责任的行为，尤其是拥有行业经验的管理者，他们注重改善企业不负责任的行为，因为行业经验的管理者熟知这一行业不负责任行为带来的风险，民营企业不具备天然的"合法性"，这使其始终面对着大量来自外部利益相关者的压力，承受着外部环境变动所带来的风险，民营企业更倾向于通过响应政府对企业的要求等行动，改善企业不负责任的行为，在社会公众和政府面前建立一个良好的、负责任的企业形象，以便为企业谋求更大的利益和更好的发展机遇（李姝和谢晓嫣，2014）。

表 4-13　高管团队经验与企业负责任的行为：国有企业 VS 民营企业

Variable	(1) 国有企业	(2) 国有企业	(3) 国有企业	(4) 民营企业	(5) 民营企业	(6) 民营企业
Tfe	0.607 ***			−0.071		
	(3.881)			(−0.371)		
Tse		0.022 *			0.020	
		(1.699)			(1.369)	
Tie			0.046 ***			−0.011
			(4.377)			(0.979)
$TMT\ size$	−0.009	−0.006	−0.004	−0.003	−0.002	−0.002
	(−1.395)	(−0.940)	(−0.679)	(−0.390)	(−0.283)	(−0.299)
$Hage$	−0.725 **	−0.660 *	−0.701 **	−0.667 ***	−0.653 **	−0.662 **
	(−2.100)	(−1.910)	(−2.033)	(−2.177)	(−2.133)	(−2.163)
$Mage$	0.010 *	0.004	−0.000	−0.001	−0.003	−0.002
	(1.729)	(0.754)	(−0.075)	(−0.130)	(−0.533)	(−0.381)
$Htenure$	−0.035	−0.040	−0.039	0.276 ***	0.279 ***	0.285 ***
	(−0.553)	(−0.638)	(−0.617)	(3.850)	(3.922)	(3.977)
$Medu$	−0.038	−0.030	−0.025	−0.007	−0.005	−0.003
	(−0.958)	(−0.759)	(−0.638)	(−0.204)	(−0.145)	(−0.083)
$Female$	0.183	0.218 *	0.231 **	0.146	0.149	0.145
	(1.600)	(1.904)	(2.026)	(1.409)	(1.439)	(1.400)
$Oversea$	−0.005	−0.004	−0.004	0.000	0.001	−0.000
	(−0.136)	(−0.123)	(−0.107)	(0.003)	(0.030)	(−0.013)
$Dual$	−0.041	−0.044	−0.045	0.014	0.014	0.016
	(−1.080)	(−1.137)	(−1.180)	(0.439)	(0.438)	(0.500)
$Firm\ size$	0.048	0.045	0.041	0.014	0.014	0.014
	(1.524)	(1.439)	(1.295)	(0.530)	(0.541)	(0.648)
$Firm\ age$	−0.031	−0.030	−0.029	0.063	0.057	0.061
	(−0.991)	(−0.931)	(−0.926)	(0.667)	(0.603)	(0.646)
$Performance$	−0.297	−0.309	−0.289	−0.416 *	−0.416 *	−0.404 *
	(−0.943)	(−0.978)	(−0.917)	(−1.762)	(−1.762)	(−1.710)
Lev	−0.149	−0.161	−0.145	0.053	0.058	0.049
	(−1.105)	(−1.186)	(−1.073)	(0.456)	(0.501)	(0.417)
$Industry$	Yes	Yes	Yes	Yes	Yes	Yes
$Year$	Yes	Yes	Yes	Yes	Yes	Yes
$\_cons$	−1.465	−0.921	−0.777	−1.530	−1.488	−1.635
	(−1.596)	(−1.012)	(−0.855)	(−0.971)	(−0.950)	(−1.045)
N	3 327	3 327	3 327	2 504	2 504	2 504
R^2	0.437	0.435	0.438	0.438	0.439	0.438
F	107.72	106.70	108.067	80.94	81.09	81.01

表 4-14　高管团队经验与企业不负责任的行为：国有企业 VS 民营企业

Variable	(1) 国有企业	(2) 国有企业	(3) 国有企业	(4) 民营企业	(5) 民营企业	(6) 民营企业
Tfe	-0.328 (-1.510)			-0.386 (-1.476)		
Tse		-0.044** (-2.412)			-0.015 (-0.778)	
Tie			-0.028* (-1.948)			-0.032** (-2.016)
$TMT\ size$	-0.005 (-0.606)	-0.008 (-0.949)	-0.008 (-0.907)	-0.011 (-1.190)	-0.013 (-1.344)	-0.014 (-1.498)
$Hage$	0.581 (1.211)	0.560 (1.169)	0.572 (1.193)	0.295 (0.708)	0.252 (0.606)	0.240 (0.576)
$Mage$	0.010 (1.243)	0.017** (2.096)	0.016* (1.931)	0.003 (0.470)	0.005 (0.715)	0.007 (1.026)
$Htenure$	-0.031 (-0.353)	-0.029 (-0.338)	-0.029 (-0.330)	0.103 (1.060)	0.116 (1.194)	0.099 (1.016)
$Medu$	-0.152*** (-2.769)	-0.154*** (-2.803)	-0.159*** (-2.905)	-0.007 (-0.136)	-0.007 (-0.141)	-0.017 (-0.345)
$Female$	-0.564*** (-3.547)	-0.587*** (-3.701)	-0.592*** (-3.728)	-0.306*** (-2.172)	-0.301*** (-2.139)	-0.294*** (-2.089)
$Oversea$	0.049 (1.020)	0.050 (1.048)	0.048 (1.010)	0.047 (1.084)	0.041 (0.950)	0.042 (0.961)
$Dual$	0.032 (0.593)	0.035 (0.650)	0.034 (0.636)	0.082* (1.845)	0.090** (2.011)	0.086* (1.940)
$Firm\ size$	0.012 (0.285)	0.012 (0.287)	0.017 (0.381)	0.024 (0.662)	0.031 (0.846)	0.024 (0.671)
$Firm\ age$	-0.031 (-0.712)	-0.035 (-0.788)	-0.033 (-0.741)	-0.020 (-0.159)	-0.017 (-0.132)	-0.016 (-0.127)
$Performance$	0.378 (0.863)	0.399 (0.911)	0.373 (0.852)	-1.067*** (-3.323)	-1.054*** (-3.282)	-1.083*** (-3.372)
Lev	0.517*** (2.757)	0.511*** (2.724)	0.513*** (2.734)	-0.566*** (-3.576)	-0.567*** (-3.580)	-0.550*** (-3.468)
$Industry$	Yes	Yes	Yes	Yes	Yes	Yes
$Year$	Yes	Yes	Yes	Yes	Yes	Yes
$\_cons$	0.240 (0.188)	-0.085 (-0.068)	-0.145 (-0.115)	0.093 (0.044)	-0.383 (-0.179)	-0.202 (-0.095)
N	3 327	3 327	3 327	2 504	2 504	2 504
R^2	0.024	0.025	0.024	0.034	0.034	0.035
F	3.41	3.58	3.48	3.70	3.62	3.79

②高管团队经验与企业社会责任：企业生命周期异质性

企业从进入市场到退出市场称为一个周期，本书认为，在不同的生命周期，企业所采取的企业社会责任战略必然存在着不同。高管团队经验使得高管团队对不同阶段的企业负责任行为与不负责任行为的关注不同。

本书采用 Dickinson（2011）提出的基于现金流的分类方法，运用 Gort 和 Kleppe（1982）提出的生命周期的 5 个阶段，即导入期、增长期、成熟期、淘汰期及衰退期，对中国的上市公司生命周期代理变量的符号进行了判断，最终将企业分为三个阶段：成长期企业、成熟期企业、衰退期企业。其中，成长期企业包括生命周期处于导入期和增长期的企业；成熟期企业包括生命周期处于成熟期的企业；衰退期企业包括生命周期处于淘汰期和衰退期的企业。成长期企业的管理日渐规范，并有了自己主导的产品和工艺，产品在市场上有一定地位；成熟期企业一般拥有良好的供应商，安全、高质量的产品和服务被市场认可，在这一阶段，成熟期企业已具有一定的竞争优势；而衰退期企业的市场规模缩小，财务状况恶化，衰退期企业只能勉强维持自己的经营，避免被市场所淘汰。由于各阶段企业所面临的问题不同，企业需要利用不同的企业社会责任战略帮助自身获取本阶段的竞争优势。因此，高管团队经验使得高管团队对不同阶段的企业负责任行为与不负责任行为的关注不同。研究结果见表 4-15 和表 4-16。

表 4-15 的研究结果表明，在企业的成长期，职能经验异质性和共享经验的高管团队都注意优化企业的负责任行为，高管团队职能经验异质性（Tfe）对企业负责任行为（CSR）的回归系数为 0.330，在 10% 的水平上显著为正，此时企业的目标是求得生存并立足于市场，在这一阶段，企业承载的巨大压力主要是经济压力，企业需要承担相应的社会责任来使产品在市场上占有一席之地，需要相关职能经验的管理者制定必要的社会责任战略。在企业的成熟期，职能经验异质性的高管团队会进一步促使企业优化负责任的行为，行业经验在此阶段发挥着重要的作用，行业经验（Tie）对企业负责任的行为（CSR）的回归系数为 0.016，在 10% 的水平上显著为正，此时的企业需要维护企业的声誉，保持企业在市场中的竞争力，行业经验的管理者发挥自己外部网络的优势，配置企业资源，并随时注意相

关政策的变化，此阶段企业的目标是使企业在市场上站稳脚跟，并保持持续的竞争力。而在企业的衰退期，企业中有经验的管理者不再选择优化企业负责任的行为，此时企业的目标就是使企业能在市场上存活得更久，减少对企业社会责任的投入。

表 4-16 为基于生命周期的高管团队经验对企业不负责任行为影响的回归结果。在企业的成长期，有经验的高管并不明显地改善企业不负责任的行为，他们将更多的注意力放在优化企业负责任的行为上，来使企业在市场上得到认可。在企业的成熟期，随着高管共事时间的增加，他们注意改善企业不负责任的行为，共享管理经验（Tse）与企业不负责任行为（$CSiR$）的回归系数为 -0.049，在 5% 的水平上显著为负，此时安全的产品、高质量的服务更被企业所关注，在这一阶段，企业已有一定的规模，具有较长相同任期的管理者此时做出的决策是，改善企业不负责任的行为，赢得更多的认可，维持企业的核心竞争力，避免企业走向衰亡。在企业的衰退期，为了减缓企业在市场上被淘汰的速度，共享管理经验的管理者会继续做出改善企业不负责任行为的策略，而行业经验的管理者，在此阶段为了维持外部关系网络的稳定，也不得不改善企业不负责任的行为，此时的行业经验与企业不负责任行为的系数为 -0.033，在 10% 的水平上显著为负。

以上研究结果表明，在企业生命周期的不同阶段，高管团队经验对企业社会责任的影响不同，这也说明了高管团队的经验会使企业在面对不同环境时，选择不同的企业社会责任战略来获得或维持企业在此阶段的竞争优势。

表 4-15 高管团队经验与企业负责任的行为：企业生命周期

Variable	(1) 成长期 CSR	(2) 成长期 CSR	(3) 成长期 CSR	(4) 成熟期 CSR	(5) 成熟期 CSR	(6) 成熟期 CSR	(7) 衰退期 CSR	(8) 衰退期 CSR	(9) 衰退期 CSR
Tfe	0.330* (1.936)			0.298** (2.481)			0.063 (0.182)		
Tse		0.008 (0.525)			0.024 (1.454)			0.006 (0.254)	
Tie			0.013 (1.055)			0.016* (1.843)			0.025 (1.257)
TMT size	0.005 (0.655)	0.005 (0.772)	0.006 (0.815)	-0.007 (-0.887)	-0.005 (-0.586)	-0.005 (-0.590)	0.000 (0.013)	0.001 (0.048)	0.001 (0.048)
Hage	-0.965*** (-2.619)	-0.944** (-2.563)	-0.955*** (-2.591)	-0.078 (-0.202)	-0.045 (-0.118)	-0.050 (-0.130)	-0.485 (-0.876)	-0.472 (-0.854)	-0.452 (-0.818)
Mage	0.012** (2.090)	0.011* (1.792)	0.010 (1.643)	0.006 (1.073)	0.002 (0.366)	0.003 (0.406)	0.015 (1.578)	0.014 (1.418)	0.012 (1.203)
Htenure	-0.026 (-0.327)	-0.029 (-0.370)	-0.023 (-0.292)	0.029 (0.380)	0.027 (0.347)	0.026 (0.333)	0.118 (0.886)	0.117 (0.878)	0.135 (1.010)
Medu	-0.027 (-0.646)	-0.026 (-0.608)	-0.025 (-0.584)	0.020 (0.461)	0.024 (0.559)	0.027 (0.618)	-0.111 (-1.345)	-0.111 (-1.348)	-0.115 (-1.401)
Female	0.308*** (2.579)	0.310*** (2.594)	0.314*** (2.626)	0.262** (1.980)	0.261** (1.971)	0.261** (1.971)	-0.033 (-0.166)	-0.031 (-0.158)	-0.040 (-0.202)
Oversea	0.021 (0.610)	0.026 (0.751)	0.025 (0.721)	0.057 (1.342)	0.055 (1.298)	0.058 (1.366)	-0.029 (-0.450)	-0.028 (-0.433)	-0.024 (-0.368)

表4-15（续）

Variable	(1) 成长期 CSR	(2) 成长期 CSR	(3) 成长期 CSR	(4) 成熟期 CSR	(5) 成熟期 CSR	(6) 成熟期 CSR	(7) 衰退期 CSR	(8) 衰退期 CSR	(9) 衰退期 CSR
Dual	-0.041	-0.047	-0.046	-0.084**	-0.083**	-0.084**	0.019	0.019	0.024
	(-1.102)	(-1.274)	(-1.246)	(-1.979)	(-1.964)	(-1.976)	(0.288)	(0.286)	(0.357)
Soe	-0.076	-0.067	-0.060	0.046	0.035	0.028	-0.055	-0.050	-0.023
	(-0.834)	(-0.734)	(-0.655)	(0.395)	(0.301)	(0.238)	(-0.326)	(-0.296)	(-0.135)
Firmsize	0.020	0.015	0.014	-0.018	-0.020	-0.019	0.078	0.080	0.082
	(0.663)	(0.493)	(0.462)	(-0.501)	(-0.560)	(-0.528)	(1.229)	(1.246)	(1.290)
Firmage	-0.034	-0.034	-0.037	0.010	0.006	0.007	-0.012	-0.015	-0.021
	(-0.714)	(-0.728)	(-0.771)	(0.196)	(0.130)	(0.151)	(-0.146)	(-0.175)	(-0.253)
Performance	-1.000***	-0.997***	-0.982***	-0.372	-0.384	-0.354	-0.567	-0.570	-0.541
	(-3.066)	(-3.056)	(-3.008)	(-1.144)	(-1.178)	(-1.087)	(-1.275)	(-1.282)	(-1.217)
Lev	0.083	0.090	0.086	-0.285*	-0.287*	-0.295*	0.011	-0.002	-0.016
	(0.646)	(0.701)	(0.667)	(-1.737)	(-1.753)	(-1.800)	(0.050)	(-0.008)	(-0.070)
Industry	Yes	Yes	Yes	Yes	Yes	Yes	Yes	Yes	Yes
Year	Yes	Yes	Yes	Yes	Yes	Yes	Yes	Yes	Yes
_cons	-0.844	-0.494	-0.441	-0.490	-0.105	-0.160	-2.381	-2.299	-2.242
	(-0.781)	(-0.465)	(-0.415)	(-0.407)	(-0.088)	(-0.134)	(-1.204)	(-1.168)	(-1.143)
N	2533	2533	2533	2640	2640	2640	1039	1039	1039
R^2	0.457	0.456	0.456	0.420	0.420	0.420	0.412	0.412	0.414
F	71.32	71.11	71.18	64.70	64.70	64.67	17.88	17.89	18.00

表 4-16 高管团队经验与企业不负责任的行为：企业生命周期

Variable	(1) 成长期 CSiR	(2) 成长期 CSiR	(3) 成长期 CSiR	(4) 成熟期 CSiR	(5) 成熟期 CSiR	(6) 成熟期 CSiR	(7) 衰退期 CSiR	(8) 衰退期 CSiR	(9) 衰退期 CSiR
Tfe	-0.197 (-0.734)			-0.423 (-1.536)			0.262 (0.451)		-0.033* (-1.879)
Tse		0.008 (0.374)			-0.049** (-2.222)			-0.041** (-1.976)	
Tie			-0.012 (-0.706)			-0.019 (-1.132)			
$TMT\ size$	-0.007 (-0.698)	-0.007 (-0.714)	-0.007 (-0.785)	-0.004 (-0.415)	-0.009 (-0.803)	-0.007 (-0.689)	0.018 (0.817)	0.017 (0.774)	0.018 (0.840)
$Hage$	0.162 (0.320)	0.154 (0.303)	0.159 (0.313)	0.057 (0.108)	0.001 (0.002)	0.021 (0.039)	0.975 (1.059)	0.962 (1.047)	0.967 (1.052)
$Mage$	0.005 (0.634)	0.004 (0.484)	0.007 (0.828)	0.002 (0.228)	0.010 (1.133)	0.007 (0.767)	-0.006 (-0.392)	-0.003 (-0.160)	-0.004 (-0.217)
$Htenure$	0.016 (0.149)	0.022 (0.199)	0.012 (0.110)	0.133 (1.250)	0.135 (1.276)	0.138 (1.302)	0.310 (1.401)	0.321 (1.449)	0.290 (1.307)
$Medu$	-0.090 (-1.542)	-0.089 (-1.524)	-0.092 (-1.579)	0.063 (1.052)	0.057 (0.954)	0.054 (0.903)	-0.490*** (-3.580)	-0.474*** (-3.478)	-0.476*** (-3.498)
$Female$	-0.309* (-1.879)	-0.306* (-1.862)	-0.314* (-1.911)	-0.461** (-2.546)	-0.452** (-2.498)	-0.463** (-2.553)	-0.266 (-0.801)	-0.298 (-0.899)	-0.268 (-0.810)
$Oversea$	0.094** (1.977)	0.093* (1.945)	0.092* (1.936)	0.012 (0.215)	0.017 (0.287)	0.011 (0.193)	-0.164 (-1.533)	-0.167 (-1.564)	-0.169 (-1.578)

表4-16(续)

Variable	(1) 成长期 CSiR	(2) 成长期 CSiR	(3) 成长期 CSiR	(4) 成熟期 CSiR	(5) 成熟期 CSiR	(6) 成熟期 CSiR	(7) 衰退期 CSiR	(8) 衰退期 CSiR	(9) 衰退期 CSiR
Dual	0.041 (0.809)	0.044 (0.869)	0.044 (0.870)	0.015 (0.255)	0.014 (0.248)	0.014 (0.245)	0.225** (2.040)	0.224** (2.029)	0.218** (1.974)
Soe	0.202 (1.613)	0.199 (1.592)	0.190 (1.509)	-0.207 (-1.302)	-0.190 (-1.200)	-0.183 (-1.153)	0.504* (1.785)	0.509* (1.820)	0.482* (1.709)
Firmsize	0.022 (0.532)	0.025 (0.604)	0.026 (0.631)	0.115** (2.306)	0.119** (2.377)	0.117** (2.336)	-0.109 (-1.030)	-0.118 (-1.111)	-0.114 (-1.077)
Firmage	-0.094 (-1.444)	-0.093 (-1.430)	-0.092 (-1.409)	-0.024 (-0.368)	-0.019 (-0.280)	-0.022 (-0.324)	-0.026 (-0.192)	-0.006 (-0.044)	-0.013 (-0.093)
Performance	-0.494 (-1.102)	-0.497 (-1.108)	-0.509 (-1.134)	-0.622 (-1.396)	-0.590 (-1.323)	-0.646 (-1.451)	-1.281* (-1.732)	-1.301* (-1.761)	-1.334* (-1.803)
Lev	0.123 (0.700)	0.125 (0.707)	0.122 (0.691)	-0.242 (-1.080)	-0.241 (-1.074)	-0.229 (-1.019)	-0.134 (-0.352)	-0.118 (-0.311)	-0.133 (-0.353)
Industry	Yes	Yes	Yes	Yes	Yes	Yes	Yes	Yes	Yes
Year	Yes	Yes	Yes	Yes	Yes	Yes	Yes	Yes	Yes
_cons	0.978 (0.658)	0.783 (0.536)	0.718 (0.491)	-2.027 (-1.229)	-2.638 (-1.620)	-2.484 (-1.526)	4.061 (1.234)	4.001 (1.223)	4.120 (1.262)
N	2533	2533	2533	2640	2640	2640	1039	1039	1039
R^2	0.022	0.021	0.022	0.026	0.027	0.025	0.072	0.074	0.074
F	1.87	1.85	1.87	2.35	2.47	2.30	1.99	2.03	2.03

③高管团队经验与企业社会责任：产业类型的异质性

在不同的产业类型中，高管团队经验对企业社会责任的影响也可能不同。由于不同产业或行业在生产或经营过程中对不同生产要素的需求程度不同，所面对的竞争市场也不同，因此高管团队成员需要根据不同的竞争环境优化企业负责任的行为或改善企业不负责任的行为，增强企业的竞争优势。

为了更明确地对某一产业中的竞争优势来源以及生产力水平进行阐述和说明，Langdana 和 Murphy（2014）按照生产要素密集度分类法将产业部门划分为劳动密集型、资本密集型和技术密集型产业，其他学者的划分方法与其划分方法基本一致，也将产业部门归类为劳动密集型、资本密集型和技术密集型等产业（李善民和叶会，2007；鲁桐和党印，2014）。

劳动密集型产业是指生产要素中劳动占据较大比重的产业，其特点是通过大量的劳动力进行大规模和低成本的生产经营，对技术和设备的依赖程度较低。资本密集型产业是指在单位产品成本中，资本成本所占比重较大，每个劳动者所占用的固定资本和流动资本金额较高的产业（陈和和隋广军，2010）。技术密集型产业又称知识密集型产业，其发展较多依靠研发投入、自动化和机械化水平的提高。

本书研究不同产业类型下高管团队经验对企业社会责任的影响。为了对产业进行分类，本书使用证监会 2012 年行业分类标准，并借鉴了鲁桐和党印（2014）的研究成果，将制造业细分至二级分类。回归结果如表 4-17、表 4-18 所示。

表 4-17 是高管团队经验对企业负责任行为在不同产业类型下的回归结果。职能经验异质性（Tfe）、共享管理经验（Tse）与行业经验（Tie）可以提升劳动密集型企业负责任的行为。职能经验异质性对企业负责任行为（CSR）的回归系数为 0.424，行业经验对企业负责任的行为（CSR）的回归系数为 0.025，二者都在 5%的水平上显著为正。共享管理经验对企业负责任的行为（CSR）的回归系数为 0.020，在 10%的水平上显著为正，这是因为劳动密集型企业的盈利模式是依赖大量的劳动力，多样化的职能经验可以为企业提供用人建议。为了降低成本、留住劳动力，并使产品获得市场认可，企业往往会提升与此相关的负责任的行为。本行业的管理者熟知行业的运行规则，因此他们在制定战略时倾向于用企业负责任的行为

吸引劳动力和占领市场。而共享经验的管理者也认为，优化企业负责任的行为是劳动密集型企业在抢占市场时的重要策略。资本密集型企业大多是基础工业和重工业，而社会和政府对这类企业的环保要求较高。在制定战略时，职能经验异质性的管理者会从自己的职能部门出发，关注相应的问题，优化企业负责任的行为。此时，职能经验异质性对企业负责任的行为的回归系数为 0.496，在 5% 的水平上显著为正。技术密集型的企业，机械化程度高，对技术的要求更高，对创新的要求也高于其他产业。拥有行业经验的管理者为了在行业中谋求发展，在制定决策时会优化企业负责任的行为。此时，行业经验与企业负责任的行为的回归系数为 0.014，在 10% 的水平上显著为正。

表 4-18 为高管团队经验对企业不负责任行为的影响在不同产业类型下的表现。对于劳动密集型的企业来说，不负责任的行为主要包括员工安全、福利、工作环境等问题，而劳动密集型的产业也是以此来降低生产成本的，因此依据高管团队的经验，在没有出现引起大的轰动的安全或污染问题时，改善企业不负责任的行为并不是企业履行社会责任的主要目的。对于资本密集型的企业，多样化职能经验的管理者注意改善企业不负责任的行为，此时职能经验异质性（Tfe）与企业不负责任行为（$CSiR$）的回归系数为 -0.487，在 10% 的水平上显著为负，这是因为资本密集型的企业对生产安全和防治污染的投入较高，一旦发生不负责任的行为，会产生重大的舆情，给企业带来巨大损失，因此异质性的职能经验的管理者需要对企业不负责任的行为进行相应的调整，改善企业不负责任行为，以免造成重大的安全事故或污染事故等。对于技术密集型的企业，拥有本行业经验的管理者会注意改善不负责任的行为，此时行业经验（Tie）对企业不负责任的行为（$CSiR$）的回归系数为 -0.037，在 5% 的水平显著为负，此类企业不负责任的行为会造成人才的流失，人才流失对依赖高新技术发展的企业的影响是致命的，因此有行业经验的管理者为了留住人才会改善企业相关的不负责任的行为。

表 4-17 高管团队经验与企业负责任的行为：产业类型

Variable	(1) 劳动密集型 CSR	(2) 劳动密集型 CSR	(3) 劳动密集型 CSR	(4) 资本密集型 CSR	(5) 资本密集型 CSR	(6) 资本密集型 CSR	(7) 技术密集型 CSR	(8) 技术密集型 CSR	(9) 技术密集型 CSR
Tfe	0.424** (2.182)			0.496** (2.573)			0.026 (0.118)		
Tse		0.020* (1.864)			0.017 (1.034)			0.028* (1.764)	
Tie			0.025** (2.125)			-0.005 (-0.379)			0.014* (1.844)
$TMT\ size$	-0.009 (-1.280)	-0.008 (-1.100)	-0.008 (-1.171)	-0.008 (-1.000)	-0.005 (-0.637)	-0.006 (-0.750)	0.006 (0.750)	0.007 (0.937)	0.007 (0.926)
$Hage$	-0.913** (-2.459)	-0.876** (-2.358)	-0.898** (-2.418)	-0.661 (-1.573)	-0.628 (-1.493)	-0.640 (-1.521)	-0.041 (-0.116)	-0.031 (-0.087)	-0.037 (-0.105)
$Mage$	-0.014** (-2.311)	-0.017*** (-2.740)	-0.019*** (-2.976)	0.012* (1.736)	0.009 (1.226)	0.012 (1.637)	0.017*** (3.013)	0.013** (2.259)	0.014** (2.394)
$Htenure$	0.096 (1.246)	0.091 (1.184)	0.097 (1.259)	-0.054 (-0.663)	-0.067 (-0.819)	-0.073 (-0.897)	0.196** (2.466)	0.199** (2.500)	0.204** (2.555)
$Medu$	0.073* (1.739)	0.073* (1.748)	0.072* (1.711)	-0.117** (-2.307)	-0.110** (-2.170)	-0.109** (-2.159)	-0.054 (-1.262)	-0.050 (-1.187)	-0.050 (-1.178)
$Female$	0.306** (2.476)	0.311** (2.518)	0.291** (2.350)	0.218 (1.581)	0.224 (1.622)	0.213 (1.534)	0.053 (0.431)	0.057 (0.464)	0.052 (0.428)
$Oversea$	0.106*** (2.586)	0.113*** (2.774)	0.111*** (2.733)	0.021 (0.529)	0.020 (0.500)	0.019 (0.481)	-0.055 (-1.519)	-0.055 (-1.507)	-0.055 (-1.502)

表4-17（续）

Variable	(1) 劳动密集型 CSR	(2) 劳动密集型 CSR	(3) 劳动密集型 CSR	(4) 资本密集型 CSR	(5) 资本密集型 CSR	(6) 资本密集型 CSR	(7) 技术密集型 CSR	(8) 技术密集型 CSR	(9) 技术密集型 CSR
Dual	0.040	0.041	0.043	0.023	0.018	0.019	-0.123***	-0.125***	-0.123***
	(0.944)	(0.969)	(0.996)	(0.513)	(0.387)	(0.425)	(-3.461)	(-3.523)	(-3.457)
Soe	0.116	0.074	0.070	-0.202*	-0.184	-0.196*	-0.163*	-0.157*	-0.151*
	(0.744)	(0.479)	(0.453)	(-1.766)	(-1.601)	(-1.699)	(-1.927)	(-1.863)	(-1.777)
Firmsize	0.012	0.009	0.012	0.133***	0.127***	0.126***	-0.030	-0.031	-0.032
	(0.349)	(0.257)	(0.359)	(3.549)	(3.380)	(3.355)	(-0.889)	(-0.930)	(-0.972)
Firmage	-0.110*	-0.109*	-0.109*	0.168***	0.162***	0.162***	-0.031	-0.030	-0.034
	(-1.955)	(-1.933)	(-1.928)	(2.993)	(2.885)	(2.871)	(-0.946)	(-0.921)	(-1.029)
Performance	-0.304	-0.322	-0.287	-0.519*	-0.560*	-0.551*	-0.214	-0.214	-0.211
	(-0.851)	(-0.899)	(-0.801)	(-1.734)	(-1.868)	(-1.840)	(-0.724)	(-0.725)	(-0.714)
Lev	0.101	0.104	0.097	-0.405***	-0.431***	-0.424***	-0.069	-0.060	-0.073
	(0.642)	(0.654)	(0.617)	(-2.619)	(-2.785)	(-2.740)	(-0.511)	(-0.446)	(-0.539)
Industry	Yes	Yes	Yes	Yes	Yes	Yes	Yes	Yes	Yes
Year	Yes	Yes	Yes	Yes	Yes	Yes	Yes	Yes	Yes
_cons	1.167	1.604	1.541	-6.253***	-5.636***	-5.643***	0.275	0.345	0.418
	(0.924)	(1.273)	(1.227)	(-4.944)	(-4.530)	(-4.533)	(0.285)	(0.367)	(0.441)
N	2028	2028	2028	1825	1825	1825	2375	2375	2375
R^2	0.444	0.443	0.444	0.474	0.472	0.472	0.447	0.448	0.447
F	64.03	63.77	64.01	64.61	64.14	64.06	76.13	76.39	76.24

表4-18 高管团队经验与企业不负责任的行为：产业类型

Variable	(1) 劳动密集型 CSiR	(2) 劳动密集型 CSiR	(3) 劳动密集型 CSiR	(4) 资本密集型 CSiR	(5) 资本密集型 CSiR	(6) 资本密集型 CSiR	(7) 技术密集型 CSiR	(8) 技术密集型 CSiR	(9) 技术密集型 CSiR
Tfe	-0.459 (-1.584)			-0.487* (-1.756)			0.096 (0.342)		
Tse		-0.024 (-1.039)			-0.029 (-1.234)			-0.029 (-1.440)	
Tie			-0.019 (-1.100)			-0.006 (-0.341)			-0.037** (-2.289)
$TMT\ size$	-0.011 (-1.037)	-0.013 (-1.171)	-0.012 (-1.106)	-0.005 (-0.400)	-0.008 (-0.695)	-0.007 (-0.605)	-0.013 (-1.362)	-0.014 (-1.478)	-0.016* (-1.670)
$Hage$	0.811 (1.464)	0.770 (1.391)	0.788 (1.423)	0.075 (0.123)	0.037 (0.061)	0.045 (0.075)	0.360 (0.804)	0.357 (0.799)	0.360 (0.806)
$Mage$	0.014 (1.554)	0.018* (1.910)	0.018* (1.915)	0.008 (0.762)	0.012 (1.180)	0.009 (0.916)	-0.003 (-0.407)	0.000 (0.049)	0.003 (0.414)
$Htenure$	-0.256** (-2.242)	-0.251** (-2.192)	-0.257** (-2.244)	0.289** (2.453)	0.297** (2.525)	0.307*** (2.615)	0.121 (1.198)	0.117 (1.162)	0.100 (0.987)
$Medu$	-0.006 (-0.098)	-0.006 (-0.103)	-0.006 (-0.092)	-0.199*** (-2.724)	-0.205*** (-2.814)	-0.206*** (-2.830)	0.018 (0.337)	0.017 (0.308)	0.011 (0.213)
$Female$	-0.427** (-2.318)	-0.432** (-2.349)	-0.417** (-2.260)	-0.154 (-0.777)	-0.166 (-0.833)	-0.159 (-0.798)	-0.373** (-2.408)	-0.375** (-2.427)	-0.370** (-2.394)
$Oversea$	-0.061 (-1.009)	-0.070 (-1.149)	-0.068 (-1.115)	0.132** (2.350)	0.133** (2.363)	0.133** (2.365)	0.071 (1.534)	0.071 (1.535)	0.070 (1.515)

表4-18(续)

Variable	(1) 劳动密集型 CSiR	(2) 劳动密集型 CSiR	(3) 劳动密集型 CSiR	(4) 资本密集型 CSiR	(5) 资本密集型 CSiR	(6) 资本密集型 CSiR	(7) 技术密集型 CSiR	(8) 技术密集型 CSiR	(9) 技术密集型 CSiR
Dual	0.034 (0.531)	0.033 (0.514)	0.032 (0.495)	0.032 (0.493)	0.039 (0.587)	0.039 (0.590)	0.061 (1.346)	0.061 (1.356)	0.057 (1.274)
Soe	0.094 (0.406)	0.139 (0.606)	0.141 (0.612)	0.556*** (3.365)	0.532*** (3.217)	0.539*** (3.246)	0.014 (0.134)	0.012 (0.109)	-0.012 (-0.110)
Firmsize	0.048 (0.926)	0.051 (0.996)	0.048 (0.931)	0.030 (0.559)	0.035 (0.656)	0.039 (0.726)	0.007 (0.162)	0.007 (0.171)	0.013 (0.298)
Firmage	-0.214** (-2.547)	-0.215** (-2.556)	-0.216** (-2.575)	0.119 (1.477)	0.126 (1.554)	0.123 (1.522)	0.021 (0.507)	0.020 (0.483)	0.028 (0.671)
Performance	0.038 (0.072)	0.058 (0.108)	0.030 (0.056)	-0.836* (-1.942)	-0.787* (-1.828)	-0.812* (-1.884)	-1.140*** (-3.041)	-1.134*** (-3.029)	-1.139*** (-3.046)
Lev	0.099 (0.420)	0.095 (0.403)	0.105 (0.445)	-0.350 (-1.575)	-0.321 (-1.442)	-0.328 (-1.476)	0.167 (0.972)	0.157 (0.916)	0.176 (1.025)
Industry	Yes	Yes	Yes	Yes	Yes	Yes	Yes	Yes	Yes
Year	Yes	Yes	Yes	Yes	Yes	Yes	Yes	Yes	Yes
_cons	1.912 (1.015)	1.421 (0.757)	1.526 (0.815)	-1.896 (-1.041)	-2.505 (-1.400)	-2.500 (-1.396)	-0.774 (-0.633)	-0.729 (-0.610)	-0.979 (-0.816)
N	2028	2028	2028	1825	1825	1825	2375	2375	2375
R^2	0.031	0.030	0.030	0.052	0.051	0.050	0.032	0.033	0.035
F	2.536	2.469	2.476	3.92	3.84	3.77	3.14	3.23	3.38

由以上回归结果得出，由于劳动力工资较低，劳动密集型产业的生产资料以劳动投入为主，此时高管团队的经验会使企业优化负责任的行为，但并不会花费过多的成本去改善不负责任的行为；而资本密集型企业需要依靠大量的机械设备，通过规模经济和范围经济来建立产业资本优势和产业进入壁垒（Strauss，1991），拥有多样化的职能经验的管理者会关注企业负责任的行为和改善企业不负责任的行为，使得企业可以优化资源配置。技术密集型产业拥有高技术水平的劳动者和技术人员，高管需要对企业的技术变革有深入了解（马颖和何清，2017），而有行业经验的管理者可以通过自己的关系网络搜索企业需要的人才，并通过优化企业负责任的行为和改善企业不负责任的行为吸引人才，以此来提升企业的核心竞争优势。高管团队经验在不同产业类型的企业中对社会责任行为的影响各不相同，可以帮助不同产业类型的企业通过不同的社会责任行为获取竞争优势。

以上研究表明，在不同产业类型的企业中，高管团队经验对其负责任的行为与不负责任行为的影响不同。由于不同产业类型的企业所需的生产要素不同，面临的市场环境也不同，拥有经验的高管更关心企业在所处的市场环境中，如何通过不同的社会责任行为获得市场的认可。

4.4 稳健性检验

由主观决策顺序的复杂性以及客观统计技术的局限性造成的内生性问题普遍存在于学术研究之中。在验证了不同高管团队经验对企业社会责任的关系后，为了保证研究结论的可靠性，有必要对其进行稳健性检验。内生性的存在有三种形式：测量误差、互为因果和遗漏变量。本书采用工具变量法来解决可能存在的互为因果的内生性问题，采用系统 GMM 模型来解决可能存在的测量偏差、异方差和可能遗漏的变量方差问题；在进行了内生性检验后，本书还辅助了其他的稳健性检验，如替换变量、删减样本数据等。

4.4.1 内生性问题

4.4.1.1 工具变量法

工具变量法最早由 Wright（1928）提出，这一方法的成功使用需要满足两个条件：一是工具变量与解释变量相关，即相关性要求；二是工具变量与被解释变量不相关，即外生性要求。本书使用滞后一期的自变量作为工具变量，由于管理者决策存在时间上的惯性，即本年度的行为决策会延续到下一年度，因此管理者本期的经验与其滞后一期的经验是相关的，满足工具变量内生性的要求；又因为下一期的经验不会对本期的企业社会责任产生影响，这就满足了工具变量外生性的要求。

本书以滞后一期的高管团队经验为工具变量进行两阶段最小二乘法回归，表 4-19 为回归结果。由表 4-19 可知，高管团队职能经验异质性、高管团队共享管理经验和行业经验在第一阶段回归的 F 值（弱工具变量检验结果）均大于 10，并且显著，这表明所选的工具变量为合适的工具变量。并且在第一阶段高管团队经验与高管团队经验滞后一期的回归系数均显著相关，第二阶段的回归结果与之前的研究的回归系数的符号基本一致并且显著，这表明高管团队经验与企业社会责任的关系在缓解了内生性问题后仍然成立。

4.4.1.2 系统 GMM

本书运用系统 GMM 模型将企业负责任的行为与不负责任的行为的滞后一期作为工具变量进行估计。系统 GMM 模型的估计结果如表 4-20 所示。

由表 4-20 的结果可以看出，对于扰动项自相关的问题，AR（1）的 p 值<0.05，AR（2）的 p 值>0.05，说明 GMM 模型不存在扰动项自相关的问题，模型的估计结果是一致且可靠的。豪斯曼检验统计量 p 值>0.05，说明内生变量和工具变量的设置是合理的。

使用系统 GMM 估计方法得到的回归结果显示，因变量滞后一期的系数均显著，说明引入因变量滞后一期作为解释变量是合理的，在此基础上得到的回归结果表明，高管团队经验正向影响企业负责任的行为，负向影响企业不负责任的行为，职能经验异质性、共享管理经验和行业经验的系数符号与前文一致且显著，这说明研究得到的结果是稳健的。

表 4-19 稳健性检验：工具变量法

Variable	Fir-stage Tfe	Sec-stage CSR	Sec-stage CSiR	Fir-stage Tse	Sec-stage CSR	Sec-stage CSiR	Fir-stage Tie	Sec-stage CSR	Sec-stage CSiR
$L.\,Tfe$	0.474*** (41.491)								
Tfe		0.762*** (2.985)	-1.512*** (-4.213)						
$L.\,Tse$				0.152*** (11.213)					
Tse					0.187*** (2.934)	-0.190** (-2.157)			
$L.\,Tie$							0.640*** (58.770)		
Tie								0.040*** (3.377)	-0.026* (-1.715)
$TMT\ size$	-0.003*** (5.643)	-0.008* (-1.729)	-0.005 (-0.682)	-0.042*** (-6.054)	0.002 (0.423)	-0.017** (-2.198)	-0.035*** (-5.014)	-0.004 (-0.804)	-0.010 (-1.469)
$Hage$	0.046** (0.023)	-0.556** (-2.325)	0.478 (1.420)	-0.283 (-0.822)	-0.474* (-1.929)	0.349 (1.030)	-0.124 (-0.358)	-0.519** (-2.175)	0.392 (1.228)
$Mage$	-0.002*** (-4.685)	0.010** (2.531)	0.007 (1.307)	0.118*** (21.552)	-0.016* (-1.798)	0.035*** (2.816)	0.099*** (17.811)	0.002 (0.370)	0.015** (2.564)
$Henure$	-0.009* (-1.909)	0.095* (1.904)	-0.006 (-0.081)	0.012 (0.165)	0.084 (1.631)	0.016 (0.231)	-0.146** (-2.016)	0.091* (1.828)	0.011 (0.158)
$Medu$	0.007** (2.517)	-0.033 (-1.194)	-0.025 (-0.654)	0.013 (0.338)	-0.028 (-1.006)	-0.035 (-0.905)	-0.020 (-0.506)	-0.023 (-0.849)	-0.039 (-0.980)

表4-19（续）

Variable	Fir-stage Tfe	Sec-stage CSR	Sec-stage CSiR	Fir-stage Tse	Sec-stage CSR	Sec-stage CSiR	Fir-stage Tie	Sec-stage CSR	Sec-stage CSiR
Female	0.002	0.156**	-0.329***	-0.033	0.175**	-0.355***	0.085	0.155**	-0.337***
	(0.239)	(1.995)	(-2.997)	(-0.295)	(2.180)	(-3.195)	(0.754)	(1.989)	(-3.035)
Oversea	0.003	0.012	0.058*	-0.029	0.022	0.044	-0.006	0.015	0.051
	(1.291)	(0.492)	(1.741)	(-0.849)	(0.898)	(1.302)	(-0.168)	(0.645)	(1.487)
Dual	-0.005*	-0.051**	0.046	0.038	-0.062**	0.063*	-0.018	-0.055**	0.056
	(-1.932)	(-2.055)	(1.332)	(1.056)	(-2.441)	(1.788)	(-0.492)	(-2.219)	(1.526)
soe	0.011*	-0.143**	0.168*	-0.128	-0.102	0.112	-0.326***	-0.109*	0.127
	(1.792)	(-2.194)	(1.836)	(-1.373)	(-1.507)	(1.209)	(-3.454)	(-1.668)	(1.571)
Firmsize	-0.006	0.027	-0.016	-0.034	0.023	-0.003	-0.025	0.019	0.001
	(-2.878)	(1.232)	(-0.540)	(-1.095)	(1.035)	(-0.109)	(-0.805)	(0.907)	(0.035)
Firmage	-0.002	-0.024	-0.014	0.051	-0.037	0.002	0.118***	-0.031	-0.006
	(-0.809)	(-0.849)	(-0.371)	(1.288)	(-1.281)	(0.044)	(2.933)	(-1.108)	(-0.157)
Performance	-0.018	-0.382**	-0.631**	0.288	-0.434**	-0.573**	-0.309	-0.358*	-0.640**
	(-1.003)	(-2.013)	(-2.367)	(1.056)	(-2.221)	(-2.125)	(-1.125)	(-1.889)	(-2.305)
Lev	-0.025***	-0.063	-0.014	-0.111	-0.052	-0.013	0.065	-0.081	0.015
	(-2.832)	(-0.674)	(-0.107)	(-0.829)	(-0.539)	(-0.095)	(-0.481)	(-0.870)	(0.125)
Industry	Yes	Yes	Yes	Yes	Yes	Yes	Yes	Yes	Yes
Year	Yes	Yes	Yes	Yes	Yes	Yes	Yes	Yes	Yes
F-weakinstrument	1721.50***			125.72***			3453.89***		
N	5 536	5 536	5 536	5 536	5 536	5 536	5 536	5 536	5 536

表 4-20　内生性检验：系统 GMM

Variable	(1) CSR	(2) CSR	(3) CSR	(4) CSiR	(5) CSiR	(6) CSiR
L. CSR	0.544*** (6.629)	0.467*** (8.959)	0.412*** (4.538)			
L. CSiR				0.296*** (3.925)	0.110* (1.898)	0.132** (2.021)
Tfe	2.169*** (2.776)			-0.769** (-1.984)		
Tse		0.050** (2.122)			-0.088** (-2.246)	
Tie			0.104** (2.411)			-0.082** (-2.209)
TMT size	-0.018 (-1.425)	-0.008 (-0.474)	0.010 (0.373)	0.094** (2.496)	-0.055 (-1.587)	-0.010 (-0.308)
Hage	-0.742 (-1.190)	-0.288 (-0.278)	-0.876 (-0.521)	0.343 (0.446)	-0.064 (-0.088)	1.312 (1.608)
Mage	0.011 (1.189)	0.012 (1.007)	-0.009 (-0.432)	-0.004 (-0.369)	-0.026 (-1.212)	0.047** (2.091)
Htenure	0.094 (0.287)	0.095 (0.542)	0.376 (1.301)	0.348 (0.893)	-0.485 (-1.365)	-0.074 (-0.253)
Medu	0.202 (1.041)	0.059 (1.199)	-0.072 (-0.498)	-0.048 (-0.228)	-0.441** (-2.355)	-0.178** (-2.008)
Female	0.852 (1.565)	-0.172 (-0.676)	-0.115 (-0.273)	-0.488* (-1.929)	-0.876*** (-3.530)	-1.076** (-2.118)
Oversea	0.255* (1.797)	0.036 (0.781)	0.107* (1.791)	-0.328* (-1.890)	0.083 (1.257)	-0.335** (-2.083)
Dual	0.182 (1.151)	0.106 (1.290)	0.027 (0.438)	-0.011 (-0.056)	-0.235 (-1.339)	-0.608*** (-3.213)
soe	-0.029 (-0.132)	0.005 (0.068)	0.259 (1.277)	-0.337 (-1.433)	0.030 (0.133)	-0.514** (-2.344)
Firmsize	-0.005 (-0.068)	0.116** (2.526)	0.170** (1.995)	0.091 (0.949)	0.006 (0.063)	0.025 (0.224)
Firmage	-0.015 (-0.687)	0.016 (1.038)	-0.021 (-0.920)	-0.014 (-0.654)	-0.020 (-0.783)	-0.009 (-0.942)
Performance	-1.066 (-0.949)	0.186 (0.444)	-0.669 (-0.859)	-2.992** (-2.319)	-1.103 (-0.933)	1.334* (1.714)
Lev	0.123 (0.269)	0.416 (1.218)	-0.987* (-1.945)	-0.907 (-1.606)	-0.518 (-0.852)	1.603*** (2.995)

表4-20(续)

Variable	(1) CSR	(2) CSR	(3) CSR	(4) CSiR	(5) CSiR	(6) CSiR
Industry	Yes	Yes	Yes	Yes	Yes	Yes
Year	Yes	Yes	Yes	Yes	Yes	Yes
_cons	−2.258	−4.074***	−3.304*	−0.864	4.637**	−1.678
	(−1.079)	(−3.689)	(−1.783)	(−0.381)	(1.997)	(−0.680)
N	5 536	5 536	5 536	5 536	5 536	5 536
ar1	−8.749	−10.651	−6.719	−7.370	−6.483	−7.191
ar1p	0.000	0.000	0.000	0.000	0.000	0.000
ar2	1.597	1.674	1.615	1.224	−0.212	−0.080
ar2p	0.110	0.094	0.106	0.221	0.832	0.936
hansen	99.708	180.131	77.643	104.053	131.681	117.134
hansenp	0.227	0.132	0.616	0.914	0.324	0.679

4.4.2 其他稳健性检验

4.4.2.1 替换变量法

本书为了使结果可以比较,对企业负责任的行为(CSR)和不负责任的行为(CSiR)进行了标准化,稳健性检验将非标准化的因变量作为替换变量,检验结果是否一致。表4-21的回归结果表明,高管团队职能经验异质性、共享管理经验和行业经验既影响企业负责任的行为,又影响企业不负责任的行为,稳健性检验的结果的符号与前文的研究结果一致且显著。由于使用了未标准化的因变量,因此所得到的结果不能进行直接比较,但可以验证假设H4-1a、H4-1b、H4-2a、H4-2b、H4-3a、H4-4b仍然成立。

表4-21 稳健性检验:替换变量法

Variable	(1) CSR	(2) CSR	(3) CSR	(4) CSiR	(5) CSiR	(6) CSiR
Tfe	2.389***			−0.236**		
	(2.972)			(−2.236)		
Tse		0.139**			−0.020**	
		(2.144)			(−2.377)	
Tie			0.120**			−0.018***
			(2.480)			(−2.893)

表4-21(续)

Variable	(1) CSR	(2) CSR	(3) CSR	(4) CSiR	(5) CSiR	(6) CSiR
TMT size	−0.034	−0.021	−0.021	−0.005	−0.007*	−0.007*
	(−1.110)	(−0.702)	(−0.695)	(−1.325)	(−1.700)	(−1.723)
Hage	−4.359***	−4.152***	−4.224***	0.199	0.177	0.188
	(−2.899)	(−2.762)	(−2.810)	(1.009)	(0.896)	(0.951)
Mage	0.047*	0.024	0.022	0.006*	0.009***	0.009***
	(1.927)	(0.934)	(0.863)	(1.851)	(2.680)	(2.818)
Htenure	0.655**	0.624**	0.637**	−0.001	0.002	−0.000
	(2.058)	(1.961)	(2.002)	(−0.013)	(0.048)	(−0.002)
Medu	−0.216	−0.194	−0.183	−0.039*	−0.042*	−0.043*
	(−1.229)	(−1.105)	(−1.041)	(−1.700)	(−1.802)	(−1.876)
Female	1.181**	1.221**	1.180**	−0.223***	−0.228***	−0.221***
	(2.338)	(2.416)	(2.336)	(−3.360)	(−3.429)	(−3.338)
Oversea	0.074	0.091	0.089	0.025	0.024	0.024
	(0.478)	(0.591)	(0.574)	(1.252)	(1.158)	(1.177)
Dual	−0.233	−0.262	−0.254	0.027	0.031	0.029
	(−1.451)	(−1.634)	(−1.585)	(1.297)	(1.450)	(1.395)
soe	−0.586	−0.547	−0.506	0.080	0.075	0.069
	(−1.431)	(−1.335)	(−1.233)	(1.478)	(1.394)	(1.274)
Firmsize	0.122	0.092	0.098	0.020	0.023	0.022
	(0.945)	(0.712)	(0.758)	(1.191)	(1.375)	(1.323)
Firmage	−0.035	−0.042	−0.046	−0.004	−0.003	−0.002
	(−0.200)	(−0.240)	(−0.264)	(−0.167)	(−0.130)	(−0.100)
Performance	−2.983**	−3.031**	−2.904**	−0.394**	−0.389**	−0.408**
	(−2.388)	(−2.425)	(−2.323)	(−2.404)	(−2.369)	(−2.486)
Lev	−0.654	−0.672	−0.730	−0.028	−0.028	−0.020
	(−1.127)	(−1.158)	(−1.258)	(−0.373)	(−0.370)	(−0.257)
Industry	Yes	Yes	Yes	Yes	Yes	Yes
Year	Yes	Yes	Yes	Yes	Yes	Yes
_cons	16.283***	19.053***	18.936***	−0.002	−0.290	−0.275
	(3.802)	(4.530)	(4.505)	(−0.004)	(−0.526)	(−0.498)
N	6 228	6 228	6 228	6 228	6 228	6 228
R^2	0.441	0.441	0.441	0.022	0.022	0.023
F	197.72	197.37	197.50	5.64	5.67	5.80

4.4.2.2 高水平缩尾

稳健性检验的方法还包括增加样本的数据或减少样本的数据，而高水平的缩尾属于后者，本书的稳健性检验对样本进行了高水平缩尾，使用5%和95%水平对数据进行缩尾处理后重新进行回归，回归后的高管团队职能经验异质性、高管团队共享管理经验和行业经验的系数符号与前述研究结果一致并且显著。在此次的回归中注意了高管团队经验对企业负责任行为与不负责任行为的比较，虽然与前述研究结果的数值相比稍有波动，但二者差距不大。这表明前述研究所得到的结果是稳健的。高水平缩尾处理的稳健性检验结果如表4-22所示。

表4-22   稳健性检验：高水平缩尾

Variable	(1) CSR	(2) CSR	(3) CSR	(4) CSiR	(5) CSiR	(6) CSiR
Tfe	0.417 ***			−0.398 **		
	(3.105)			(−2.067)		
Tse		0.018 *			−0.038 ***	
		(1.840)			(−2.717)	
Tie			0.013 *			−0.029 ***
			(1.863)			(−2.835)
$TMT\ size$	−0.002	−0.000	−0.001	−0.008	−0.010	−0.010
	(−0.482)	(−0.109)	(−0.133)	(−1.175)	(−1.560)	(−1.533)
$Hage$	−0.635 ***	−0.605 ***	−0.613 ***	0.410	0.375	0.392
	(−2.823)	(−2.687)	(−2.723)	(1.272)	(1.164)	(1.218)
$Mage$	0.009 **	0.006	0.006	0.008	0.013 **	0.013 **
	(2.438)	(1.556)	(1.615)	(1.541)	(2.442)	(2.420)
$Htenure$	0.098 **	0.091 *	0.092 *	−0.005	0.000	−0.002
	(2.043)	(1.887)	(1.912)	(−0.069)	(0.005)	(−0.036)
$Medu$	−0.031	−0.028	−0.027	−0.064 *	−0.067 *	−0.069 *
	(−1.156)	(−1.051)	(−1.015)	(−1.688)	(−1.778)	(−1.833)
$Female$	0.203 ***	0.208 ***	0.203 ***	−0.331 ***	−0.338 ***	−0.327 ***
	(2.712)	(2.775)	(2.709)	(−3.086)	(−3.151)	(−3.051)
$Oversea$	0.005	0.007	0.007	0.042	0.040	0.041
	(0.240)	(0.342)	(0.313)	(1.393)	(1.301)	(1.344)
$Dual$	−0.034	−0.038 *	−0.037 *	0.045	0.049	0.048
	(−1.534)	(−1.711)	(−1.675)	(1.410)	(1.560)	(1.507)
soe	−0.077	−0.071	−0.066	0.122	0.116	0.105
	(−1.363)	(−1.266)	(−1.173)	(1.519)	(1.442)	(1.301)

表4-22(续)

Variable	(1) CSR	(2) CSR	(3) CSR	(4) CSiR	(5) CSiR	(6) CSiR
Firmsize	0.004	0.000	0.001	0.007	0.011	0.009
	(0.236)	(0.022)	(0.068)	(0.253)	(0.411)	(0.342)
Firmage	0.015	0.016*	0.017*	0.009	0.009	0.006
	(1.568)	(1.669)	(1.779)	(0.666)	(0.640)	(0.475)
Performance	−0.585**	−0.596**	−0.578**	−0.511	−0.494	−0.532
	(−2.439)	(−2.482)	(−2.409)	(−1.487)	(−1.437)	(−1.546)
Lev	−0.066	−0.068	−0.075	0.019	0.015	0.031
	(−0.808)	(−0.829)	(−0.920)	(0.159)	(0.130)	(0.265)
Industry	Yes	Yes	Yes	Yes	Yes	Yes
Year	Yes	Yes	Yes	Yes	Yes	Yes
_cons	−1.158**	−0.758	−0.807*	−0.284	−0.713	−0.610
	(−2.398)	(−1.615)	(−1.720)	(−0.411)	(−1.060)	(−0.908)
N	6 228	6 228	6 228	6 228	6 228	6 228
R^2	0.441	0.440	0.440	0.021	0.022	0.022
F	197.828	197.32	197.33	5.40	5.55	5.58

4.4.2.3 被解释变量滞后一期

之前进行内生性检验时，系统 GMM 的方法把滞后一期的被解释变量作为工具变量，目的是修正可能存在的异方差、测量误差，以及可能存在的其他内生性问题。本书认为由于高管团队经验对企业相关战略的影响可能存在滞后效应，即可能存在本期的经验会影响下一期企业社会责任战略的制定。本书选取被解释变量滞后一期进行稳健性检验，其研究结果如表 4-23 所示。与没有滞后一期的数据相比，核心解释变量的系数符号与前文的研究结果一致并且显著，这可能是因为，虽然高管团队经验对企业战略的影响会存在滞后性，但当企业面临重大的安全事故、突发的需要进行慈善捐款的事件时，需要企业高管依据经验对当前的情况作出反应，并不存在滞后性。

表 4-23 稳健性检验：被解释变量滞后一期

Variable	(1) CSR_{t+1}	(2) CSR_{t+1}	(3) CSR_{t+1}	(4) $CSiR_{t+1}$	(5) $CSiR_{t+1}$	(6) $CSiR_{t+1}$
Tfe	0.375***			−0.716***		
	(3.061)			(−4.180)		
Tse		0.033***			−0.031**	
		(3.348)			(−2.223)	

表4-23（续）

Variable	(1) CSR_{t+1}	(2) CSR_{t+1}	(3) CSR_{t+1}	(4) CSiR_{t+1}	(5) CSiR_{t+1}	(6) CSiR_{t+1}
Tie			0.031***			−0.020*
			(3.984)			(−1.801)
TMT size	−0.002	0.000	0.000	−0.000	−0.004	−0.003
	(−0.463)	(0.074)	(0.098)	(−0.021)	(−0.531)	(−0.475)
Hage	−0.731***	−0.687***	−0.707***	0.270	0.199	0.216
	(−3.118)	(−2.932)	(−3.021)	(0.823)	(0.606)	(0.658)
Mage	0.002	−0.003	−0.004	0.005	0.010*	0.009
	(0.403)	(−0.830)	(−0.941)	(0.882)	(1.787)	(1.629)
Htenure	0.093*	0.091*	0.093*	−0.087	−0.077	−0.077
	(1.869)	(1.825)	(1.883)	(−1.250)	(−1.110)	(−1.113)
Medu	−0.018	−0.013	−0.010	−0.035	−0.042	−0.044
	(−0.645)	(−0.476)	(−0.363)	(−0.917)	(−1.098)	(−1.133)
Female	0.076	0.086	0.079	−0.110	−0.126	−0.121
	(0.962)	(1.089)	(0.995)	(−0.994)	(−1.140)	(−1.089)
Oversea	−0.023	−0.019	−0.019	0.034	0.026	0.027
	(−0.964)	(−0.793)	(−0.786)	(0.993)	(0.779)	(0.782)
Dual	−0.048*	−0.053**	−0.053**	0.020	0.030	0.029
	(−1.866)	(−2.100)	(−2.072)	(0.569)	(0.838)	(0.812)
soe	−0.087	−0.084	−0.075	−0.113	−0.117	−0.122
	(−1.320)	(−1.273)	(−1.139)	(−1.228)	(−1.267)	(−1.319)
Firmsize	0.027	0.021	0.024	0.035	0.045	0.043
	(1.310)	(1.037)	(1.197)	(1.222)	(1.577)	(1.496)
Firmage	−0.014	−0.015	−0.013	−0.015	−0.014	−0.015
	(−0.458)	(−0.473)	(−0.426)	(−0.333)	(−0.324)	(−0.349)
Performance	−0.048	−0.054	−0.023	−1.148***	−1.137***	−1.157***
	(−0.243)	(−0.272)	(−0.117)	(−4.169)	(−4.125)	(−4.191)
Lev	−0.063	−0.062	−0.076	−0.024	−0.017	−0.006
	(−0.709)	(−0.696)	(−0.854)	(−0.192)	(−0.139)	(−0.046)
Industry	Yes	Yes	Yes	Yes	Yes	Yes
Year	Yes	Yes	Yes	Yes	Yes	Yes
_cons	−0.797	−0.346	−0.471	−0.168	−0.961	−0.861
	(−1.100)	(−0.484)	(−0.660)	(−0.166)	(−0.961)	(−0.860)
N	5 536	5 536	5 536	5 536	5 536	5 536
R^2	0.435	0.435	0.435	0.026	0.024	0.023
F	176.56	176.72	177.11	6.18	5.57	5.49

4.5　本章小结

高管团队在制定企业社会责任战略时，他们所拥有的经验不仅会影响企业负责任的行为，还会影响企业不负责任的行为。虽然管理层对企业负责任的行为和不负责任的行为都有影响，但其对二者的关注并不完全对称，管理者的经验会使其根据企业所处的环境关注那些现阶段对企业有利的行为。

本章选用职能经验异质性、共享管理经验和行业经验作为高管团队经验的替代变量，实证检验结果发现，职能经验异质性、共享管理经验和行业经验影响企业负责任行为和不负责任的行为，职能经验异质性的管理者具有丰富的异质性知识，在制定企业社会责任战略时，既注重优化企业负责任的行为，又注重改善企业不负责任的行为，但他们会更为关注企业负责任的行为；高管团队的共享经验会随着团队成员共同任职时间的增长逐步增长，这些经验可以使团队成员在了解企业现状的基础上，充分地利用这些资源，从而提升高管团队整合信息的能力，共享经验的管理者在制定企业社会责任战略时，既关注企业负责任的行为，又关注企业不负责任的行为，共事时间较长的管理者会对企业面临的环境比较敏感，因此对企业不负责任行为的关注会多于企业负责任的行为。拥有行业经验的管理者在制定企业社会责任战略时，既关注企业负责任的行为，也关注企业不负责任的行为，对不负责任的行为的关注也多于企业负责任的行为。一方面，行业经验资深的管理者可以识别企业所面临的威胁，改善企业不负责任的行为；另一方面，行业经验资深的管理者拥有广泛的外部关系网络，为了维护外部关系网络，也会注意改善企业不负责任的行为。

为了进一步讨论高管团队经验对企业社会责任影响的不对称性，本书将企业社会责任分为对内、外部利益相关者负责任的行为与不负责任的行为，异质性职能经验的管理者、共享经验的管理者和行业经验的管理者都会更加关注改善对外部利益相关者不负责任行为。面对内部利益相关者负责任与不负责任的行为时，职能经验异质性的管理者和行业经验的管理者会在制定社会责任战略时关注内部利益相关者的利益，但并不注重改善对内部利益相关者不负责任的行为。这也说明了高管团队经验使得高管的注意力分配不平衡。

民营企业更加关注改善企业不负责任的行为，而国有企业对企业负责任的行为与不负责任的行为同样关注；在企业的成长期、成熟期、衰退期，不同的高管团队经验使得高管关注的企业社会责任有所不同。在企业的成熟期，企业高管团队更关注优化企业负责任的行为以保持企业在市场上的竞争优势；而在企业的衰退期，拥有经验的高管团队注重改善企业不负责任的行为，以此来减少企业内部人员的流动，维持仅有的客户以及相关资源，使企业能够延缓退出市场的时间，以寻找新的发展机会。高管团队经验在生产要素不同的企业中对企业社会责任的影响也不同。高管团队经验是处于不同时期和属于不同类型的企业制定相关决策不可缺少的。

5 高管团队经验交互
对企业社会责任的影响

经验是一种高度隐性的知识，其他企业难以轻易获取或者模仿。高管团队的职能背景、行业经历等过往经验对于理解战略决策和选择至关重要（Penrose，1959；Hambrick & Mason，1984）。第 4 章主要研究高管团队经验作为单独的变量对企业社会责任行为的影响，然而高管团队共享经验，作为一个会随着高管团队成员共同任期的增加而变化的经验，很可能会影响高管团队其他经验的发挥，因此高管团队成员共享管理经验与其他经验的交互作用引起了研究者的注意。变量间交互作用是指一个变量的结果受其他变量的影响，变量的交互主要存在两种效应：第一是替代效应，即随着高管团队成员共事时间的增加，高管团队成员共同的经验增加，多样化的知识减少；第二是互补效应，即随着高管团队成员共事时间的增加，高管的其他经验会得到强化。本章以高阶梯队理论为理论基础，关注两个问题：一是职能经验异质性与共享经验的交互、行业经验与共享经验的交互是否会影响以及如何影响企业负责任的行为与不负责任的行为；二是随着高管团队共同任期的增加，职能经验与行业经验对企业社会责任的影响是否会发生变化。

5.1 理论分析与研究假设

5.1.1 职能经验异质性、共享经验交互与企业社会责任

高阶梯队理论认为，高管团队成员共同决策，有利于弥补单个高管决

策过程中存在的不足。关于高管团队共享经验对企业战略的影响，有些学者认为高管团队成员经验共享会使得整个高管团队对某些问题或战略有更加全面的理解，更容易促进信息的交换，使得管理者之间的沟通更有效（Smith et al.，1994，杨林 等，2020），同时团队成员的相互协调在一定程度上能够减少人际冲突，尤其是职能经验异质性带来的言语冲突，从而加快知识整合，推动决策的制定（胡保亮 等，2018）。然而也有学者认为，团队中高水平的共享经验可能会导致与外部信息源的交流减少（Katz，1982）。例如，在团队中经验丰富的管理者可能不接受来自其他人的建议（Barney et al.，1996）；随着管理者共事时间的增加，团队中有可能会产生群体思维行为，这种群体思维行为可能会导致团队的管理能力下降（Hambrick，1995）。经验丰富且共享程度较高的团队，可能产生包庇或共谋，降低企业管理的有效性（Zhang，2019）。

企业社会责任的制定是一个复杂的过程，既要受到企业经营状况的影响，又会受相关制度的制约，并且企业社会责任的相关内容还要根据企业所处的环境不断进行调整，此时既需要职能经验异质性高管团队成员提供专业化的知识，又需要高管团队成员将知识进行整合，而高管团队共享经验可以缩短高管团队成员沟通的时间，提高决策的效率（Georgakakis et al.，2017），尤其在面对需要立即做出决策以解决企业不负责任的问题时，高效率对企业至关重要。付悦（2018）也认为，高管团队共享管理经验的过程，是高管团队成员合作的过程，知识的交换可以使高管团队成员共同面对多样化的环境与市场信息，增强高管团队成员处理问题的信心。团队之间的默契度会加速某些新想法的落实，从而使企业高管在优化企业负责任行为或改善企业不负责任行为时达成一致决策。然而随着高管团队成员共同任期的增加，职能经验异质性带来的多样化知识会减少，团队不可避免地会出现群体思维（Kor，2003），虽然高管团队成员并没有停止对新知识的学习与获取，但对于制定企业社会责任战略来说，各部门新知识的减少可能会影响企业做出优化企业负责任的行为或改善企业不负责任的行为的决策。

H5-1a：职能经验异质性和共享经验的交互仍然可以优化企业负责任的行为，然而随着团队成员共享经验水平的提升，职能经验异质性与企业负责任行为之间的正相关关系会变弱。

H5-1b：职能经验异质性和共享经验的交互仍然可以改善企业不负责

任的行为，然而随着团队成员共享经验水平的提升，职能经验异质性与企业不负责任行为之间的负相关关系会变弱。

5.1.2 行业经验、共享经验交互与企业社会责任

高管团队行业经验对企业的重要作用具体表现为：①行业经验代表着对本行业的政府要求和市场知识的熟知，拥有行业经验的管理者能够明确企业哪些方面没有达到政府和市场的要求，能够及时对企业的相关战略进行调整，提升企业工作效率（王竞一和张东升，2015）。②管理者可以基于之前的行业经验对市场可能发生的变化进行预测，及时发现潜在的风险，提前做出优化企业负责任行为或改善企业不负责任行为的决定，管理者还可以基于之前的行业经验对当前的市场保持敏感，从中发现新的机会，从而快速进入市场。③管理者的行业经验越丰富，越容易发现外部网络中供应商、顾客的新需求，并可以评估企业现阶段满足其需求的能力，将外部知识与企业的内部知识相结合，改进或开发新产品（孙秀芳 等，2021）。又因为拥有行业经验的管理者熟知行业规范（Geletkanycz & Black，2001；Hamori et al.，2015），因此他们能快速地获悉哪些资源能给企业带来最大利益。团队共同任期的长短会影响团队成员知识交换的程度和团队成员彼此认可的程度（谢荷锋和牟腊春，2017），高管成员之间的长期合作意味着对方的价值理念较为符合自我的积极预期，这种信任可能依赖于双方私人感情，也可能来自对彼此工作相关能力的认可，如工作态度、技能、效率等。对于企业社会责任来说，拥有行业经验的管理者往往熟知该行业的相关的政策和需求，而随着共享管理经验和行业经验的水平达到一定的水平，该行业应该注意的问题会全部被关注到，并且可以很好地被协商，在高速变化的环境下快速找出相应的解决办法，不仅可以减少企业的损失，还可以缩短企业的响应时间，这对企业的发展是至关重要的。因此提出以下假设：

H5-2a：行业经验和共享经验的交互可以优化企业负责任的行为，随着团队成员共享经验水平的提升，行业经验与企业负责任行为之间的正相关关系会增强。

H5-2b：行业经验和共享经验的交互可以改善企业不负责任的行为，随着团队成员共享经验水平的提升，行业经验与企业不负责任行为之间的负相关关系会增强。

5.2 研究设计

5.2.1 样本选择和数据来源

本章以 2013—2021 年 A 股上市的主板公司为研究对象，具体数据如何筛选在 4.2.1 小节已进行详细说明，此章节不再赘述，总计得到 6 228 个"公司—年度"样本。

5.2.2 变量选取与定义

因变量为企业社会责任，企业社会责任分为企业负责任的行为和不负责任的行为，自变量为高管团队经验交互，分为职能经验异质性与高管团队共享经验的交互、行业经验与高管团队共享经验的交互；控制变量为企业股权性质、企业规模、企业绩效、企业成立年限和企业资本结构。控制变量还包括高管团队规模、高管团队的年龄异质性和平均年龄、任期异质性和学历平均值、女性高管占比、高管海外背景、CEO 是否两职兼任。以上变量的计算方法在上节已进行了详细说明，此节不再赘述。

5.2.3 实证模型设计

为了验证高管团队经验交互对企业社会责任的影响，本书建立以下模型：

$$\mathrm{CSR}_{it} = \delta_0 + \delta_1\, Tfe_{it} + \delta_2\, Tse_{it} + \delta_3\, Tfe_{it} \times Tse_{it} + \delta_4 Controls_{it} +$$
$$\sum Industry + \sum Year + \varepsilon_{it} \tag{5-1}$$

$$CSiR_{it} = \delta_0 + \delta_1\, Tfe_{it} + \delta_2\, Tse_{it} + \delta_3\, Tfe_{it} \times Tse_{it} + \delta_4 Controls_{it} +$$
$$\sum Industry + \sum Year + \varepsilon_{it} \tag{5-2}$$

$$\mathrm{CSR}_{it} = \theta_0 + \theta_1\, Tie_{it} + \theta_2\, Tse_{it} + \theta_3\, Tie_{it} \times Tse_{it} + \theta_4 Controls_{it} +$$
$$\sum Industry + \sum Year + \varepsilon_{it} \tag{5-3}$$

$$CSiR_{it} = \theta_0 + \theta_1\,Tie_{it} + \theta_2\,Tse_{it} + \theta_3\,Tie_{it} \times Tse_{it} + \theta_4 Controls_{it} +$$
$$\sum Industry + \sum Year + \varepsilon_{it} \qquad\qquad (5-4)$$

在以上模型中，CSR 为企业负责任的行为，$CSiR$ 为企业不负责任的行为，Tfe 为高管团队职能经验异质性，Tse 为高管团队共享管理经验，Tie 为高管团队行业经验，$Tfe \times Tse$ 为高管团队职能经验异质性与高管团队共享管理经验的交互项，$Tie \times Tse$ 为高管团队行业经验与高管团队共享管理经验的交互项，$Controls$ 为一系列控制变量，$Industry$ 表示行业虚拟变量，$Year$ 表示年份虚拟变量，i 和 t 分别表示企业和年份。δ_3、θ_3 为本章的待估系数，ε 为随机误差项，模型 5-1 和 5-2 分别用来检验假设 H5-1a 和 H5-1b；模型 5-3 和 5-4 分别用来检验假设 H5-2a 和 H5-2b。

5.3 实证检验与分析

5.3.1 描述性统计

表 5-1 为描述性统计，CSR 和 $CSiR$ 的均值为 0，此标准差为 1，为标准化后的均值和标准差。高管团队职能经验异质性的均值为 0.687，标准差为 0.090，说明本书样本选择的高管团队成员职能经验的异质性比较高，高管团队成员的职能经验比较丰富；高管团队共享管理经验的均值为 3.533，标准差为 0.802，可以计算出高管团队成员的共同工作经验的平均值为 34 个月；高管团队行业经验的均值为 5.939，标准差为 1.712，本书所选的样本中，高管团队成员拥有在本行业平均工作近 6 年的经验，这个时长说明，高管团队成员拥有丰富的本行业的经验。

表 5-1 描述性统计

Variable	N	Min	Max	Mean	SD
CSR	6 228	−1. 872	2. 146	0	1
$CSiR$	6 228	−0. 641	2. 526	0	1
Tfe	6 228	0. 320	0. 816	0. 687	0. 090
Tse	6 228	1. 099	4. 942	3. 533	0. 802

表5-1(续)

Variable	N	Min	Max	Mean	SD
Tie	6 228	2.556	10.826	5.939	1.712
TMT size	6 228	3.000	16.000	7.184	2.549
Hage	6 228	0.030	0.246	0.118	0.045
Mage	6 228	38.750	55.900	48.332	3.551
Htenure	6 228	0.000	1.000	0.637	0.250
Medu	6 228	2.000	4.500	3.424	0.530
Female	6 228	0.000	0.625	0.154	0.154
Oversea	6 228	0.000	1.000	0.283	0.450
Dual	6 228	0.000	1.000	0.206	0.405
Soe	6 228	0.000	1.000	0.534	0.499
Firmsize	6 228	20.609	27.250	23.155	1.387
Firmage	6 228	7.000	33.000	20.167	5.526
Performance	6 228	−0.137	0.193	0.043	0.048
Lev	6 228	0.075	0.863	0.468	0.194

5.3.2　相关性分析

由表 5-2 可以看出，职能经验异质性与高管团队共享管理经验的相关系数为 −0.023，并且在 10% 的水平上显著，说明高管团队共享管理经验可能负向影响职能经验的异质性，行业经验与高管团队共享管理经验的相关系数为 0.429，并且在 1% 的水平上显著，说明高管团队共享管理经验可能正向影响行业经验。相关分析只是分析两两变量之间的相关关系，增加控制变量后进行回归才能得到二者真正的关系。为了避免多重共线性的问题，本书对交互项进行了中心化处理。在表 4-4 中已进行了相同变量的 VIF 分析，VIF 最大值为 1.85，表明不存在多重共线性。

表 5-2 相关性分析

Variable	CSR	CSiR	Tfe	Tse	Tie	TMT size	Hage	Mage	Htenure
CSR	1.000								
CSiR	0.069***	1.000							
Tfe	0.205***	0.016	1.000						
Tse	0.023*	-0.053***	-0.023*	1.000					
Tie	0.147***	-0.036***	-0.034***	0.429***	1.000				
TMT size	0.099***	0.006	0.088***	0.021*	0.030**	1.000			
Hage	0.008	-0.018	-0.001	-0.054***	-0.057***	-0.089***	1.000		
Mage	0.132***	0.090***	-0.033***	0.210***	0.270***	0.121***	-0.389***	1.000	
Henure	-0.072***	0.030**	-0.128***	-0.042***	-0.024*	0.083***	0.003	0.034***	1.000
Medu	0.123***	-0.020	0.122***	-0.056***	-0.040**	0.059***	-0.098***	0.125***	-0.207***
Female	0.009	-0.116***	-0.031**	-0.026**	-0.017	-0.129***	0.206***	-0.248***	-0.024*
Oversea	0.155***	-0.003	0.133***	-0.008	0.016	0.194***	0.122***	-0.061***	-0.134***
Dual	0.027**	-0.024*	0.032**	0.080***	0.044***	0.004	0.200***	-0.114***	-0.083***
Soe	-0.006	0.022*	0.007	-0.094***	-0.121***	0.115***	-0.384***	0.399***	0.087***
Firmsize	0.256***	0.141***	0.045***	-0.079***	0.026**	0.257***	-0.246***	0.334***	-0.008
Firmage	0.127***	-0.011	0.084***	-0.068***	0.147***	-0.050***	-0.035***	0.183***	0.125***
Performance	0.057***	-0.054***	0.012	0.098***	0.091***	0.020	0.022*	-0.006	-0.017
Lev	0.066***	0.114***	-0.011	-0.100***	-0.082***	0.139***	-0.128***	0.140***	0.034***

表5-2（续）

Variable	Medu	Female	Oversea	Dual	Soe	Firmsize	Firmage	Performance	Lev
Medu	1.000								
Female	-0.009	1.000							
Oversea	0.172***	0.070***	1.000						
Dual	0.026**	0.095***	0.084***	1.000					
Soe	0.166***	-0.187***	-0.180***	-0.323***	1.000				
Firmsize	0.260***	-0.138***	0.064***	-0.104***	0.303***	1.000			
Firmage	0.054***	0.019	-0.022*	-0.066***	0.169***	0.179***	1.000		
Performance	-0.044***	0.021*	-0.025*	0.040***	-0.134***	-0.059***	-0.068***	1.000	
Lev	0.117***	-0.120***	0.004	-0.076***	0.230***	0.547***	0.158***	-0.393***	1.000

5.3.3 回归分析

5.3.3.1 职能经验异质性与共享经验交互对企业社会责任的影响

表5-3为职能经验异质性与企业负责任行为与不负责任行为的回归结果。从列（1）回归结果可以看出，高管团队职能经验异质性与共享经验交互项（*Tfe×Tie*）的回归系数为0.166，在1%的水平上显著为正，说明高管团队职能经验异质性与共享经验交互正向影响企业负责任的行为；将高管团队职能经验异质性与共享经验交互项（*Tfe×Tie*）与职能经验异质性独立回归的系数进行比较，我们发现职能经验异质性对企业负责任行为的回归系数为绝对值0.328，大于*Tfe×Tie*对企业负责任行为的回归系数绝对值0.166。从列（2）回归结果可以看出，高管团队职能经验异质性与共享经验交互项（*Tfe×Tie*）的回归系数为-0.162，在5%的水平上显著为负，说明高管团队职能经验异质性与共享经验交互负向影响企业不负责任的行为，职能经验异质性与企业不负责任行为的回归系数绝对值0.326，大于*Tfe×Tie*对企业不负责任行为的回归系数的绝对值0.162。虽然随着共事时间的增加，拥有职能经验的管理者仍然能做出优化企业负责任的行为和改善企业不负责任的行为的决策，但是这种积极性明显降低了。共事时间的增加可能会带来思维的固化，降低职能经验异质性的高管团队对相关企业社会责任的关注。这验证了假设 H5-1a 和假设 H5-1b。

表5-3　职能经验异质性以共享经验交互与企业社会责任回归结果

Variable	(1) CSR	(2) CSiR
Tfe	0.370 *** (3.193)	−0.357 ** (−2.228)
Tie	0.019 ** (2.108)	−0.031 ** (−2.458)
Tfe×Tie	0.166 *** (3.475)	−0.162 ** (−2.453)
TMT size	−0.004 (−0.817)	−0.009 (−1.480)
Hage	−0.635 *** (−2.966)	0.391 (1.322)
Mage	0.004 (1.145)	0.013 ** (2.537)

表5-3(续)

Variable	(1) CSR	(2) CSiR
Htenure	0.087*	0.016
	(1.929)	(0.252)
Medu	−0.031	−0.057
	(−1.244)	(−1.642)
Female	0.182**	−0.351***
	(2.529)	(−3.535)
Oversea	0.012	0.041
	(0.562)	(1.348)
Dual	−0.036	0.046
	(−1.564)	(1.463)
Soe	−0.079	0.113
	(−1.361)	(1.401)
Firmsize	0.016	0.027
	(0.873)	(1.063)
Firmage	−0.004	−0.008
	(−0.158)	(−0.224)
Performance	−0.411**	−0.568**
	(−2.309)	(−2.314)
Lev	−0.095	−0.053
	(−1.149)	(−0.464)
Industry	Yes	Yes
Year	Yes	Yes
_cons	−0.931	−0.596
	(−1.526)	(−0.707)
N	6 228	6 228
R^2	0.443	0.025
F	182.39	5.77

5.3.3.2 行业经验与共享经验交互对企业社会责任的影响

表5-4为行业经验与共享经验交互的回归结果。从列（1）回归结果可以看出，高管团队行业经验与共享经验交互项（$Tie×Tse$）的回归系数为0.017，在1%的水平上显著为正，说明高管行业经验与共享经验交互显著正向影响企业负责任的行为；从列（2）回归结果可以看出，高管团队行业经验与共享经验交互项（$Tie×Tse$）的回归系数为−0.035，在1%的水平上显著为负，说明高管团队行业经验与共享经验交互显著负向影响企业不

负责任的行为。研究结果表明，管理团队成员的共事时间越长，越能快速整合行业经验管理者通过相关网络获取的资源，使相关资源能被企业快速利用。随着高管团队成员共事时间的增加，行业经验能积极优化企业负责任的行为和改善企业不负责任的行为。

将高管团队行业经验与共享经验交互项（$Tie×Tse$）与行业经验独立回归的系数进行比较，行业经验对企业负责任行为的回归系数绝对值为0.017，小于 $Tie×Tse$ 对企业负责任行为的回归系数绝对值0.017；行业经验对企业不负责任行为的回归系数绝对值0.028，小于 $Tie×Tse$ 对企业不负责任行为的回归系数的绝对值0.035。随着共事时间的增加，行业经验的管理者能继续优化企业负责任的行为和改善企业不负责任的行为，能充分整合行业经验的管理者带来的各种知识，以此来提升企业的竞争优势。

表5-4　行业经验与共享经验交互回归结果

Variable	(1) CSR	(2) CSiR
Tie	0.011	−0.017*
	(1.566)	(−1.744)
Tse	0.022**	−0.037***
	(2.223)	(−2.788)
Tie×Tse	0.017***	−0.035***
	(3.552)	(−5.238)
TMT size	−0.002	−0.011*
	(−0.521)	(−1.795)
Hage	−0.594***	0.356
	(−2.778)	(1.208)
Mage	0.001	0.018***
	(0.315)	(3.427)
Htenure	0.089**	0.012
	(1.977)	(0.197)
Medu	−0.028	−0.058*
	(−1.120)	(−1.683)
Female	0.177**	−0.334***
	(2.460)	(−3.365)
Oversea	0.012	0.043
	(0.558)	(1.415)

表5-4(续)

Variable	(1) CSR	(2) CSiR
Dual	−0.037	0.046
	(−1.599)	(1.451)
Soe	−0.074	0.108
	(−1.275)	(1.341)
Firmsize	0.012	0.031
	(0.634)	(1.231)
Firmage	−0.009	0.001
	(−0.362)	(0.017)
Performance	−0.397 **	−0.577 **
	(−2.233)	(−2.351)
Lev	−0.099	−0.043
	(−1.198)	(−0.380)
Industry	Yes	Yes
Year	Yes	Yes
_cons	−0.458	−1.147
	(−0.765)	(−1.390)
N	6 228	6 228
R^2	0.442	0.029
F	182.18	6.78

5.3.4 进一步的研究

5.3.4.1 对高管团队经验交互效应的进一步检验

以上研究证明了高管团队经验交互与企业社会责任的关系，一些研究认为高管团队共享管理者经验会降低高管团队内部知识传递的活跃度，会使得团队更加因循守旧，影响相关战略的制定。表5-3的研究结果也表明，随着管理者共事时间的增加，职能经验异质性对企业社会责任，不论是优化负责任的行为还是改善不负责任的行为的积极影响都有所减弱，那么共享管理经验，即高管团队共事的时长是否存在一个区间使得高管团队的其他经验得以良好发挥？本书将共享经验取平方项进行相关检验，表5-5为回归的结果，发现加入平方项后，共享管理经验与职能经验异质性、共享管理经验与行业经验的交互项和平方交互项都不显著，出现此种情况是因为高管团队成员会出现变动，或各企业间共享管理经验的时间相差较大，使得共享管理经验没能呈现出一个确定的区间可以使其他经验发挥最大效用。

表 5-5　共享管理经验的非线性影响

Variable	(1) CSR	(2) CSiR	(3) CSR	(4) CSiR
Tfe	0.383*** (−3.297)	−0.340** (−2.121)		
Tie			0.103* (−1.931)	−0.018* (−1.462)
Tse	0.025 (0.500)	0.044 (−0.642)	0.013* (−1.774)	−0.108 (−1.774)
Tse^2	−0.001 (−0.112)	−0.012 (−1.117)	−0.013 (−1.551)	0.011 (−0.969)
Tfe×Tse	0.167*** (−3.473)	−0.154** (−2.313)		
Tie×Tse			0.020*** (−3.882)	−0.037*** (−5.221)
$Tfe×Tse^2$	0.005 (−0.481)	−0.014 (−1.054)		
$Tie×Tse^2$			0.000 (−0.231)	−0.001 (−0.773)
TMT size	−0.004 (−0.894)	−0.010 (−1.600)	−0.003 (−0.720)	−0.010* (1.704)
Hage	−0.634*** (−2.955)	0.411 (1.386)	−0.591*** (−2.758)	0.375 (1.271)
Mage	0.004 (1.200)	0.014*** (2.704)	0.002 (0.463)	0.017*** (3.365)
Htenure	0.089** (1.970)	0.014 (0.230)	0.091** (2.015)	0.011 (0.183)
Medu	−0.031 (−1.230)	−0.057* (−1.651)	−0.029 (−1.153)	−0.056 (−1.622)
Female	0.184*** (2.546)	−0.349*** (−3.496)	0.175*** (2.420)	−0.326*** (−3.266)
Oversea	0.012 (0.542)	0.042 (1.385)	0.013 (0.574)	0.039 (1.400)

表5-5(续)

Variable	(1) CSR	(2) CSiR	(3) CSR	(4) CSiR
Dual	−0.037	0.043	−0.038*	0.042
	(−1.619)	(1.359)	(−1.652)	(1.338)
Soe	−0.080	0.116	−0.073	0.109
	(−1.363)	(1.438)	(−1.247)	(1.350)
Firmsize	0.019	0.029	0.015	0.031
	(1.021)	(1.134)	(0.822)	(1.217)
Firmage	−0.004	−0.007	−0.009	−0.001
	(−0.149)	(−0.199)	(−0.363)	(0.033)
Performance	−0.401**	−0.552**	−0.393**	−0.549**
	(−2.246)	(−2.238)	(−2.199)	(−2.231)
Lev	−0.101	−0.052	−0.108	−0.039
	(−1.221)	(−0.454)	(−1.298)	(−0.343)
Industry	Yes	Yes	Yes	Yes
Year	Yes	Yes	Yes	Yes
_cons	−1.508*	−0.689	−0.695	−0.963
	(−1.692)	(−0.797)	(−1.132)	(−1.138)
N	6 228	6 228	6 228	6 228
R^2	0.443	0.025	0.443	0.029
F	167.89	5.36	167.82	6.26

5.3.4.2　内外部利益相关者的企业社会责任

第4章的实证研究证明高管团队经验会影响不同利益相关者的企业社会责任,那么随着高管团队成员共事时间的增加,高管团队职能经验异质性与行业经验对不同利益相关者的负责任行为与不负责任行为的关注是否发生改变? 本书对这一问题进行了相关的检验。

表5-6的研究结果表明,随着高管团队成员共事时间的增加,职能经验异质性的管理者会提升企业对外部利益相关者负责任的行为,职能经验异质性与共享经验的交互的回归系数为0.156,并且在1%的水平上显著,而表4-11的研究结果表明,职能经验异质性的管理团队并不关注优化企业外部利益相关者负责任的行为,此时的共享经验与职能经验异质性互补,说明了共享管理经验不仅可以促进管理者之间知识的交换,还可以对管理者没有关注到的方面进行补充,使其做出的决策更加有利于企业的发

展。对于内部利益相关者负责任行为的影响，职能经验异质性与共享经验交互的系数为 0.150，显著小于表 4-11 的回归系数 0.486，这说明经验的交互仍然使职能经验管理者关注对内部利益相关者负责任的行为，但由于共事时间的增加，知识的多样性可能会减少，职能经验异质性的管理者会降低优化内部利益相关者负责任行为的积极性。

行业经验与共享管理经验交互后仍然能提升对外部利益相关者负责任的行为，将交互后的系数 0.156（见表 5-6）与行业经验单独对外部利益相关者负责任行为的回归系数 0.016（见表 4-11）进行比较可以发现，行业经验与共享管理经验的交互提升了高管团队对外部利益相关负责任行为的关注。行业经验与共享经验交互后对内部利益相关者负责任行为的影响系数为 0.019（在 1% 的水平上显著），与行业经验单独对内部利益相关者负责任行为的影响系数 0.014（在 10% 的水平上显著）相比，尽管系数变化不大，但显著性有了明显提升，这说明随着高管团队成员共事时间的增加，有行业经验的管理者对企业内部利益相关者负责任的行为更加关注。

表 5-7 为经验的交互对内外部利益相关者不负责任行为的影响。由表 5-7 可知，职能经验异质性与共享经验交互后对改善外部利益相关者不负责任的行为不再显著（$Tfe×Tse=-0.068$，p 不显著），反而对改善内部利益相关者不负责任的行为显著（$Tfe×Tse=-0.215$，$p<0.01$），这说明随着共同任期的增加，职能经验异质性的管理者受共同任期的影响较大，共享管理经验可以弥补以往职能经验异质性的管理者对内部利益相关者不负责任行为的忽略。

研究高管团队经验交互与内外部利益相关者企业负责任的行为与不负责任的行为，我们发现，高管团队共事时间的增加，可以明显提升职能经验异质性的高管和行业经验的高管对内部利益相关者的关注。造成这一现象的一种原因是高管团队通过对相关知识的交换与整合弥补了以往对内部利益相关者关注的不足；另一种原因可能是提升对内部利益相关者负责任的行为，改善不负责任的行为，可以提升企业所有成员对企业的认同感与归属感，使得企业在激烈的市场竞争中不只获得外部利益相关者的认可，也获得内部利益相关者的支持。因此，在构建高管团队时，应该注意高管团队建设的稳定性，在保持高管团队知识多样化的同时，也要注意高管间彼此的沟通。

表 5-6 经验交互对内外部利益相关者负责任行为的影响

Variable	(1) OutCSR	(2) OutCSR	(3) InCSR	(4) InCSR
Tfe	0.198 (1.574)		0.532*** (3.961)	
Tie		0.010 (1.291)		0.010 (1.186)
Tse	0.023** (2.333)	0.024** (2.272)	0.008 (0.762)	0.012 (1.102)
Tfe×Tse	0.156*** (2.984)		0.150*** (2.701)	
Tie×Tse		0.014*** (2.636)		0.019*** (3.363)
TMT size	−0.008 (−1.590)	−0.007 (−1.437)	0.003 (0.511)	0.004 (0.863)
Hage	−0.800*** (−3.431)	0.772*** (−3.314)	−0.279 (−1.121)	−0.228 (−0.918)
Mage	0.003 (0.880)	0.001 (0.328)	0.004 (1.004)	0.001 (0.172)
Htenure	0.039 (0.796)	0.044 (0.886)	0.131** (2.489)	0.129** (2.460)
Medu	−0.026 (0.945)	−0.024 (−0.873)	−0.031 (−1.085)	−0.028 (−0.951)
Female	0.003 (0.041)	−0.001 (−0.019)	0.381*** (4.572)	0.377*** (4.517)
Oversea	0.027 (1.105)	0.026 (1.076)	−0.013 (−0.504)	−0.012 (−0.475)
Dual	−0.042* (−1.695)	−0.042* (1.674)	−0.018 (−0.695)	−0.021 (−0.787)
Soe	−0.010 (−0.160)	−0.007 (−0.112)	0.159** (−2.347)	−0.153** (−2.253)
Firmsize	0.066*** (3.273)	0.063*** (3.164)	−0.058*** (−2.701)	−0.064*** (−3.009)
Firmage	−0.019 (0.713)	−0.023 (−0.865)	0.020 (0.692)	0.015 (0.503)
Performance	−0.574*** (−2.966)	−0.559*** (−2.888)	−0.121 (−0.586)	−0.113 (−0.549)

表5-6(续)

Variable	(1) OutCSR	(2) OutCSR	(3) InCSR	(4) InCSR
Lev	−0. 027	−0. 028	−0. 173*	−0. 181*
	(−0. 305)	(−0. 306)	(−1. 801)	(−1. 889)
Industry	Yes	Yes	Yes	Yes
Year	Yes	Yes	Yes	Yes
_cons	−1. 534**	−1. 256*	0. 113	0. 763
	(−2. 309)	(−1. 927)	(0. 160)	(1. 098)
N	6 228	6 228	6 228	6 228
R^2	0. 309	0. 309	0. 417	0. 416
F	102. 84	102. 80	164. 14	163. 68

表 5-7　经验交互对企业内外部利益相关者不负责任行为的影响

Variable	(1) OutCSiR	(2) OutCSiR	(3) InCSiR	(4) InCSiR
Tfe	−0. 318**		−0. 226	
	(−2. 115)		(−1. 216)	
Tie		−0. 026***		0. 001
		(−4. 155)		(0. 102)
Tse	−0. 028**	−0. 029**	−0. 023	−0. 031
	(−2. 305)	(−2. 270)	(−1. 551)	(−1. 991)
Tfe×Tse	−0. 068		−0. 215***	
	(−1. 094)		(−2. 807)	
Tie×Tse				−0. 026***
				(−3. 312)
TMT size	−0. 008	−0. 010*	−0. 004	−0. 005
	(−1. 464)	(−1. 856)	(−0. 623)	(−0. 685)
Hage	0. 253	0. 234	0. 387	0. 347
	(0. 909)	(0. 845)	(1. 127)	(1. 012)
Mage	0. 013***	0. 019***	0. 007	0. 008
	(2. 782)	(3. 841)	(1. 155)	(1. 381)
Htenure	0. 009	0. 008	0. 028	0. 023
	(0. 161)	(0. 129)	(0. 383)	(0. 323)
Medu	−0. 073**	−0. 075**	−0. 021	−0. 021
	(−2. 244)	(−2. 322)	(−0. 535)	(−0. 530)
Female	−0. 302***	−0. 285***	−0. 219*	−0. 212*
	(−3. 239)	(−3. 062)	(−1. 903)	(−1. 840)

表5-7(续)

Variable	(1) OutCSiR	(2) OutCSiR	(3) InCSiR	(4) InCSiR
Oversea	0.038	0.039	0.017	0.018
	(1.325)	(1.363)	(0.469)	(0.524)
Dual	−0.008	0.009	0.050	0.049
	(0.279)	(0.288)	(1.365)	(1.333)
Soe	0.119	0.109	0.059	0.063
	(1.577)	(1.446)	(0.634)	(0.672)
Firmsize	0.018	0.021	0.024	0.027
	(0.744)	(0.878)	(0.818)	(0.933)
Firmage	−0.003	0.004	−0.009	−0.003
	(−0.082)	(0.124)	(−0.226)	(−0.079)
Performance	0.104	0.092	−0.975***	−0.978***
	(0.449)	(0.399)	(−3.423)	(−3.434)
Lev	−0.102	−0.086	0.019	0.016
	(−0.948)	(−0.808)	(0.146)	(0.118)
Industry	Yes	Yes	Yes	Yes
Year	Yes	Yes	Yes	Yes
_cons	−0.466	−0.493	−0.460	−0.812
	(−0.588)	(−1.216)	(−0.471)	(−0.847)
N	6 228	6 228	6 228	6 228
R^2	0.032	0.309	0.012	0.012
F	7.63	8.61	2.76	2.86

5.4　稳健性检验

5.4.1　内生性检验

5.4.1.1　工具变量法

表 5-8 的为工具变量法的回归结果，使用职能经验异质性与共享管理经验交互、行业经验与共享管理经验交互两个变量的滞后一期作为工具变量，进行两阶段最小二乘法回归。第一阶段回归的 F 值（弱工具变量检验结果）均大于 10，并且显著，表明所选的工具变量为合适的工具变量。第二阶段的回归结果与之前研究的回归系数的符号一致且显著，表明职能经

验异质性与共享管理经验交互、行业经验与共享管理经验交互对企业社会责任的影响在缓解了内生性问题后仍然成立。

表 5-8　稳健性检验：工具变量法

Variable	Fir-stage	Sec-stage		Fir-stage	Sec-stage	
	$Tfe{\times}Tse$	CSR	$CSiR$	$Tie{\times}Tse$	CSR	$CSiR$
$L.\ Tfe$	0.055* (1.644)					
$L.\ Tie$				0.18*** (8.495)		
$L.\ Tse$	0.005* (1.850)			-0.030 (-1.084)		
$L.\ Tfe{\times}Tse$	0.087*** (6.230)					
$L.\ Tie{\times}Tse$				0.142*** (9.502)		
Tfe		0.493* (1.666)	-1.228*** (-2.825)			
Tie					-0.007 (-0.388)	0.008 (0.342)
Tse		0.137** (2.060)	-0.091 (-0.934)		0.210*** (2.878)	-0.214** (-2.221)
$Tfe{\times}Tse$		1.602** (2.544)	-3.018*** (-3.263)			
$Tie{\times}Tse$					0.146*** (3.699)	-0.105** (-2.010)
$TMT\ size$	-0.002* (1.918)	0.003 (0.479)	-0.018* (-1.856)	-0.011 (-0.803)	0.006 (0.912)	-0.020** (-2.453)
$Hage$	0.095 (1.469)	-0.700*** (-2.592)	0.794** (2.003)	0.052 (0.078)	-0.499* (-1.930)	0.365 (1.073)
$Mage$	0.002* 1.865	-0.012 (-1.246)	0.026* (1.815)	0.015 (1.452)	-0.023** (-2.308)	0.040*** (3.109)
$Htenure$	0.095*** (1.469)	0.032 (0.546)	0.109 (1.247)	-0.032 (-0.229)	0.088 (1.635)	0.014 (0.191)
$Medu$	0.019*** (2.588)	-0.062* (-1.928)	0.030 (0.634)	0.139* (1.827)	-0.048 (-1.569)	-0.021 (-0.528)
$Female$	0.024 (1.109)	0.125 (1.435)	-0.256** (-2.011)	0.507 (2.342)	0.092 (1.055)	-0.296*** (-2.587)

表5-8(续)

Variable	Fir-stage	Sec-stage		Fir-stage	Sec-stage	
	$Tfe \times Tse$	CSR	CSiR	$Tie \times Tse$	CSR	CSiR
Oversea	−0.006	0.027	0.035	0.125*	0.001	0.059*
	(−0.914)	(1.046)	(0.911)	(1.900)	(0.025)	(1.709)
Dual	0.002	−0.062**	0.060	−0.062*	−0.052*	0.056
	(0.328)	(−2.283)	(1.514)	(−0.906)	(−1.933)	(1.580)
Soe	−0.024	−0.080	0.079	0.293	−0.143**	0.143
	(−1.344)	(−1.093)	(0.729)	1.629	(−1.983)	(1.501)
Firmsize	0.000	0.028	−0.016	0.021*	0.020	−0.001
	−0.055	(1.175)	(−0.463)	(0.360)	(0.872)	(−0.049)
Firmage	−0.005	−0.022	−0.027	0.092*	−0.055*	0.015
	(−0.696)	(−0.732)	(−0.592)	(1.193)	(−1.797)	(0.370)
Performance	0.058	−0.517**	−0.420	0.268	−0.467**	−0.546**
	(1.121)	(−2.456)	(−1.356)	(0.501)	(−2.255)	(−2.001)
Lev	0.051**	−0.137	0.143	0.104	−0.067	−0.003
	(2.018)	(−1.271)	(0.904)	(0.403)	(−0.660)	(−0.025)
Industry	Yes	Yes	Yes	Yes	Yes	Yes
Year	Yes	Yes	Yes	Yes	Yes	Yes
F−weakinstrument	13.31			28.59		
N	5 536	5 536	5 536	5 536	5 536	5 536

5.4.1.2 系统GMM

表5-9为使用系统GMM模型进行内生性检验的结果，从结果中可以看出，AR（1）的 p 值<0.05，AR（2）的 p 值>0.05，扰动项不存在自相关，Hansen检验统计统计量 p 值>0.05，说明内生变量和工具变量的设置合理的。系统GMM的结果与前文研究的结果的系数符号一致并且显著，即职能经验异质性与高管团队共享管理经验的交互正向影响企业负责任的行为，负向影响企业不负责任的行为，行业经验与高管团队共享管理经验的交互正向影响企业负责任的行为，负向影响企业不负责任的行为，得到的结果是稳健的。

表5-9　稳健性检验：系统GMM

Variable	（1） CSR	（2） CSiR	（3） CSR	（4） CSiR
L. CSR	0.485***		0.632***	
	(5.618)		(8.516)	

表5-9(续)

Variable	(1) CSR	(2) CSiR	(3) CSR	(4) CSiR
L. CSiR		0.093* (1.929)		0.143* (1.754)
Tfe	5.517** (2.395)	−0.456* (−1.696)		
Tie			−0.236** (−2.049)	−0.012 (−0.250)
Tse	0.525 (1.040)	−0.094 (−1.610)	−0.383 (−0.992)	−0.270** (−2.408)
Tfe×Tse	2.086** (2.088)	−0.362*** (−2.847)		
Tie×Tse			0.338** (2.412)	−0.098** (−2.162)
TMT size	−0.232 (−0.992)	0.071*** (3.041)	0.245 (1.600)	−0.016 (−0.353)
Hage	−6.782 (−0.652)	0.665 (0.528)	20.527* (1.844)	−2.050 (−0.880)
Mage	−0.026 (−0.142)	0.014 (0.673)	0.618*** (3.169)	0.045 (1.464)
Htenure	2.856 (1.188)	−0.076 (−0.296)	−3.566** (−2.286)	−0.001 (−0.003)
Medu	−2.794** (−2.184)	−0.155 (−1.115)	−0.178 (−0.170)	−0.399* (−1.661)
Female	−3.313 (−1.424)	−0.975*** (−2.674)	−7.253** (−2.562)	−0.528** (−2.468)
Oversea	0.973 (0.851)	−0.474*** (−3.847)	0.738 (0.874)	0.144 (0.650)
Dual	−0.034 (−0.024)	−0.047 (−0.288)	−0.725 (−0.695)	−0.454** (−1.985)
Soe	−0.745 (−0.385)	−0.123 (−0.725)	−3.587*** (−2.772)	−0.051 (−0.204)
Firmsize	1.183 (1.487)	−0.032 (−0.295)	1.217* (1.668)	0.055 (0.536)
Firmage	0.004 (0.083)	−0.003 (−0.565)	0.094** (2.380)	−0.032 (−1.238)
Performance	21.630** (2.469)	0.301 (0.264)	−5.147 (−0.633)	−0.094 (−0.107)

表5-9(续)

Variable	(1) CSR	(2) CSiR	(3) CSR	(4) CSiR
Lev	−1.129	0.031	−4.357	0.216
	(−0.244)	(0.055)	(−1.308)	(0.307)
Industry	Yes	Yes	Yes	Yes
Year	Yes	Yes	Yes	Yes
_cons	−8.840	1.528	−44.178**	0.525
	(−0.447)	(0.622)	(−2.487)	(0.208)
N	5 536	5 536	5 536	5 536
ar1	−7.864	−5.889	−9.814	−5.178
ar1p	0.000	0.000	0.000	0.000
ar2	0.805	−0.191	1.785	−0.126
ar2p	0.421	0.849	0.074	0.900
hansen	64.755	67.196	77.564	51.244
hansenp	0.970	0.952	0.822	0.543

5.4.2 其他稳健性检验

5.4.2.1 替换变量法

表5-10为替换变量法的回归结果。将标准化的企业社会责任变量用非标准化的变量替代，重新回归后的职能经验异质性与共享管理经验的交互对企业负责任的行为的影响系数为1.161，在1%的水平上显著为正，职能经验异质性与共享管理经验的交互对企业不负责任行为的影响系数为−0.105，在5%的水平上显著为负，与前文中的回归结果的系数符号一致；行业经验与共享管理经验的交互对企业负责任的行为的影响系数为0.123，在1%的水平上显著为正，行业经验与共享经验的交互对企业不负责任行为的影响系数为−0.023，在1%的水平上显著为负，也与前文的研究结果符号一致并且显著，这说明得到的结果是稳健的，验证了假设H5-1a、H5-1b、H5-2a、H5-2b的稳健性。

表 5-10　稳健性检验：替换变量法

Variable	(1) CSR	(2) CSiR	(3) CSR	(4) CSiR
Tfe	2.683***	−0.256**		
	(3.301)	(−2.397)		

表5-10(续)

Variable	(1) CSR	(2) CSiR	(3) CSR	(4) CSiR
Tie			0.078	−0.011 *
			(1.539)	(−1.725)
Tse	0.136 **	−0.020 **	0.153 **	−0.024 ***
	(2.101)	(−2.335)	(2.235)	(−2.659)
Tfe×Tse	1.161 ***	−0.105 **		
	(3.453)	(−2.367)		
Tie×Tse			0.123 ***	−0.023 ***
			(3.582)	(−5.054)
TMT size	−0.025	−0.006	−0.016	−0.008 *
	(−0.824)	(−1.602)	(−0.521)	(−1.927)
Hage	−4.488 ***	0.208	−4.196 ***	0.184
	(−2.986)	(1.054)	(−2.794)	(0.934)
Mage	0.028	0.009 **	0.007	0.012 ***
	(1.100)	(2.539)	(0.264)	(3.428)
Htenure	0.627 **	0.002	0.639 **	−0.000
	(1.970)	(0.036)	(2.012)	(−0.008)
Medu	−0.223	−0.039 *	−0.201	−0.040 *
	(−1.272)	(−1.683)	(−1.146)	(−1.733)
Female	1.161 **	−0.222 ***	1.127 **	−0.211 ***
	(2.300)	(−3.347)	(2.231)	(−3.185)
Oversea	0.079	0.025	0.079	0.026
	(0.512)	(1.217)	(0.511)	(1.275)
Dual	−0.247	0.029	−0.253	0.029
	(−1.537)	(1.376)	(−1.577)	(1.376)
Soe	−0.566	0.077	−0.531	0.073
	(−1.382)	(1.429)	(−1.296)	(1.364)
Firmsize	0.126	0.020	0.094	0.023
	(0.979)	(1.178)	(0.732)	(1.359)
Firmage	−0.031	−0.004	−0.066	0.001
	(−0.175)	(−0.176)	(−0.380)	(0.060)
Performance	−3.118 **	−0.381 **	−3.029 **	−0.386 **
	(−2.498)	(−2.323)	(−2.425)	(−2.358)
Lev	−0.691	−0.027	−0.721	−0.020
	(−1.192)	(−0.351)	(−1.244)	(−0.262)

表5-10(续)

Variable	(1) CSR	(2) CSiR	(3) CSR	(4) CSiR
Industry	Yes	Yes	Yes	Yes
Year	Yes	Yes	Yes	Yes
_cons	16. 296 ***	−0. 027	19. 711 ***	−0. 410
	(3. 804)	(−0. 048)	(4. 689)	(−0. 743)
N	6 228	6 228	6 228	6 228
R^2	0. 443	0. 024	0. 442	0. 028
F	182. 35	5. 62	182. 11	6. 52

5.4.2.2 高水平缩尾

此处对所有连续变量进行5%和95%水平的缩尾处理，表5-11为重新回归后的结果，结果表明核心解释变量系数符号一致并且显著，这说明得到的结果是稳健的，验证了假设 H5-1a、H5-1b、H5-2a、H5-2b 的稳健性。

表 5-11　高水平缩尾

Variable	(1) CSR	(2) CSiR	(3) CSR	(4) CSiR
Tfe	0. 452 ***	−0. 424 **		
	(3. 340)	(−2. 186)		
Tie			0. 008	−0. 017 *
			(1. 156)	(−1. 647)
Tse	0. 017 *	−0. 037 ***	0. 018 *	−0. 042 ***
	(1. 758)	(−2. 678)	(1. 797)	(−2. 871)
Tfe×Tse	0. 150 ***	−0. 172 **		
	(3. 066)	(−2. 465)		
Tie×Tse			0. 015 ***	−0. 044 ***
			(2. 720)	(−5. 552)
TMT size	−0. 001	−0. 010	−0. 000	−0. 011 *
	(−0. 250)	(−1. 478)	(−0. 020)	(−1. 702)
Hage	−0. 651 ***	0. 422	−0. 606 ***	0. 376
	(−2. 894)	(1. 310)	(−2. 693)	(1. 169)
Mage	0. 006 *	0. 013 **	0. 004	0. 017 ***
	(1. 704)	(2. 354)	(1. 120)	(3. 069)
Htenure	0. 094 *	−0. 001	0. 094 *	−0. 007
	(1. 955)	(−0. 020)	(1. 948)	(−0. 098)

表5-11(续)

Variable	(1) CSR	(2) CSiR	(3) CSR	(4) CSiR
Medu	−0.030	−0.065*	−0.029	−0.063*
	(−1.153)	(−1.711)	(−1.098)	(−1.664)
Female	0.201***	−0.331***	0.198***	−0.310***
	(2.692)	(−3.089)	(2.640)	(−2.903)
Oversea	0.006	0.041	0.006	0.043
	(0.282)	(1.338)	(0.289)	(1.410)
Dual	−0.036	0.048	−0.037*	0.048
	(−1.620)	(1.508)	(−1.688)	(1.520)
Soe	−0.074	0.118	−0.068	0.111
	(−1.319)	(1.471)	(−1.214)	(1.382)
Firmsize	0.004	0.008	0.001	0.011
	(0.216)	(0.287)	(0.028)	(0.413)
Firmage	0.014	0.010	0.016*	0.008
	(1.509)	(0.745)	(1.701)	(0.605)
Performance	−0.596**	−0.493	−0.599**	−0.477
	(−2.484)	(−1.436)	(−2.496)	(−1.390)
Lev	−0.068	0.016	−0.074	0.030
	(−0.828)	(0.140)	(−0.900)	(0.253)
Industry	Yes	Yes	Yes	Yes
Year	Yes	Yes	Yes	Yes
_cons	−1.123**	−0.377	−0.741	−0.776
	(−2.324)	(−0.544)	(−1.577)	(−1.156)
N	6 228	6 228	6 228	6 228
R^2	0.442	0.023	0.441	0.028
F	182.18	5.50	181.51	6.60

5.4.2.3 被解释变量之后一期

此外，本书还检验了被解释变量滞后一期的稳健性。由于高管团队的某些经验对企业制定社会责任相关的政策的影响可能是滞后的，因此本书对被解释变量滞后一期并进行回归，表5-12为回归结果。结果显示，将企业负责任的行为和不负责任的行为滞后一期后，得到的结果仍然与前文的符号一致且显著，在共同任期的影响下，高管团队的职能经验异质性和行业经验仍然能优化企业负责任的行为并改善不负责任的行为，验证了假设H5-1a、H5-1b、H5-2a、H5-2b的稳健性。

Variable	(1) CSR_{t+1}	(2) $CSiR_{t+1}$	(3) CSR_{t+1}	(4) $CSiR_{t+1}$
Tfe	0.389***	−0.782***		
	(3.138)	(−4.511)		
Tie			0.022***	−0.012
			(2.744)	(−1.033)
Tse	0.032***	−0.030**	0.034***	−0.033**
	(3.268)	(−2.135)	(3.265)	(−2.228)
Tfe×Tse	0.120**	−0.256***		
	(2.329)	(−3.546)		
Tie×Tse			0.022***	−0.015**
			(3.980)	(−1.974)
TMT size	−0.000	−0.002	0.002	−0.004
	(−0.091)	(−0.302)	(0.358)	(−0.650)
Hage	−0.736***	0.299	−0.702***	0.208
	(−3.139)	(0.912)	(−3.004)	(0.634)
Mage	−0.003	0.009	−0.007*	0.012**
	(−0.654)	(1.543)	(−1.720)	(2.128)
Htenure	0.095*	−0.085	0.097*	−0.081
	(1.906)	(−1.222)	(1.960)	(−1.164)
Medu	−0.016	−0.037	−0.013	−0.042
	(−0.570)	(−0.968)	(−0.461)	(−1.090)
Female	0.074	−0.102	0.069	−0.115
	(0.938)	(−0.921)	(0.876)	(−1.039)
Oversea	−0.022	0.033	−0.023	0.029
	(−0.921)	(0.962)	(−0.931)	(0.849)
Dual	−0.050**	0.023	−0.052**	0.029
	(−1.965)	(0.650)	(−2.057)	(0.814)
Soe	−0.083	−0.118	−0.079	−0.119
	(−1.269)	(−1.280)	(−1.202)	(−1.289)
Firmsize	0.026	0.034	0.023	0.044
	(1.302)	(1.191)	(1.113)	(1.551)
Firmage	−0.014	−0.017	−0.020	−0.011
	(−0.430)	(−0.391)	(−0.623)	(−0.247)
Performance	−0.059	−1.124***	−0.045	−1.139***
	(−0.302)	(−4.086)	(−0.230)	(−4.130)

表5-12(续)

Variable	(1) CSR_{t+1}	(2) $CSiR_{t+1}$	(3) CSR_{t+1}	(4) $CSiR_{t+1}$
Lev	−0.063 (−0.706)	−0.015 (−0.117)	−0.068 (−0.763)	−0.014 (−0.114)
Industry	Yes	Yes	Yes	Yes
Year	Yes	Yes	Yes	Yes
_cons	−0.760 (−1.049)	−0.127 (−0.125)	−0.264 (−0.370)	−1.027 (−1.026)
N	5 536	5 536	5 536	5 536
R^2	0.436	0.029	0.438	0.025
F	162.32	6.37	163.32	5.33

5.5　本章小结

本章对高管团队经验进行了交互,目的是检验高管团队共享管理经验对职能经验异质性和行业经验的影响。研究结果表明,第一,当职能经验异质性的高管团队成员拥有较长时间的共同任期时,职能经验异质性虽仍然可以促使高管团队优化企业负责任的行为和改善企业不负责任的行为,但由于高管团队成员长期一起工作,异质性职能经验带来的新知识的数量会减少,共事时间的增加很可能会使团队思维固化,降低异质性团队对相关企业社会责任的关注。随着共事时间的增长,高管团队能充分整合并利用有行业经验的管理者带来的各种知识,对外部行业市场进行评估,拥有行业经验的管理者在面对激烈的竞争时仍然可以有效地优化企业负责任的行为与改善企业不负责任的行为,以此来提升企业的竞争优势。第二,在进一步的研究中,我们发现,虽然随着共事时间的增加,高管团队经验会受到影响,但通过实证检验并没有得到共享经验的合适的区间。第三,将企业社会责任分为对内部利益相关者、外部利益相关者负责任的行为与不负责任的行为后,高管团队管理者共享管理经验可以使职能经验异质性的高管们和行业经验的高管们关注到其之前忽略的对内部利益相关者不负责任的行为。

本章的研究是为了进一步研究高管团队经验对企业社会责任的影响，本章在第 4 章检验高管团队经验对企业社会责任影响的基础上，研究了高管团队经验交互对企业社会责任的影响，是对第 4 章研究的补充，也进一步解释了共享管理经验带来的影响。研究结果表明，虽然共享经验会在一定程度上影响高管团队的活力，但共享经验能够促进知识的整合，弥补某些决策上的不足。

6 高管激励对高管团队经验
与企业社会责任的关系的影响

高管作为"经济人",其目的是通过实现企业良好的经营水平和绩效来获得收益,因而高管激励作为一种重要的企业管理手段,对激发高管团队成员的积极性,使其将所拥有的经验和技能充分运用到制定对企业有益的决策上有重要的作用。管理激励理论认为,期望是高管激励起作用的根本原因,面对企业的各种显性激励或隐性激励,只有当管理者感知到的激励力度跨过一定门槛时(张英明和徐晨,2021),各种激励才可能有效发挥效用。本章在以往文献的基础上,以薪酬激励和股权激励作为显性激励的方式,以声誉激励作为隐性激励的方式,研究各种激励的存在是否对高管团队经验与企业社会责任的关系产生影响,以期找出高管激励发挥作用的分界点或最佳区间。

6.1 理论分析与研究假设

6.1.1 高管团队经验、薪酬激励与企业社会责任

薪酬激励是以货币的形式在高管完成企业的相关任务后对高管的奖励,薪酬激励不足可能会达不到激励的效果,而过度的薪酬激励会使高管产生惰性,薪酬激励应该如何达到激励的效果,本节将对此进行相应的研究。

6.1.1.1 高管团队职能经验异质性、薪酬激励与企业社会责任

期望理论表明激励机制产生的效果和被激励者心理的期望密切相关。公司治理过程中的大部分计划与决策都是由管理者做出的,正是由于管理

者在企业中扮演着关键角色，建立与高管绩效挂钩的薪酬制度可以对高管产生激励作用（左晶晶和唐跃军，2014）。薪酬激励在一定程度上减轻了委托代理问题造成的损失并增强了管理者的风险承担意识（Coles et al.，2006）。许瑜和冯均科（2017）也证明高管会为了获得更高的货币薪酬而提高企业资金的利用效率，尽量避免资金浪费情况的发生。

企业的社会责任战略在前期投入较大，成果转化周期较长，高管出于规避短期收益受损的动机，可能只进行必要的企业社会责任行为。由于高管的个人收益和职业发展与企业经营业绩相关，因此高管往往对其他的负责任的行为持有警惕和观望的态度。职能经验异质性的管理团队，他们关注的领域不尽相同，张平（2006）和姚冰湜等（2015）都提到，高管团队成员们在面对同一问题时，首先会从自己部门的行动出发，提出相应的行动方案。在这种情况下，企业通过设计薪酬激励将高管个人的货币收益与企业的收益相绑定，进而缓解高管的风险规避倾向，使其具有充分的动机将企业资源投入对企业有利的活动中去（吴婷，2021），以帮助企业通过相关的负责任的行为获得社会的认可并以此获取收益。薪酬激励发挥作用的方式是使高管对薪酬变得敏感（Jensen & Murphy，1990），只有当高管感受到企业经营的好坏对其薪酬的影响时，高管的决策才会更倾向于使企业获益。

对于企业存在的不负责任行为，一定的薪酬激励可以使各部门的管理者积极寻找原因和应对方案，改善企业不负责任的行为。薪酬的提高会带来两个问题：一是薪酬激励的过度激励问题。左晶晶和唐跃军（2011）认为薪酬激励存在边际递减效应，当高管的薪酬足够高时，会降低高管团队的努力程度。高管宁可选择闲暇也不愿再进行有风险的决策。二是高管为了快速获得薪酬，或是尽快使薪酬激励所承诺的货币兑现，可能会通过减少负责任的行为，甚至是增加不负责任的行为以减少企业的成本支出，换取企业绩效的提升。因此本书提出以下假设：

H6-1a：薪酬激励存在门槛效应，薪酬激励需要跨越一定的门槛值或存在最佳的薪酬激励区间，使职能经验异质性的高管团队优化企业负责任的行为。

H6-1b：薪酬激励存在门槛效应，薪酬激励需要跨越一定的门槛值或存在最佳的薪酬激励区间，使职能经验异质性的高管团队改善企业不负责任的行为。

6.1.1.2　高管团队共享管理经验、薪酬激励与企业社会责任

共享管理经验的高管团队，他们能快速地对知识进行整合，使得团队聚焦于企业当前发展的需要，而不是将精力都放在解决成员间的冲突所带来的问题上（Eisenhardt & Schoonhoven，1990；刘兵 等，2014）。高管团队共享管理经验之所以对企业的战略决策起作用，主要是因为高管团队成员在共同的任期中，对所获得的知识进行交换与整合，通过不断沟通，最终形成统一的认知并作用于企业。高管团队成员共事的时间较长，不仅代表着团队成员之间知识的交换，还代表着高管的行事风格、行为习惯等也会被彼此熟知，企业发放货币薪酬的形式，会影响薪酬激励对整个高管团队的激励效应。激励理论认为，高管团队成员作为"经济人"，最终还是以获得理想的收入为目标。对于共事时间长的管理层来说，他们是熟知企业的薪酬制定标准的，当企业的薪酬标准符合预期时，薪酬激励会推动高管团队成员对知识的整合，而当高管团队中的某些成员对薪酬不满意时，薪酬激励可能会影响整个团队的决策效率甚至决策水平。朱芳芳（2017）提出，当高管团队的利益一致时，团队成员会倾向于合作并认可彼此的行为，薪酬激励此时能起到较好的效果。薪酬激励对共享管理经验的高管团队成员进行激励时，同样会存在两个问题：一个是激励不足的问题，由于高管团队利益一致，当薪酬不能满足高管团队的期望时，高管可能会通过其他渠道进行一定的利益侵占（李东升 等，2018），这在导致企业绩效下降的同时，会使企业履行社会责任的情况受到影响。另一个是过度薪酬激励的问题，当企业出现过度激励时，高管又会出现不会对当前决策进行调整的情况，安于现状使他们获得了薪酬（左晶晶和唐跃军，2010，2011），又避免重新决策带来的风险，此时企业不会增加投入以优化企业负责任的行为。而对于企业不负责任的行为，高管团队很可能为了获取高薪酬而增加隐蔽的不负责任的行为。因此本书提出以下假设：

H6-1c：薪酬激励存在门槛效应，薪酬激励需要跨越一定的门槛值或存在最佳的薪酬激励区间，使共享经验的高管团队优化企业负责任的行为。

H6-1d：薪酬激励存在门槛效应，薪酬激励需要跨越一定的门槛值或存在最佳的薪酬激励区间，使共享经验的高管团队改善企业不负责任的行为。

6.1.1.3 行业经验、薪酬激励与企业社会责任

薪酬是公司股东与高管人员订立契约的重要部分，拥有行业经验的管理者在与企业订立契约时，可能拥有较高的议价能力，因为一个拥有本行业经验的管理团队，不仅可以提高处理相关问题的效率，同时也使企业拥有良好的外部关系网络，使企业在行业发展中具备竞争优势。

拥有行业经验的管理者通常会把自己获取的薪酬与同行业的薪酬标准进行比较，当自己获得的薪酬远高于同行业的薪酬时，高管会得到满足。但是这也给企业制定薪酬激励计划带来了一定的困难。企业制定高管薪酬时，确实会参考本行业的薪酬水平（张兴亮，2015），企业为了使对企业有价值的高管留在企业，会将高管薪酬设定在同行业高管薪酬的均值水平之上。此种做法对那些本来就业绩出色的企业影响不大，但对于那些业绩平平的企业，不仅企业自身财务负担较重，获得该薪酬的高管也有较大压力，他们必须经营好企业以证明自己的能力。

行业经验知识有助于管理者处理与本行业有关的信息（Castanias & Helfat，2001；Schefczyk & Gerpott，2001），当管理者感知到薪酬大于该行业的平均值时，拥有行业经验的管理者会努力制定积极的企业社会责任战略，以使企业保持良好的声誉。这种薪酬激励的方式存在着不足，正如之前所分析的，对于那些本身业绩就很出色的企业，当拥有行业经验的高管获得过高的薪酬时，他们往往会安于现状，由于企业原本出色的业绩就能满足高管对薪酬的期望，因此其可能并不会积极优化企业负责任的行为。对于那些业绩平平的企业，过高的薪酬激励会给高管带来压力，在这种情况下，高管团队的成员急于证明自己的能力，往往通过不负责任的行为换取企业短期利润的增加，拥有行业经验的管理者更可能会损害与自己保持良好关系的外部网络成员的利益。因此本书提出以下假设：

H6-1e：薪酬激励存在门槛效应，薪酬激励需要跨越一定的门槛值或存在最佳的薪酬激励区间，使拥有行业经验的高管团队优化企业负责任的行为。

H6-1f：薪酬激励存在门槛效应，薪酬激励需要跨越一定的门槛值或存在最佳的薪酬激励区间，使拥有行业经验的高管团队改善企业不负责任的行为。

6.1.2 高管团队经验、股权激励与企业社会责任

股权激励通过将高管的收入与股价绑定，使其与企业成为利益共同

体。股权的兑换需要一定的时间，且股价会受各种因素影响而发生波动，管理者需要及时调整企业的战略，这就使得管理者不得不关注企业的长期发展。股权激励也存在一定的缺点，由于授予管理层过多的股权会使得管理层的话语权过大，同时过度的持股也会给高管的收入带来风险，因此并不是拥有的股权越多越能产生好的激励效果。

6.1.2.1 职能经验异质性、股权激励与企业社会责任

股权激励常被用来激励管理者追求企业的长期目标（Manso，2011）。Laux（2012）认为薪酬激励并不能带来好的激励效果，企业要想取得良好的激励效果，必须将企业长期利益与高管团队利益绑定，必须有计划地实行股权激励。Bebchuk 和 Fried（2010）认为股权激励不仅减少了管理层的短视行为，还激励管理层创造长期价值。拥有职能经验异质性的高管团队，不仅可以降低企业的经营风险，提高盈利能力（Dhaliwal et al.，2011）、降低经营成本（Guenster et al.，2011），还可以对企业的管理进行长期定位（Barnett & Salomon，2012），捕捉市场机会（Öberseder et al.，2013）。然而，并非给予的股权越多，越会起到激励的作用。Mc Connell 和 Servaes（1990）的研究发现，管理层持股与公司价值间呈非线性关系，即当管理者持股比例在一定范围之内时，内部股权表现为利益协同效应，但当内部股权超过一定比例时，高管会追求更多的私人利益。

对于企业社会责任战略来说，职能经验异质性的高管团队可以通过制定积极的企业社会责任战略获得社会的认可，并实现股价增值。然而随着股权的增多，一方面，高管人员认为股权激励带来的风险大于带来的收益；另一方面，管理层由于持股过高而具有足够的影响力，可能会使其制定出符合自身利益的福利型股权激励方式，这会使股权激励失去意义。因此本书提出以下假设：

H6-2a：股权激励存在门槛效应，股权激励需要在一定的门槛值范围内，使职能经验异质性的高管团队优化企业负责任的行为。

H6-2b：股权激励存在门槛效应，股权激励需要在一定的门槛值范围内，使职能经验异质性的高管团队改善企业不负责任的行为。

6.1.2.2 高管团队共享管理经验、股权激励与企业社会责任

管理者作为一个团队，其共同工作的经验包括战略决策的讨论和辩论（Barnard，1938；孙继伟 等，2020）。他们共同承担企业的风险、共享企业发展的成果，由于战略最终由高管团队成员讨论决定，因此高管团队的

共同任期代表着这段时期内高管团队成员的共同经历，高管团队成员更容易认可彼此的工作能力，这就提升了高管团队成员彼此间的默契，从而形成外部企业难以模仿的资源（Zhang，2019；杨林 等，2020）。给予此类高管团队成员股权激励，可以促使他们优化企业负责任的行为或改善企业不负责任的行为，他们认为避免不负责任行为的出现，例如破坏环境的问题，重大生产安全或食品安全问题，及时披露相关的企业社会责任情况，可以带来股票的增值，良好的企业行为对业绩有持久的影响（Russo & Fouts，1997）。当企业拥有很好的发展前景时，管理者愿意将自身利益以股权的形式与企业利益相绑定，当股权激励可以满足高管团队对股权的期望时，共享经验的管理团队会做出对企业长期发展有利的决策。然而此类高管团队很容易出现持股比例过高的情况。Bebchuk 等（2002）认为，由于企业高管拥有很大权力，其权力会影响高管股权契约的设计，此时管理层可以控制企业治理与管理的主要方面（唐跃军，2008）。虽然高管持股比例表面上看微乎其微，但其所从属的利益集团很可能处于"一股独大"状态（左晶晶和唐跃军，2011），这使得其持股虽少却完全可能勾结其他高管获得更多的隐性激励，从而忽视其他利益相关者的利益。因此本书提出以下假设：

H6-2c：股权激励存在门槛效应，股权激励需要在一定的门槛值范围内，使共享经验的高管团队优化企业负责任的行为。

H6-2d：股权激励存在门槛效应，股权激励需要在一定的门槛值范围内，使共享经验的高管团队改善企业不负责任的行为。

6.1.2.3　行业经验、股权激励与企业社会责任

行业经验主要来自管理者之前在相关行业或近似行业工作的经验，他们与企业客户、供应商、政府甚至竞争对手保持多维度的联系（Simsek，2007）。同时，一些学者认为，只有通过股权的方式将管理者的收入与企业的发展绑定，才能使高管的个人利益与企业的利益趋于一致（韩亮亮 等，2006；Banerjee & Homroy，2018）。例如，拥有行业经验的管理者，他们有的加入了相关行业的协会，对此类人员进行股权激励，不仅是对其能力的认可，可以通过股价将此类人才与企业绑定，使拥有行业经验的管理者更倾向于利用相关社会关系网络获取外部信息，改善企业不负责任的行为。然而对拥有行业经验的管理者进行股权激励也可能会出现一些问题，由于行业经验的管理者熟知行业环境、行业政策，当拥有行业经验的高管

认为企业给予其的股权合适，并且该企业在此行业的股票市场有利可图时，股权激励才会激励高管团队积极调整企业的战略；而当该企业在此行业的股票市场中并不具备活力时，即使让渡足够多的股权，高管团队也不会做出有风险的决策，如加大对企业社会责任的投入等。左晶晶和唐跃军（2011）从高管过度持股的角度说明，高管持股会使其个人财富迅速膨胀，导致其偏好发生改变，高管倾向于选择更多的休闲，而不制定或落实投入大但收益不确定的企业社会责任战略。高管持股增加后，高管为了使企业股价维持在一个较高的水平，不会再冒险尝试新的突破，或进行新的项目（何一清 等，2015），由于优化企业负责任的行为可能需要大量的资金投入，高管团队往往不愿积极推进或改善当前的社会责任战略。因此本书提出以下假设：

H6-2e：股权激励存在门槛效应，股权激励需要在一定的门槛值范围内，使拥有行业经验的高管团队优化企业负责任的行为。

H6-2f：股权激励存在门槛效应，股权激励需要在一定的门槛值范围内，使拥有行业经验的高管团队改善企业不负责任的行为。

6.1.3 高管团队经验、声誉激励与企业社会责任

高管声誉是市场对高管个人能力的评价（宋凌云和王贤斌，2013），反映了市场对高管专业能力和品质的认可程度。

6.1.3.1 职能经验异质性、声誉激励与企业社会责任

Fetscherin（2015）提出了两种声誉，公司声誉和高管声誉，二者互有影响，当高管声誉能体现公司声誉时，此企业的高管团队能力应该很强。Battistin 等（2001）认为高管的声誉不仅包含高管的个人形象，还包括高管曾任职的企业的绩效，以及高管在企业中树立的威望。和行业经验相比，高管的职能经验与共享经验更能代表高管成员所拥有的专业知识，也更能代表高管的能力，这也是高管获取声誉必须具备的。

对高管实行声誉激励，可以弥补货币等显性激励的不足。由于声誉激励不易获取，而获取后又不容易消失，因此声誉激励具有长期性和约束性的特征（徐宁 等，2017），Holmström（1999）指出高管声誉只有通过长期重复博弈才能在经理人市场形成，因此高管声誉相较于薪酬、股权等显性激励具有长期性特征，其与高管长期职业发展有关，能够激励高管积极作出有利于企业的行为。高管声誉激励具有很好的约束作用，因为声誉激励

是高管做出了重要贡献时所获得的，企业可能会将其作为模范进行大规模传播，这会对高管自身形成很强的约束力。Bednar 等（2015）指出高管声誉激励可以通过声誉惩罚机制来抑制高管的机会主义行为，进而达到约束与控制高管的目的。由于高管声誉激励不具备显性激励的规范性，缺乏明确的激励标准和时间，也就使得高管不得不随时注意自己的行为。Cambini 等（2015）也证实，高管为了避免声誉受损，会约束自己的行为。本书认为，企业设立相应的声誉激励机制是必要的，声誉激励可以满足高管获得了薪酬后对荣誉的渴望，职能经验异质性的高管团队成员会愿意为了获取相应的声誉激励而优化企业负责任的行为或改善企业不负责任的行为。然而存在着这样一个问题，企业设立的声誉激励过少，会使得高管难以获取声誉激励；而设置过多的声誉激励，虽然高管有更多的机会获得声誉奖励，但由于获取比较容易，高管又需要付出大量的精力维护自身的声誉，管理者担心荣誉受损会选择保守的战略，不再花费更多的精力去改变企业目前的企业社会责任战略，激励效果可能并不好。因此本书提出以下假设：

H6-3a：声誉激励存在门槛效应，声誉激励需要在一定的门槛值范围内，使职能经验异质性的高管团队优化企业负责任的行为。

H6-3b：声誉激励存在门槛效应，声誉激励需要在一定的门槛值范围内，使职能经验异质性的高管团队改善企业不负责任的行为。

6.1.3.2 高管团队共享管理经验、声誉激励与企业社会责任

企业社会责任战略不是一成不变的，它需要适时调整以便积极适应不断变化的市场环境和政府某些政策的变化；企业社会责任战略决策需要企业高管团队成员一致通过，确定企业需要实施或改善的项目，并提前预判该项目面临的挑战（赵选民和韩瑞婷，2011）。高管团队作为一个整体，共同对企业的经营结果负责，当高管团队成员中有人获得声誉激励时，由于当前声誉较好的管理者与声誉相对较差的管理者在一个团队，那么获得声誉激励的管理者出于维持自己声誉的需要，会提出有利于优化企业负责任行为或改善企业不负责任行为的决策，而没有获得声誉激励的高管也希望自己能获得声誉，从而同意已获得声誉激励者的提议，此时企业更可能优化企业负责任的行为（马连福和刘丽颖，2013）。获得声誉激励的高管们能够提高自己在行业市场上的人力资本价值（王帅和徐宁，2016）。然而声誉激励也存在一定的缺陷，比如声誉激励并不容易获得（韩亮亮和杨

隆华，2016），获得后又有着强烈的约束作用，这就降低了一些高管对声誉激励的渴望，并且与薪酬和股权激励相比，声誉激励带来的收益为隐形收益（Holmstrom，1999；王帅 等，2016），这就降低了激励的效果。因此本书提出以下假设：

H6-3c：声誉激励存在门槛效应，声誉激励需要在一定的门槛值范围内，使共享经验的高管团队优化企业负责任的行为。

H6-3d：声誉激励存在门槛效应，声誉激励需要在一定的门槛值范围内，使共享经验的高管团队改善企业不负责任的行为。

6.1.3.3 行业经验、声誉激励与企业社会责任

获取资源是公司高管能够胜任高管职位的原因之一，高管掌握着那些难以获取的资源，可以稳固自身的地位，并获得更多的报酬（黄群慧，2001）。高管团队的行业经验是高管获取资源的主要优势，而拥有行业经验的管理者了解特定行业的机会、威胁、竞争条件和法规，以及特定供应商和客户的意愿，他们能识别和评估市场和社会需求，制定适当的战略，定位新的产品和服务（Castanias & Helfat，2001；Schefczyk & Gerpott，2001；孙秀芳 等，2021）。徐宁（2012）提出了高管维持其声誉的工具，包括维护关系网络、提升关系质量、增强资源动员能力三个方面。高管人员作为企业的代言人，公众总是会从高管的行动和信息中寻找超越其本身的象征性意义（Zott & Huy，2007），并将其嫁接到管理者所带领的企业、所生产的产品中。葛建华和冯云霞（2011）也持这样的观点，公众对高管团队的评价会影响公众对其所在的企业的评价。高管声誉和企业声誉很难被完全区分的观点，被多数管理者认同（孙俊华和陈传明，2009；王帅和徐宁，2016）。声誉激励可以传递管理者的工作能力与品质，管理者为了维护自己的声誉会积极履行企业社会责任，改善企业不负责任的行为。但声誉激励有一定的局限性，比如管理者得到了某一荣誉，由于该荣誉已经满足了管理者期望，管理者将不再追求声誉激励所带来的成就感，因此当企业将声誉激励作为一项激励机制时，可以将声誉激励设置为不同的层次，不断给高管以动力，使有行业经验的管理者更愿意为了追求声誉而优化企业负责任的行为。同时企业又要注意过多的声誉激励可能带来的负面影响：一是高管可能会盲目自大；二是如果获得声誉激励的高管越来越多，可能会削弱声誉激励的效果。因此本书提出以下假设：

H6-3e：声誉激励存在门槛效应，声誉激励需要在一定的门槛值范围

内，使拥有行业经验的高管团队优化企业负责任的行为。

H6-3f：声誉激励存在门槛效应，声誉激励需要在一定的门槛值范围内，使拥有行业经验的高管团队改善企业不负责任的行为。

6.2 研究设计

6.2.1 样本选择和数据来源

本章以2013—2021年A股上市的主板公司为研究对象，具体数据如何筛选在4.2.1小节已进行详细说明，此章节不再赘述，总计得到6 228个"公司—年度"样本。

6.2.2 变量选取与定义

因变量为企业社会责任，具体分为企业负责任的行为和企业不负责任的行为；自变量为高管行业经验，高管行业经验可分为职能经验异质性、共享经验和行业经验；控制变量为企业股权性质、企业规模、企业绩效、企业成立年限和企业资本结构，其他的控制变量还包括高管团队规模、高管团队的年龄异质性和年龄平均值、任期异质性和学历平均值、女性高管占比、高管海外背景、CEO是否两职兼任。以上变量的计算方法已在4.2.2进行详细说明，此节不再赘述。

调节变量有三个，分别是薪酬激励、股权激励、声誉激励。

薪酬激励：本书参考李延喜等（2007）、吴育辉和吴世农（2010）等对薪酬激励（Salary）的测量方法，对公司年末披露的前三位高管薪酬总额取Ln作为薪酬激励的代理变量。

股权激励：本书参考王华和黄之骏（2006）、徐宁和徐向艺（2013）等对股权激励的测量方法，将公司年末授予高管股权数量占公司股本总额的比例作为股权激励的代理变量。

声誉激励：本书参考王帅等（2016）、王旭和王非（2019）等对声誉激励的测量方法，把企业中获得相应奖励，如兼任人大代表、政协委员等政治职务，兼任行业协会主要负责人的高管人数占高管总人数的比例（若有重复，只算一次）作为声誉激励的代理变量。

6.2.3 实证模型设计

为进一步考察高管激励对高管团队经验与企业社会责任的影响，本书参照 Hansen 的方法建立门槛模型，探究高管团队经验对企业社会责任的影响是否会在高管激励（薪酬激励、股权激励、声誉激励）达到某一门槛值时发生转变。基于 Hansen（1999）的面板门槛模型，模型构建如下：

$$CSR_{it} = \mu_0 + \mu_1 EXP_{it}I(Salary \leq \gamma_1) + \mu_2 EXP_{it}I(Salary > \gamma_1) +$$
$$\mu_3 Controls_{it} + \sum Industry + \sum Year + \varepsilon_{it} \tag{6-1}$$

$$CSiR_{it} = \mu_0 + \mu_1 EXP_{it}I(Salary \leq \gamma_1) + \mu_2 EXP_{it}I(Salary > \gamma_1) +$$
$$\mu_3 Controls_{it} + \sum Industry + \sum Year + \varepsilon_{it} \tag{6-2}$$

$$CSR_{it} = \rho_0 + \rho_1 EXP_{it}I(Stock \leq \gamma_1) + \rho_2 EXP_{it}I(Stock > \gamma_1) +$$
$$\rho_3 Controls_{it} + \sum Industry + \sum Year + \varepsilon_{it} \tag{6-3}$$

$$CSiR_{it} = \rho_0 + \rho_1 EXP_{it}I(Stock \leq \gamma_1) + \rho_2 EXP_{it}I(Stock > \gamma_1) +$$
$$\rho_3 Controls_{it} + \sum Industry + \sum Year + \varepsilon_{it} \tag{6-4}$$

$$CSR_{it} = \tau_0 + \tau_1 EXP_{it}I(Reputation \leq \gamma_1) + \tau_2 EXP_{it}I(Reputation > \gamma_1) +$$
$$\tau_3 Controls_{it} + \sum Industry + \sum Year + \varepsilon_{it} \tag{6-5}$$

$$CSiR_{it} = \tau_0 + \tau_1 EXP_{it}I(Reputation \leq \gamma_1) + \tau_2 EXP_{it}I(Reputation > \gamma_1) +$$
$$\tau_3 Controls_{it} + \sum Industry + \sum Year + \varepsilon_{it} \tag{6-6}$$

模型 6-1、6-2、6-3、6-4、6-5、6-6 为简单的单一门槛模型，由于展开写模型众多，高管团队经验用 EXP 表示，分别代表企业的职能经验异质性（Tfe）、高管团队共享管理经验（Tse）、行业经验（Tie）。CSR 代表企业负责任的行为，$CSiR$ 代表企业不负责任的行为。$I(\cdot)$ 表示指示函数，当括号内条件成立时函数取值为 1，否则取值为 0。γ 则为待估计的门槛值，$Salary$ 表示薪酬激励，为门槛变量，$Stock$ 表示股权激励，为门槛变量，$Reputation$ 表示声誉激励，为门槛变量，$Controls$ 为一系列控制变量，$Industry$ 表示行业虚拟变量，$Year$ 表示年份虚拟变量，i 和 t 分别表示企业和年份，μ_1、μ_2、ρ_1、ρ_2、τ_1、τ_2 表示待估的系数。此外，除单一门槛外，还可能存在多门槛，以下为多门槛模型设定：

$$\text{CSR}_{it} = \mu_0 + \mu_1 \text{EXP}_{it} I(Salary \leqslant \gamma_1) + \mu_2 \text{EXP}_{it} I(\gamma_1 < Salary < \gamma_2) +$$
$$\cdots + \mu_n \text{EXP}_{it} I(Salary \geqslant \gamma_n) + \mu_j Controls_{it} + \sum Industry +$$
$$\sum Year + \varepsilon_{it} \tag{6-7}$$

$$CSiR_{it} = \mu_0 + \mu_1 \text{EXP}_{it} I(Salary \leqslant \gamma_1) + \mu_2 \text{EXP}_{it} I(\gamma_1 < Salary < \gamma_2) +$$
$$\cdots + \mu_n \text{EXP}_{it} I(Salary \geqslant \gamma_n) + \mu_j Controls_{it} + \sum Industry +$$
$$\sum Year + \varepsilon_{it} \tag{6-8}$$

$$\text{CSR}_{it} = \rho_0 + \rho_1 \text{EXP}_{it} I(Stock \leqslant \gamma_1) + \rho_2 \text{EXP}_{it} I(\gamma_1 < Stock < \gamma_2) +$$
$$\cdots + \rho_n \text{EXP}_{it} I(Stock \geqslant \gamma_n) + \rho_j Controls_{it} + \sum Industry +$$
$$\sum Year + \varepsilon_{it} \tag{6-9}$$

$$CSiR_{it} = \rho_0 + \rho_1 \text{EXP}_{it} I(Stock \leqslant \gamma_1) + \rho_2 \text{EXP}_{it} I(\gamma_1 < Stock < \gamma_2) +$$
$$\cdots + \rho_n \text{EXP}_{it} I(Stock \geqslant \gamma_n) + \rho_j Controls_{it} + \sum Industry +$$
$$\sum Year + \varepsilon_{it} \tag{6-10}$$

$$\text{CSR}_{it} = \tau_0 + \tau_1 \text{EXP}_{it} I(Reputation \leqslant \gamma_1) + \tau_2 \text{EXP}_{it} I(\gamma_1 < Reputation <$$
$$\gamma_2) + \cdots + \tau_n \text{EXP}_{it} I(Reputation \geqslant \gamma_n) + \tau_j Controls_{it} +$$
$$\sum Industry + \sum Year + \varepsilon_{it} \tag{6-11}$$

$$CSiR_{it} = \tau_0 + \tau_1 \text{EXP}_{it} I(Reputation \leqslant \gamma_1) + \tau_2 \text{EXP}_{it} I(\gamma_1 < Reputation <$$
$$\gamma_2) + \cdots + \tau_n \text{EXP}_{it} I(Reputation \geqslant \gamma_n) + \tau_j Controls_{it} +$$
$$\sum Industry + \sum Year + \varepsilon_{it} \tag{6-12}$$

模型 6-7、6-8、6-9、6-10、6-11、6-12 为多门槛模型，高管团队经验用 EXP 表示，分别代表企业的职能经验异质性（Tfe）、高管团队共享管理经验（Tse）、行业经验（Tie）。CSR 代表企业负责任的行为，$CSiR$ 代表企业不负责任的行为。$I(\cdot)$ 表示指示函数，当括号内条件成立时，函数取值为 1，否则取值为 0，γ 则为待估计的门槛值，$Salary$ 表示薪酬激励，为门槛变量，$Stock$ 表示股权激励，为门槛变量，$Reputation$ 表示声誉激励，为门槛变量，$Controls$ 为一系列控制变量，$Industry$ 表示行业虚拟变量，$Year$ 表示年份虚拟变量，i 和 t 分别表示企业和年份，μ_1，μ_2，$\cdots$，μ_n，ρ_1，ρ_2，$\cdots$，ρ_n，τ_1，τ_2，$\cdots$，τ_n 表示待估的系数。模型 6-1、6-2、6-7、6-8 用来检验 H6-1a 至 H6-1f 的假设；模型 6-3、6-4、6-9、6-10 用来检验 H6-2a 至 H6-2f 的假设；模型 6-5、6-6、6-11、6-12 用来检验 H6-3a 至 H6-3f 的假设。

6.3 实证检验与分析

6.3.1 描述性统计

表 6-1 为描述性统计，薪酬激励的平均值为 14.774，标准差为 0.801，说明不同企业之间的薪酬水平差距较大。股权激励的平均值为 0.042，标准差为 0.103，说明不同企业之间的高管持股比例有很大差距。声誉激励的平均强度为 0.048，标准差为 0.101，说明不同企业间的声誉激励有一定的差距。

表 6-1　描述性统计

Variable	N	Min	Max	Mean	SD
CSR	6 228	−1.872	2.146	0	1
CSiR	6 228	−0.641	2.526	0	1
Tfe	6 228	0.320	0.816	0.687	0.090
Tse	6 228	1.099	4.942	3.533	0.802
Tie	6 228	2.556	10.826	5.939	1.712
Salary	6 228	13.218	17.740	14.774	0.801
Stock	6 228	0	0.535	0.042	0.103
Reputation	6 228	0	1	0.048	0.101
TMT size	6 228	3.000	16.000	7.184	2.549
Hage	6 228	0.030	0.246	0.118	0.045
Mage	6 228	38.750	55.900	48.332	3.551
Htenure	6 228	0.000	1.000	0.637	0.250
Medu	6 228	2.000	4.500	3.424	0.530
Female	6 228	0.000	0.625	0.154	0.154
Oversea	6 228	0.000	1.000	0.283	0.450
Dual	6 228	0.000	1.000	0.206	0.405
Soe	6 228	0.000	1.000	0.534	0.499
Firmsize	6 228	20.609	27.250	23.155	1.387
Firmage	6 228	7.000	33.000	20.167	5.526
Performance	6 228	−0.137	0.193	0.043	0.048
Lev	6 228	0.075	0.863	0.468	0.194

6.3.2 相关性分析

表 6-2 为相关性分析的结果，由表 6-2 可知，薪酬激励、股权激励与声誉激励和高管团队经验在不同程度上相关，这说明高管激励可能会影响高管团队经验的发挥，进而影响企业社会责任。此外，相关系数分析的结果表明，本书选取的回归变量之间的相关系数均在合理范围之内，多重共线性存在的可能性较小，模型构建较为合理。

6.3.3 高管激励的门槛效应回归

6.3.3.1 薪酬激励的门槛效应

为确定薪酬激励的门槛个数，本书分别在单一门槛、双重门槛、三门槛假设下对门槛效应进行了 Boostrap 法抽样检验，表 6-3 报告了得到的 F 值和 P 值。

在薪酬激励对职能经验异质性与企业负责任行为关系的影响的检验中，单一门槛显著，故采用单一门槛模型研究高管团队职能经验异质性、薪酬激励与企业负责任行为之间的关系；在薪酬激励对职能经验异质性与企业不负责任行为关系的影响的检验中，双重门槛效应显著。故本书采用双重门槛模型研究高管团队职能经验异质性、薪酬激励与企业不负责任行为之间的关系。

在薪酬激励对高管团队共享管理经验与企业负责任行为关系的影响的检验中，薪酬激励的双重门槛效应显著，故采用双重门槛模型研究高管团队共享经验、薪酬激励与企业负责任行为之间的关系；在薪酬激励对高管团队共享管理经验与企业不负责任行为关系的影响的检验中，薪酬激励的门槛效应不显著。

在薪酬激励对高管团队行业经验与企业负责任行为关系的影响的检验中，薪酬激励的单一门槛效应显著，故采用单一门槛模型研究高管团队行业经验、薪酬激励与企业负责任行为之间的关系；在薪酬激励对高管团队行业经验与企业不负责任行为关系的影响的检验中，薪酬激励的双重门槛效应显著。故本书采用双重门槛模型研究高管团队行业经验、薪酬激励与企业不负责任行为之间的关系。

表6-2 相关性分析

Variable	CSR	CSiR	Tfe	Tse	Tie	Salary	Stock	Reputation	TMT size
CSR	1.000								
CSiR	0.069***	1.000							
Tfe	0.205***	0.016	1.000						
Tse	0.023*	-0.053***	-0.023*	1.000					
Tie	0.147***	-0.036***	-0.034***	0.429***	1.000				
Salary	0.258***	0.049***	0.042***	-0.057***	0.138***	1			
Stock	0.004	0.044***	0.21*	0.108***	-0.01	-0.036***	1		
Reputation	0.076***	0.033***	0.12	0.090***	0.116***	0.052***	0.137***	1	
TMT size	0.099***	0.006	0.088***	0.021*	0.030**	0.192***	0.010	-0.036***	1.000
Hage	0.008	-0.018	-0.001	-0.054***	-0.057***	-0.013	0.158***	0.146***	-0.089***
Mage	0.132***	0.090***	-0.033***	0.210***	0.270***	0.113***	-0.134***	-0.008	0.121***
Htenure	-0.072***	0.030**	-0.128***	-0.042***	-0.024*	0.007	-0.088***	-0.117***	0.083***
Medu	0.123***	-0.020	0.122***	-0.056***	-0.040***	0.181***	-0.072***	0.060***	0.059***
Female	0.009	-0.116***	-0.031**	-0.026*	-0.017	0.005	0.062***	0.029**	-0.129***
Oversea	0.155***	-0.003	0.133***	-0.008	0.016	0.157***	0.118***	0.100***	0.194***
Dual	0.027**	-0.024*	0.032**	0.080***	0.044**	0.066***	0.424***	0.180***	0.004
Soe	-0.006	0.022*	0.007	-0.094***	-0.121***	-0.037***	-0.334***	0.218***	0.115***
Firmsize	0.256***	0.141***	0.045***	-0.079***	0.026*	0.365***	-0.191***	-0.034***	0.257***
Firmage	0.127***	-0.011	0.084***	-0.068***	0.147***	0.198***	-0.191***	-0.065***	-0.050***
Performance	0.057***	-0.054***	0.012	0.098***	0.091***	0.160***	0.071***	0.011	0.020
Lev	0.066***	0.114***	-0.011	-0.100***	-0.082***	0.128***	0.164***	-0.028***	0.139***

表6-2(续)

	Hage	Mage	Htenure	Medu	Female	Oversea	Dual	Soe	Firmsize
Hage	1.000								
Mage	-0.389***	1.000							
Htenure	0.003	0.034***	1.000						
Medu	-0.098***	0.125***	-0.207***	1.000					
Female	0.206***	-0.248***	-0.024*	-0.009	1.000				
Oversea	0.122***	-0.061***	-0.134***	0.172***	0.070***	1.000			
Dual	0.200***	-0.114***	-0.083***	0.026**	0.095***	0.084***	1.000		
Soe	-0.384***	0.399***	0.087***	0.166***	-0.187***	-0.180***	-0.323***	1.000	
Firmsize	-0.246***	0.334***	-0.008	0.260***	-0.138***	0.064***	-0.104***	0.303***	1.000
Firmage	-0.035***	0.183***	0.125***	0.054***	0.019	-0.022*	-0.066***	0.169***	0.179***
Performance	0.022*	-0.006	-0.017	-0.044***	0.021*	-0.025*	0.040***	-0.134***	-0.059***
Lev	-0.128***	0.140***	0.034***	0.117***	-0.120***	0.004	-0.076***	0.230***	0.547***

	Firmage	Performance	Lev
Firmage	1.000		
Performance	-0.068***	1.000	
Lev	0.158***	-0.393***	1.000

表 6-3　薪酬激励门槛效应模型检验

因变量	自变量	门槛模型	F 值	P 值	显著性水平		
DV	IV	Threshold	F	P	90%	95%	99%
		Single	23. 700	0. 010 ***	15. 688	17. 731	20. 631
CSR	*Tfe*	Double	8. 680	0. 400	13. 982	17. 967	19. 736
		Triple	5. 870	0. 680	14. 927	19. 766	33. 953
		Single	9. 480	0. 280	12. 195	14. 265	21. 322
CSiR	*Tfe*	Double	15. 070	0. 030 **	11. 408	12. 989	15. 381
		Triple	13. 470	0. 310	21. 086	26. 548	35. 804
		Single	6. 910	0. 670	18. 479	20. 220	26. 613
CSR	*Tse*	Double	15. 750	0. 040 **	12. 508	14. 092	24. 394
		Triple	7. 320	0. 370	12. 516	15. 258	32. 059
		Single	11. 580	0. 180	13. 717	18. 368	23. 917
CSiR	*Tse*	Double	12. 180	0. 130	13. 529	14. 330	18. 493
		Triple	11. 360	0. 400	17. 065	20. 971	27. 711
		Single	24. 090	0. 030 **	18. 428	21. 098	28. 389
CSR	*Tie*	Double	11. 040	0. 330	19. 339	22. 552	24. 054
		Triple	6. 860	0. 590	14. 175	17. 075	21. 083
		Single	10. 330	0. 240	12. 991	13. 886	15. 295
CSiR	*Tie*	Double	11. 910	0. 070 *	11. 429	12. 939	16. 604
		Triple	10. 880	0. 390	18. 026	22. 487	29. 530

　　在存在门槛效应的基础上，经检验得到的门槛值如表 6-4 所示。图 6-1、图 6-2、图 6-3、图 6-4、图 6-5 分别为门槛效应的似然比函数图（LR 图），图 6-1 和图 6-4 为单一门槛估计值 16.176 在 95% 置信区间下的似然比函数图，可以看到真实门槛值对应的最低点明显小于 7.35，因此我们认定模型得到的门槛值真实有效。图 6-2、图 6-3、图 6-5 为双重门槛似然比函数图，双重门槛估计值均在 95% 置信区间内，且 LR 值小于 5% 显著性水平，因此能够判断双重门槛的显著性检验结果是有效且真实的。图 6-2 的门槛值为 14.874 和 15.627，95% 的置信区间为 ［14.858，14.880］ 和 ［15.607，15.644］，样本可分为薪酬激励小于 14.874、在 14.874 与 15.627 之间和高于 15.627 三个样本区间。图 6-3 的门槛值为 16.176 和

16.971，95%的置信区间为［16.074，16.203］和［16.868，16.998］，样本可分为薪酬激励小于 16.176、在 16.176 与 16.971 之间和高于 16.971 三个样本区间。图 6-5 的门槛值为 14.875 和 15.627，95% 的置信区间为［14.850，14.880］和［15.600，15.644］，样本可分为薪酬激励小于 14.875、在 14.875 与 15.627 之间和高于 15.627 三个样本区间。

表6-4　门槛变量估计结果

因变量	自变量	门槛模型	门槛值	置信区间	
DV	IV	Threshold	B	Lower	Upper
CSR	*Tfe*	Single	16.176	16.073	16.203
CSiR	*Tfe*	Single	14.874	14.858	14.880
		Double	15.627	15.607	15.644
CSR	*Tse*	Single	16.971	16.868	16.998
		Double	16.176	16.074	16.203
CSiR	*Tse*	Single	—	—	—
CSR	*Tie*	Single	16.176	16.074	16.203
CSiR	*Tie*	Single	15.627	15.600	15.644
		Double	14.875	14.850	14.880

薪酬激励的门槛效应图如下：

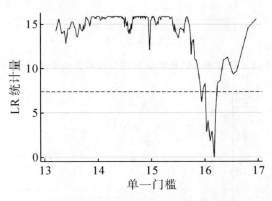

图 6-1　职能经验异质性与企业负责任的行为

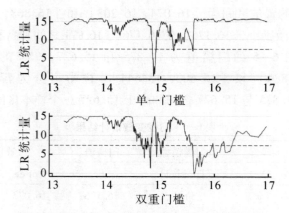

图6-2　职能经验异质性与企业不负责任的行为

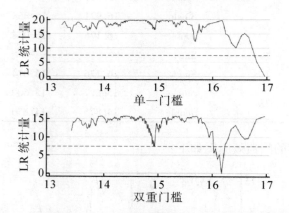

图6-3　高管团队成员共享管理经验与企业负责任的行为

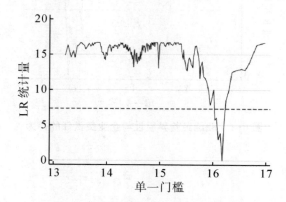

图6-4　行业经验与企业负责任的行为

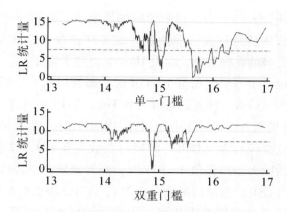

图 6-5　行业经验与企业不负责任的行为

表 6-5 为薪酬激励的门槛效应的回归结果，从面板门槛回归结果可以看出，当薪酬激励小于等于门槛值 16.176 时，高管团队职能经验异质性（*Tfe*）对企业负责任行为（CSR）的回归系数为 0.331，在 1% 的水平上显著；当薪酬激励大于门槛值 16.176 时，高管团队职能经验异质性（*Tfe*）对企业负责任行为（CSR）的回归系数为 0.540，在 1% 的水平上显著，回归系数由 0.331 变为 0.540 表明，当薪酬激励低于第一道门槛值 16.176 值时，为了获取更高的薪酬，拥有多样化职能经验的管理者团队此时会优化企业负责任的行为，而越过门槛值时，薪酬激励的激励作用明显地发挥出来，激励职能经验异质性的团队去优化企业负责任的行为，以获得更多的薪酬，假设 H6-1a 得到了验证。当薪酬激励小于等于门槛值 14.874 时，高管团队职能经验异质性（*Tfe*）对企业不负责任行为（*CSiR*）的回归系数为 -0.300，在 10% 的水平上显著；当薪酬激励大于门槛值 14.874 且小于等于 15.627 时，高管团队职能经验异质性（*Tfe*）对企业不负责任行为（*CSiR*）的回归系数为 -0.444，在 1% 的水平上显著；当薪酬激励大于门槛值 15.627 时，高管团队职能经验异质性（*Tfe*）对企业不负责任行为（*CSiR*）的回归系数为 -0.258，没有通过显著性检验，说明在薪酬激励小于 14.874 时，为了获取更高的薪酬，也为了企业的发展，职能经验异质性的高管团队会积极改善企业不负责任的行为，当薪酬激励的门槛值位于（14.874，15.627] 时，薪酬激励的作用被进一步发挥，促使职能经验异质性的管理团队改善企业不负责任的行为，但当薪酬激励高于第二道门槛 15.627 时，激励作用不再明显。以上结果表明，高管团队职能经验异质性

对企业不负责任行为的影响在薪酬激励的影响下，存在一个合适的区间，在此区间，高管团队可以发挥职能经验的多样性改善企业不负责任的行为，从而获得更多的薪酬奖励，假设 H6-1b 得到了验证。

当薪酬激励小于等于门槛值 16.176 时，高管团队共享经验（Tse）对企业负责任行为（CSR）的回归系数为 0.316，在 1% 的水平上显著；当薪酬激励大于门槛值 16.176 且小于等于 16.971 时，高管团队共享经验（Tse）对企业负责任行为（CSR）的回归系数为 0.126，没有通过显著性检验；当薪酬激励大于门槛值 16.971 时，高管团队共享经验（Tse）对企业负责任行为（CSR）的回归系数为 0.351，在 1% 的水平上显著。共享经验是高管团队成员在共同的工作经历中通过不断磨合而形成的一致的经验，这种共享经验使得高管团队在制定战略时节省时间，快速形成统一的意见。因此，当第一道门槛值小于等于 16.176 时，共享经验可以使企业优化负责任的行为。但随着薪酬激励门槛的提升，到达（16.176，16.971］时，企业所给的薪酬并没有到达高管团队的预期，因此并没有起到应有的激励效果，此时高管认为还可以获得更高的薪酬。而当越过第二道门槛值 16.971 时，拥有共享经验的高管团队又愿意优化企业负责任的行为，以帮助企业实现目标，并获得满意的薪酬。因此，薪酬激励存在一定的门槛效应，当薪酬激励满足高管团队的期望时，高管团队会努力优化企业负责任的行为，假设 H6-1c 得到了验证。薪酬激励在共享经验与企业不负责任行为的关系中，不存在门槛效应，说明共事时间较长的管理者在改善企业不负责任的行为时，并没有受到明显的薪酬激励影响，因此假设 H6-1d 没有得到验证。

当薪酬激励小于等于门槛值 16.176 时，高管团队行业经验（Tie）对企业负责任行为（CSR）的回归系数为 0.015，在 5% 的水平上显著；当薪酬激励大于门槛值 16.176 时，高管团队行业经验（Tie）对企业负责任行为（CSR）的回归系数为 0.038，在 1% 的水平上显著。行业经验丰富的高管人员拥有较强的信息处理能力和资源整合能力，而团队成员的信息储备、关系网络及个人技能都是影响高管团队信息处理能力和资源整合能力的关键因素，当薪酬激励越过第一道门槛后，系数变为了 0.038，并且更加显著，这说明随着薪酬的增加，行业经验的管理者会优化企业负责任的行为，这是因为在行业中企业负责任的行为表现可以提高合作伙伴的忠诚度并帮助企业开拓新的市场，假设 H6-1e 得到了验证。当薪酬激励小于等于门槛值 14.875 时，高管团队行业经验（Tie）对企业不负责任行为

（*CSiR*）的回归系数为-0.025，在 5%的水平上显著；当薪酬激励大于门槛值 14.875 且小于等于 15.627 时，高管团队行业经验（*Tie*）对企业不负责任行为（*CSiR*）的回归系数为-0.039，在 1%的水平上显著；当薪酬激励大于门槛值 15.627 时，高管团队行业经验（*Tie*）对企业不负责任行为（*CSiR*）的回归系数为-0.018，在 10%的水平上显著。随着薪酬激励水平的不断提升，行业经验对企业不负责任行为的回归系数变化依次为-0.025、-0.039、-0.018，当薪酬激励的门槛小于等于 14.875 时，行业经验的管理者会选择改善企业不负责任的行为，随着薪酬激励门槛到达（14.975，15.627] 时，行业经验的管理者为了获得更多的薪酬，会选择继续改善企业不负责任的行为，但随着薪酬的继续提升，越过第二道门槛值 15.672 时，虽然行业经验的管理者仍然在改善企业不负责任的行为，但与（14.975，15.627] 相比，系数和显著性都有所降低，因此行业经验对企业社会不负责任行为的改善存在一个合适的区间，假设 H6-1f 成立。

　　由以上回归结果可以看出，高管的薪酬激励大多数情况下都会发挥激励作用，但需要跨越一定的门槛满足高管团队成员的期望。当薪酬激励的门槛设置为大于 16.971 时，有助于高管团队成员发挥经验的作用，优化企业负责任的行为；当薪酬激励的门槛区间为（14.875，15.627] 时，高管团队成员会充分发挥经验的作用改善企业不负责任的行为。

表 6-5　薪酬激励的门槛效应回归结果

Variable	(1) CSR	(2) *CSiR*	(3) CSR	(4) CSR	(5) *CSiR*
TMT size	-0.005	-0.006	-0.005	-0.003	-0.009
	(-1.125)	(-1.079)	(-1.257)	(-0.745)	(-1.479)
Hage	-0.639***	0.363	-0.635***	-0.616***	0.348
	(-2.989)	(1.229)	(-2.964)	(-2.883)	(1.180)
Mage	0.006*	0.008*	0.007**	0.003	0.013***
	(1.862)	(1.754)	(2.103)	(0.803)	(2.703)
Htenure	0.086*	0.010	0.090**	0.082*	0.010
	(1.907)	(0.162)	(1.993)	(1.817)	(0.164)
Medu	-0.029	-0.058*	-0.033	-0.024	-0.063*
	(-1.172)	(-1.667)	(-1.326)	(-0.974)	(-1.823)
Female	0.181**	-0.358***	0.184**	0.181**	-0.356***
	(2.514)	(-3.611)	(2.559)	(2.517)	(-3.590)

表6-5(续)

Variable	(1) CSR	(2) CSiR	(3) CSR	(4) CSR	(5) CSiR
Oversea	0.012 (0.524)	0.040 (1.322)	0.014 (0.622)	0.014 (0.634)	0.038 (1.266)
Dual	−0.032 (−1.395)	0.047 (1.490)	−0.036 (−1.557)	−0.036 (−1.558)	0.050 (1.578)
Soe	−0.077 (−1.330)	0.129 (1.601)	−0.084 (−1.448)	−0.068 (−1.163)	0.106 (1.320)
Firm size	0.010 (0.520)	0.031 (1.198)	0.017 (0.912)	0.007 (0.360)	0.031 (1.195)
Firm age	−0.004 (−0.154)	−0.010 (−0.280)	−0.005 (−0.216)	−0.006 (−0.236)	−0.007 (−0.209)
Performance	−0.405** (−2.281)	−0.540** (−2.198)	−0.418** (−2.349)	−0.400** (−2.251)	−0.568** (−2.308)
Lev	−0.074 (−0.897)	−0.047 (−0.415)	−0.091 (−1.101)	−0.086 (−1.041)	−0.030 (−0.259)
$(Salary \leqslant 16.176) \times Tfe$	0.331*** (2.898)				
$(Salary > 16.176) \times Tfe$	0.540*** (4.371)				
$(Salary \leqslant 14.874) \times Tfe$		−0.300* (−1.901)			
$(14.874 < Salary \leqslant 15.627) \times Tfe$		−0.444*** (−2.761)			
$(Salary > 15.627) \times Tfe$		−0.258 (−1.554)			
$(Salary \leqslant 16.176) \times Tse$			0.316*** (2.741)		
$(16.176 < Salary \leqslant 16.971) \times Tse$			0.126 (0.981)		
$(Salary > 16.971) \times Tse$			0.351*** (3.056)		
$(Salary \leqslant 16.176) \times Tie$				0.015** (2.230)	
$(Salary > 16.176) \times Tie$				0.038*** (4.595)	

表6-5(续)

Variable	(1) CSR	(2) *CSiR*	(3) CSR	(4) CSR	(5) *CSiR*
(*Salary*≤14.875)×*Tie*					−0.025** (−2.546)
(14.875<*Salary*≤15.627)×*Tie*					−0.039*** (−3.918)
(*Salary*>15.627)×*Tie*					−0.018* (−1.746)
Industry	Yes	Yes	Yes	Yes	Yes
Year	Yes	Yes	Yes	Yes	Yes
_cons	−0.806 (−1.322)	−0.602 (−0.710)	−0.954 (−1.565)	−0.426 (−0.713)	−0.914 (−1.096)
N	6 228	6 228	6 228	6 228	6 228
R^2	0.443	0.026	0.442	0.443	0.027

6.3.3.2 股权激励的门槛效应

本书对股权激励是否存在门槛效应进行检验,表6-6报告了股权激励门槛效应的检验结果。结果表明,在股权激励对职能经验异质性与企业负责任行为关系的影响的检验中,门槛效应不显著;在股权激励对职能经验异质性与企业不负责任行为关系的影响的检验中,股权激励的双重门槛效应显著。故本书采用双重门槛模型研究高管团队职能经验异质性、股权激励与企业不负责任行为之间的关系。

在股权激励对高管团队共享经验与企业负责任行为关系的影响的检验中,门槛效应不显著;在股权激励对高管团队共享经验与企业不负责任行为关系的影响的检验中,股权激励的单一门槛效应显著。故本书采用单一门槛模型研究高管团队共享经验、股权激励与企业不负责任行为之间的关系。

在股权激励对高管团队行业经验与企业负责任行为关系的影响的检验中,门槛效应不显著;在股权激励对高管团队行业经验与企业不负责任行为关系的影响的检验中,股权激励的双重门槛效应显著。故本书采用双重门槛模型研究高管团队行业经验、股权激励与企业不负责任行为之间的关系。

在存在门槛效应的基础上,经检验得到的门槛值如表6-7所示。图6-6、图6-7、图6-8分别为门槛效应的LR图。图6-7为单一门槛估计值0.224

在95%置信区间下的似然比函数图，可以看到真实门槛值对应的最低点明显小于7.35，因此我们认定模型得到的门槛值真实有效。

图6-6和图6-8为双重门槛似然比图，双重门槛估值均在95%置信区间内，且LR值小于5%显著性水平，因此能够判断双重门槛的显著性检验结果是有效且真实的，图6-6的门槛值为0.257和0.297，95%的置信区间为［0.224，0.294］和［0.295，0.298］，样本可分为股权激励小于0.257、在0.257与0.297之间和高于0.297三个样本区间。图6-8的门槛为0.224和0.297，95%的置信区间为［0.193，0.230］和［0.295，0.298］，样本可分为股权激励小于0.224、在0.224与0.297之间和高于0.297三个样本区间。

表6-6 股权激励门槛效应模型检验

因变量	自变量	门槛模型	F 值	P 值	显著性水平		
DV	IV	Threshold	F	P	90%	95%	99%
		Single	6.520	0.660	16.488	17.431	21.128
CSR	*Tfe*	Double	13.150	0.270	17.726	20.963	26.753
		Triple	5.290	0.800	21.345	23.983	30.097
		Single	131.720	0.000 ***	9.638	13.107	19.588
CSiR	*Tfe*	Double	16.600	0.050 **	14.547	16.200	25.268
		Triple	9.230	0.440	17.971	22.525	26.369
		Single	8.860	0.440	15.334	18.031	20.942
CSR	*Tse*	Double	11.800	0.230	15.993	17.339	26.943
		Triple	4.850	0.830	19.935	27.809	34.947
		Single	76.880	0.000 ***	11.838	14.323	18.566
CSiR	*Tse*	Double	11.550	0.180	14.130	15.727	24.571
		Triple	4.950	0.790	13.943	16.691	21.462
		Single	10.710	0.350	17.253	19.305	23.210
CSR	*Tie*	Double	18.920	0.110	19.768	21.977	26.897
		Triple	5.860	0.810	18.720	22.182	27.913
		Single	35.430	0.000 ***	13.556	15.392	21.939
CSiR	*Tie*	Double	15.950	0.070 *	12.276	16.763	18.104
		Triple	8.370	0.390	12.848	15.402	19.918

表 6-7　股权激励门槛变量估计结果

因变量	自变量	门槛模型	估计值	置信区间	
DV	IV	Threshold	B	Lower	Upper
CSR	*Tfe*	Single	—	—	—
CSiR	*Tfe*	Single	0.257	0.224	0.294
		Double	0.297	0.295	0.298
CSR	*Tse*	Single	—	—	—
CSiR	*Tse*	Single	0.224	0.193	0.260
CSR	*Tie*	Single	—	—	—
CSiR	*Tie*	Single	0.224	0.193	0.230
		Double	0.297	0.295	0.298

股权激励的门槛效应图如下：

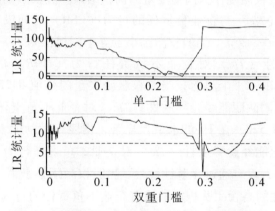

图 6-6　职能经验异质性与企业不负责任的行为

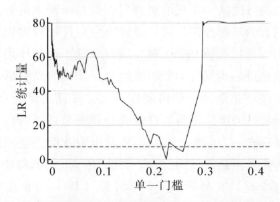

图 6-7　高管团队成员共享管理经验与企业不负责任的行为

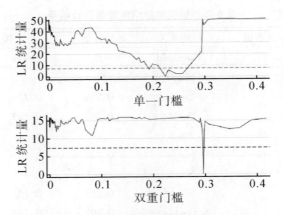

图 6-8　行业经验与企业不负责任的行为

表 6-8 为股权激励作为门槛变量的回归结果。股权激励（*Stock*）在职能经验异质性（*Tfe*）与企业负责任的行为（CSR）之间没有起到门槛作用，假设 H6-2a 不成立。当股权激励小于等于门槛值 0.257 时，高管团队职能经验异质性（*Tfe*）对企业不负责任行为（*CSiR*）的回归系数为 −0.366，在 5% 的水平上显著；当股权激励大于门槛值 0.257 且小于等于 0.297 时，高管团队职能经验异质性（*Tfe*）对企业不负责任行为（*CSiR*）的回归系数为 0.520，在 1% 的水平上显著；当股权激励大于门槛值 0.297 时，高管团队职能经验异质性（*Tfe*）对企业不负责任行为（*CSiR*）的回归系数为 0.053，没有通过显著性检验。当股权激励小于第一道门槛值时，职能经验异质性的高管团队积极地改善企业不负责任的行为，以获取股权激励；而当股权激励越过第一道门槛后位于区间（0.257，0.297］时，职能经验异质性的高管团队为了获取更多股权激励所带来的好处，不但不对企业不负责任的行为进行改善，而且通过不负责任的行为快速提升企业的绩效；当越过第二道门槛值 0.297 时，股权激励不再起作用，这可能是由于股权激励虽然在进一步提升，但职能经验异质性的高管感受到了改善不负责任的行为对改变企业现状的可能性不大，并且还要进一步承担风险，因此职能经验异质性的团队不再选择改善企业不负责任的行为。以上结果表明，股权激励存在一个门槛，在此门槛范围内才能促使职能经验异质性的高管团队改善企业不负责任的行为。假设 H6-2b 得到验证。

股权激励（*Stock*）在高管团队共享经验（*Tse*）与企业负责任的行为（CSR）之间没有起到门槛作用，假设 H6-2c 不成立。当股权激励与小于等于门槛值 0.224 时，高管团队共享经验（*Tse*）对企业不负责任行为（*CSiR*）的回归系数为-0.040，在1%的水平上显著；当股权激励大于门槛值 0.224 时，高管团队共享经验（*Tse*）对企业不负责任行为（*CSiR*）的回归系数为 0.054，在1%的水平上显著。股权激励使得高管团队的利益与企业的长期利益一致，当门槛值小于等于 0.224 时，为了促进企业的发展也为了获得更多的股权，共享经验的管理者会选择改善企业不负责任的行为，而当跨过此门槛值时，过度的股权激励会使高管团队忽视企业的利益，此时高管团队不仅不会改善企业不负责任的行为，还可能会增加企业不负责任的行为，例如增加用工时间却不增加工资等，来增加企业的短期收入，以此来获得比改善企业不负责任行为更多的股权收益，假设 H6-2d 得到验证。

股权激励（*Stock*）在行业经验（*Tie*）与企业负责任的行为（CSR）之间没有起到门槛作用，假设 H6-2e 不成立。当股权激励小于等于门槛值 0.224 时，高管团队行业经验（*Tie*）对企业不负责任行为（*CSiR*）的回归系数为-0.030，在1%的水平上显著；当股权激励大于门槛值 0.224 且小于等于 0.297 时，高管团队行业经验（*Tie*）对企业不负责任行为（*CSiR*）的回归系数为 0.029，在5%的水平上显著；当股权激励大于门槛值 0.297 时，高管团队行业经验（*Tie*）对企业不负责任行为（*CSiR*）的回归系数为-0.014，没有通过显著性检验。当股权激励的门槛值小于等于 0.224 时，行业经验可以改善企业不负责任的行为，行业经验的管理者为了获取更多的股权，会选择改善企业不负责任的行为；当股权激励的门槛为（0.224，0.297］时，在股权激励的作用下，行业经验的管理者选择不再改善企业不负责任的行为，反而可能会为了获取短期的利益增加企业不负责任的行为；而当股权激励跨过第二道门槛值时，过高的股权激励使行业经验的高管团队成员决策面临着较大的风险，由于股价还会受到企业其他方面的影响，因此过高的持股也会使高管团队成员的收入面临更多的不确定性。股权激励需要控制在一定的范围，假设 H6-2f 得到验证。

由以上的研究结果可知，股权激励对高管团队经验与企业负责任的行为关系的影响不存在门槛效应。不同的是，股权激励会影响高管团队经验与企业不负责任行为之间的关系，股权激励存在门槛效应，为了使有经验的高管做出有利于提升企业社会责任水平的决策，对高管的股权激励必须控制在一定的门槛值范围内，通过对几个股权比例临界值的比较，我们发现，高管团队的股权比例低于22.4%时，高管团队成员会积极利用经验改善企业不负责任的行为。股权激励不是越多越好，高管团队拥有过多的股权会出现"一股独大"的问题，同时过多的持股也会使高管团队为了快速提升企业绩效而做出不负责任的行为。

表 6-8　股权激励的门槛效应

Variable	(1) CSiR	(2) CSiR	(3) CSiR
TMT size	−0.006	−0.009	−0.009
	(−1.047)	(−1.530)	(−1.429)
Hage	0.368	0.374	0.349
	(1.256)	(1.274)	(1.186)
Mage	0.007	0.012**	0.013**
	(1.390)	(2.368)	(2.516)
Htenure	0.018	0.024	0.020
	(0.284)	(0.392)	(0.325)
Medu	−0.048	−0.054	−0.061*
	(−1.406)	(−1.571)	(−1.758)
Female	−0.316***	−0.325***	−0.336***
	(−3.219)	(−3.289)	(−3.389)
Oversea	0.040	0.035	0.038
	(1.314)	(1.168)	(1.237)
Dual	0.002	0.005	0.026
	(0.070)	(0.147)	(0.828)
Soe	0.121	0.106	0.095
	(1.518)	(1.318)	(1.185)
Firm size	0.035	0.036	0.033
	(1.375)	(1.438)	(1.306)
Firm age	−0.013	−0.010	−0.006
	(−0.392)	(−0.281)	(−0.173)
Performance	−0.581**	−0.572**	−0.597**
	(−2.393)	(−2.343)	(−2.440)
Lev	−0.045	−0.038	−0.044
	(−0.401)	(−0.337)	(−0.387)
$(Stock \leqslant 0.257) \times Tfe$	−0.366**		
	(−2.340)		
$(0.257 < Stock \leqslant 0.297) \times Tfe$	0.520***		
	(2.960)		

表6-8(续)

Variable	(1) CSiR	(2) CSiR	(3) CSiR
$(Stock>0.297)\times Tfe$	0.053 (0.306)		
$(Stock\leqslant 0.224)\times Tse$		−0.040*** (−3.151)	
$(Stock>0.224)\times Tse$		0.054*** (3.284)	
$(Stock\leqslant 0.224)\times Tie$			−0.030*** (−3.211)
$(0.224<Stock\leqslant 0.297)\times Tie$			0.029** (2.306)
$(Stock>0.297)\times Tie$			−0.014 (−1.093)
Industry	Yes	Yes	Yes
Year	Yes	Yes	Yes
_cons	−0.588 (−0.706)	−0.987 (−1.201)	−0.944 (−1.146)
N	6 228	6 228	6 228
R^2	0.045	0.035	0.031

6.3.3.3 声誉激励的门槛效应

本书应用 Boostrap 法对声誉激励是否存在门槛效应进行了抽样检验，表6-9 报告了所得到的 F 值和 P 值。检验结果表明，在声誉激励对职能经验异质性与企业负责任行为关系的影响的检验中，门槛效应不显著，假设 H6-3a 不成立；在声誉激励对职能经验异质性与企业不负责任行为关系的影响的检验中，门槛效应不显著，假设 H6-3b 不成立。

在声誉激励对高管团队共享管理经验与企业负责任行为关系的影响的检验中，门槛效应不显著，假设 H6-3c 不成立；在声誉激励对高管团队共享管理经验与企业不负责任行为关系的影响的检验中，门槛效应不显著，假设 H6-3d 不成立。

在声誉激励对高管团队行业经验与企业负责任行为关系的影响的检验中，门槛效应不显著，假设 H6-3e 不成立；在声誉激励对高管团队行业经验与企业不负责任行为关系的影响的检验中，门槛效应不显著，假设 H6-3f 不成立。

在以上的检验中发现，声誉激励的门槛效应均没有成立，声誉激励并不存在一个明显的界限使得高管团队成员积极优化负责任的行为或改善不负责任的行为。

表 6-9　声誉激励门槛效应模型检验

因变量	自变量	门槛模型	F 值	P 值	显著性水平		
DV	IV	Threshold	F	P	90%	95%	99%
		Single	1.460	0.900	12.717	14.407	21.263
CSR	Tfe	Double	6.730	0.170	7.342	9.106	12.940
		Triple	1.250	0.840	11.314	14.879	19.299
		Single	1.400	0.820	7.832	9.094	13.247
CSiR	Tfe	Double	2.980	0.560	6.716	8.823	11.870
		Triple	1.220	0.890	6.533	7.818	12.888
		Single	0.910	0.950	10.311	14.744	22.590
CSR	Tse	Double	3.430	0.490	8.673	9.601	11.557
		Triple	1.090	0.890	7.649	10.906	18.025
		Single	1.780	0.760	8.825	11.354	17.856
CSiR	Tse	Double	0.520	0.950	7.898	10.573	12.968
		Triple	1.010	0.770	7.598	9.395	12.199
		Single	2.140	0.800	11.275	14.446	19.820
CSR	Tie	Double	4.380	0.480	9.113	11.909	14.708
		Triple	1.460	0.860	9.044	11.361	18.069
		2.990	0.570	9.089	11.504	14.138	2.990
CSiR	Tie	2.190	0.560	7.744	9.433	10.865	2.190
		1.800	0.720	8.051	9.026	14.881	1.800

6.3.4　进一步的研究

由于股权激励作为门槛变量对高管团队经验与企业负责任行为的关系的影响没有成立，而声誉激励作为门槛变量对高管团队经验与企业负责任与不负责任的关系的影响均没有成立。为了进一步研究股权激励和声誉激励对高管团队经验与企业社会责任关系的影响，本节将股权激励与声誉激励作为普通调节变量，进行回归分析，以确定股权激励与声誉激励扮演的角色。

6.3.4.1　股权激励对高管团队经验与企业负责任行为的调节效应

首先将股权激励作为调节变量，研究其对高管团队经验与企业负责任行为的关系的影响。表 6-10 的研究结果显示股权激励（Stock）可以明显削弱职能经验异质性（Tfe）对企业负责任行为（CSR）的正向影响，回归系数为-2.932，在 1% 的水平上显著为负，随着股权激励的增加，职能经验异质性的高管不仅不会优化企业负责任的行为，还可能因为持股比例的增加而做出不利于企业提升社会责任水平的决策。股权激励作为调节变量，对高管团队共享管理经验与企业负责任的行为、行业经验与企业负责任行为的关系的影响的检验中并不显著。结合门槛回归结果不显著，由此可以得出以下结论：股权激励并不能使高管积极优化企业负责任的行为。由于优化企业负责任的行为需要增加相应的投入，而股权激励属于长期激励，效果并不能及时显现出来。相反，改善企业不负责任的行为可以使社会公众快速关注到企业，从而提升企业的声誉。因此，与优化企业负责任的行为相比，股权激励在激励高管团队成员改善企业不负责任的行为时，能更好地发挥作用。

表 6-10　股权激励的调节效应

Variable	(1) CSiR	(2) CSiR	(3) CSiR
Tfe	0.467 *** (3.855)		
Tse		0.018 * (1.832)	
Tie			0.019 *** (0.565)
Stock	2.172 *** (−1.670)	−0.004 (−0.012)	0.275 (1.136)
Tfe×Stock	−2.932 *** (−3.485)		
Tse×Stock		0.043 (0.483)	
Tie×Stock			−0.019 (−0.470)
TMT size	−0.005 (−1.255)	−0.003 (−0.741)	−0.003 (−0.732)
Hage	0.614 *** (−2.871)	−0.584 *** (−2.729)	0.591 *** (−2.759)
Mage	0.007 * (1.947)	0.003 (0.915)	0.003 (0.768)

表6-10(续)

Variable	(1) CSiR	(2) CSiR	(3) CSiR
Htenure	0.091**	0.088*	0.090**
	(2.019)	(1.937)	(1.975)
Medu	−0.027	−0.026	−0.024
	(−1.081)	(−1.034)	(−0.969)
Female	0.193***	−0.196***	0.191***
	(2.687)	(2.713)	(2.655)
Oversea	0.012	0.014	0.013
	(0.542)	(0.616)	(0.609)
Dual	−0.040*	0.046**	−0.046*
	(−1.719)	(−1.962)	(−1.950)
Soe	−0.087	−0.076	−0.069
	(−1.487)	(−1.305)	(−1.178)
Firmsize	0.021	0.012	0.014
	(1.115)	(0.648)	(0.743)
Firmage	−0.005	−0.006	−0.007
	(−0.191)	(−0.238)	(−0.263)
Performance	−0.390**	−0.400**	−0.387**
	(−2.195)	(−2.244)	(−2.173)
Lev	−0.086	−0.089	−0.099
	(−1.042)	(−1.074)	(−1.201)
Industry	Yes	Yes	Yes
Year	Yes	Yes	Yes
_cons	−1.150*	−0.552	−0.596
	(−1.878)	(−0.921)	(−0.995)
N	6 228	6 228	6 228
R^2	0.039	0.042	0.049
F	182.30	181.12	181.30

6.3.4.2 声誉激励的调节效应

表6-11为声誉激励作为调节变量对高管团队经验与企业社会责任的关系的影响的回归结果,结果显示,声誉激励对高管团队经验与企业社会责任关系的影响均不显著,声誉激励并不能使得高管团队显著优化企业负责任的行为。然而声誉激励作为调节变量,可以影响高管团队经验与企业不负责任的关系,声誉激励调节职能经验异质性(Tfe)与企业不负责任行为($CSiR$)的关系,回归系数为3.410,在1%的水平上显著,说明虽然企

业存在声誉激励，但职能经验异质性的管理者改善企业不负责任行为的积极性仍然不强，不同职能经验的管理者为了获得声誉激励还可能产生冲突或矛盾，进而使得企业不负责任的行为增加。

声誉激励调节高管团队成员共享管理经验（Tse）与企业不负责任的行为（$CSiR$）的关系，回归系数为-0.368，在1%的水平上显著，说明声誉激励可以使得长期共事的管理者达成一致的意见，改善企业不负责任的行为。

声誉激励调节高管团队行业经验（Tie）与企业不负责任的行为（$CSiR$）的关系，回归系数为-0.152，在5%的水平上显著，说明声誉激励可以使得拥有行业经验的管理者重视改善企业不负责任的行为，拥有行业经验的管理者改善企业不负责任的行为可以提升企业在外部关系网络中的口碑，进而促进企业的发展。

由以上研究结果可以看出，虽然声誉激励并不能很好地激励职能经验异质性的高管团队改善企业不负责任的行为，但可以使共享管理经验的管理者和行业经验的管理者改善企业不负责任的行为，声誉激励的作用仍然可以被发挥，因此声誉激励可以激励高管团队成员改善企业不负责任的行为。

表6-11　声誉激励的调节效应

Variable	(1) CSR	(2) CSR	(3) CSR	(4) $CSiR$	(5) $CSiR$	(6) $CSiR$
Tfe	0.359 *** (2.927)			-0.487 *** (-2.882)		
Tse		0.019 * (1.867)			-0.015 (-1.114)	
Tie			0.019 *** (2.560)			-0.019 * (-1.901)
Rep	0.388 (0.611)	-0.152 (-0.446)	0.077 (0.274)	-2.269 *** (-2.587)	1.392 *** (2.971)	0.995 *** (2.563)
$Tfe×Rep$	-0.666 (-0.782)			3.410 *** (2.701)		
$Tse×Rep$		0.023 (0.249)			-0.368 *** (2.948)	
$Tie×Rep$			-0.025 (-0.582)			-0.152 ** (-2.520)
$TMT\ size$	-0.005 (-1.153)	-0.003 (-0.752)	-0.003 (-0.733)	-0.007 (-1.138)	-0.009 (-1.524)	-0.009 (-1.484)

表6-11(续)

Variable	(1) CSR	(2) CSR	(3) CSR	(4) CSiR	(5) CSiR	(6) CSiR
Hage	−0.611***	−0.584***	−0.593***	0.364	0.348	0.362
	(−2.849)	(−−2.727)	(−2.769)	(1.230)	(1.176)	(1.226)
Mage	0.007***	0.004	0.003	0.008*	0.013***	0.013***
	(2.026)	(1.035)	(0.945)	(1.754)	(2.666)	(2.668)
Htenure	0.093***	0.088*	0.090**	0.009	0.013	0.009
	(2.052)	(1.951)	(1.982)	(0.140)	(0.205)	(0.136)
Medu	−0.029	−0.026	−0.024	−0.057*	−0.062*	−0.066*
	(−1.164)	(−1.031)	(−0.971)	(−1.649)	(−1.798)	(−1.894)
Female	0.186***	0.191***	0.185**	0.358***	−0.366***	−0.351
	(2.589)	(2.657)	(2.574)	(−3.601)	(−3.681)	(−3.530)
Oversea	0.013	0.015	0.015	0.038	0.037	0.041
	(0.582)	(0.669)	(0.659)	(1.259)	(1.215)	(1.336)
Dual	−0.032	−0.037	−0.035	0.042	0.048	0.046
	(−1.413)	(−1.590)	(−1.522)	(1.338)	(1.516)	(1.464)
Soe	−0.080	−0.075	−0.069	0.112	0.111	0.100
	(−1.372)	(−1.291)	(−1.183)	(1.393)	(1.372)	(1.233)
Firmsize	0.016	0.011	0.012	0.027	0.032	0.032
	(0.844)	(0.613)	(0.675)	(1.061)	(1.279)	(1.246)
Firmage	−0.005	−0.006	−0.007	−0.006	−0.005	−0.006
	(−0.204)	(−0.236)	(−0.266)	(−1.172)	(−0.147)	(−0.166)
Performance	−0.394**	−0.396**	−0.377**	−0.567***	−0.589**	−0.604**
	(−2.215)	(−2.224)	(−2.115)	(−2.308)	(−2.399)	(−2.460)
Lev	−0.090	−0.093	−0.100	−0.057	−0.051	−0.030
	(−1.092)	(−1.129)	(−1.205)	(−0.496)	(−0.445)	(−0.266)
Industry	Yes	Yes	Yes	Yes	Yes	Yes
Year	Yes	Yes	Yes	Yes	Yes	Yes
_cons	−0.958	−0.551	−0.583	−0.449	−0.105	−0.987
	(−1.568)	(−0.919)	(0.973)	(−0.532)	(−1.275)	(−1.194)
N	6 228	6 228	6 228	6 228	6 228	6 228
R^2	0.441	0.441	0.441	0.024	0.024	0.024
F	181.28	180.98	181.13	5.60	5.74	5.76

6.4 稳健性检验

为了验证门槛回归的结果是否稳健，本书选用了未标准化的企业社会责任行为替换标准化的企业社会责任行为的方法进行稳健性检验，得到表 6-12 和表 6-13。表 6-12 为薪酬激励作为门槛变量的稳健性检验结果，表 6-13 为股权激励的稳健性检验结果。检验结果表明，薪酬激励和股权激励的门槛效应是稳健的，声誉激励的门槛效应不成立，这与前文的研究结果一致。

表 6-12　薪酬激励的门槛效应检验

Variable	(1) CSR	(2) CSiR	(3) CSR	(4) CSR	(5) CSiR
TMT size	−0.034	0.002	−0.022	−0.023	−0.006
	(−1.131)	(0.382)	(−0.711)	(−0.747)	(−1.619)
Hage	−4.523 ***	−0.259	−4.177 ***	−4.352 ***	0.179
	(−3.012)	(−1.041)	(−2.783)	(−2.900)	(0.907)
Mage	0.044 *	0.005	0.020	0.019	0.009 ***
	(1.810)	(1.363)	(0.791)	(0.752)	(2.745)
Htenure	0.619 *	0.135 **	0.569 *	0.588 *	−0.001
	(1.947)	(2.571)	(1.790)	(1.850)	(−0.035)
Medu	−0.210	−0.030	−0.200	−0.175	−0.043 *
	(−1.200)	(−1.043)	(−1.143)	(−0.999)	(−1.865)
Female	1.151 **	0.385 ***	1.158 **	1.154 **	−0.226 ***
	(2.283)	(4.616)	(2.294)	(2.289)	(−3.405)
Oversea	0.073	−0.013	0.101	0.091	0.023
	(0.475)	(−0.517)	(0.655)	(0.587)	(1.128)
Dual	−0.219	−0.017	−0.239	−0.246	0.032
	(−1.367)	(−0.648)	(−1.489)	(−1.536)	(1.501)
Soe	−0.552	−0.160 **	−0.520	−0.484	0.072
	(−1.351)	(−2.371)	(−1.270)	(−1.183)	(1.345)
Firm size	0.080	−0.058 ***	0.052	0.059	0.023
	(0.622)	(−2.736)	(0.405)	(0.455)	(1.339)
Firm age	−0.030	0.019	−0.055	−0.044	−0.004
	(−0.170)	(0.663)	(−0.314)	(−0.252)	(−0.156)

表6-12(续)

Variable	(1) CSR	(2) CSiR	(3) CSR	(4) CSR	(5) CSiR
Performance	−3.083** (−2.472)	−0.105 (−0.510)	−3.180** (−2.547)	−3.050** (−2.443)	−0.379** (−2.308)
Lev	−0.544 (−0.939)	−0.166* (−1.729)	−0.665 (−1.147)	−0.629 (−1.086)	−0.011 (−0.148)
$(Salary \leq 16.176) \times Tfe$	2.415*** (3.010)				
$(Salary > 16.176) \times Tfe$	3.901*** (4.496)				
$(Salary \leq 14.874) \times Tfe$		−0.219** (−2.077)			
$(14.874 < Salary \leq 15.627) \times Tfe$		−0.315*** (−2.929)			
$(Salary > 15.627) \times Tfe$		−0.201 (−1.608)			
$(Salary \leq 16.176) \times Tse$			0.131** (2.025)		
$(16.176 < Salary \leq 16.971) \times Tse$			0.067 (0.551)		
$(Salary > 16.971) \times Tse$			0.427*** (4.109)		
$(Salary \leq 16.176) \times Tie$				0.106** (2.205)	
$(Salary > 16.176) \times Tie$				0.266*** (4.597)	
$(Salary \leq 14.875) \times Tie$					−0.016** (−2.470)
$(14.875 < Salary \leq 15.627) \times Tie$					−0.025*** (−3.834)
$(Salary > 15.627) \times Tie$					−0.012* (−1.752)
Industry	Yes	Yes	Yes	Yes	Yes
Year	Yes	Yes	Yes	Yes	Yes
_cons	17.184 (4.015)	−0.049 (−0.086)	20.410 (4.84)	19.936 (4.745)	−0.268 (−0.482)
N	6 228	6 228	6 228	6 228	6 228
R^2	0.443	0.026	0.443	0.443	0.026

表 6-13 股权激励门槛效应稳健性检验

Variable	(1) CSiR	(2) CSiR	(3) CSiR
TMT size	−0.005	−0.007 *	−0.006
	(−1.182)	(−1.669)	(−1.619)
Hage	0.192	0.196	0.179
	(0.981)	(0.997)	(0.907)
Mage	0.005	0.008 **	0.009 ***
	(1.441)	(2.398)	(2.745)
Htenure	0.003	0.008	−0.001
	(0.064)	(0.182)	(−0.035)
Medu	−0.033	−0.037	−0.043 *
	(−1.450)	(−1.622)	(−1.865)
Female	−0.199 ***	−0.205 ***	−0.226 ***
	(−3.035)	(−3.109)	(−3.405)
Oversea	0.024	0.021	0.023
	(1.180)	(1.035)	(1.128)
Dual	0.001	0.002	0.032
	(0.026)	(0.106)	(1.501)
Soe	0.082	0.072	0.072
	(1.544)	(1.344)	(1.345)
Firm size	0.025	0.026	0.023
	(1.484)	(1.562)	(1.339)
Firm age	−0.008	−0.005	−0.004
	(−0.344)	(−0.229)	(−0.156)
Performance	−0.389 **	−0.383 **	−0.379 **
	(−2.396)	(−2.349)	(−2.308)
Lev	−0.022	−0.017	*−0.011
	(−0.290)	(−0.220)	(−0.148)
(Stock≤0.257) ×Tfe	−0.262 **		
	(−2.507)		
(0.257<Stock≤0.297) ×Tfe	0.327 ***		
	(2.788)		
(Stock>0.297) ×Tfe	0.005		
	(0.048)		
(Stock≤0.224) ×Tse		−0.026 ***	
		(−3.025)	

表6-13(续)

Variable	(1) CSiR	(2) CSiR	(3) CSiR
(Stock>0.224) ×Tse		0.035*** (3.231)	
(Stock≤0.224) ×Tie			-0.020*** (-3.134)
(0.224 <Stock≤0.297) ×Tie			0.020** (2.314)
(Stock>0.297) ×Tie			-0.010 (-1.143)
Industry	Yes	Yes	Yes
Year	Yes	Yes	Yes
_cons	-0.021 (-0.038)	-0.306 (-0.558)	-0.279 (-0.507)
N	6 228	6 228	6 228
R^2	0.044	0.033	0.030

6.5 本章小结

本章主要理论分析与实证检验了高管激励对高管团队经验与企业社会责任的关系的影响,得出以下结论:

第一,薪酬激励存在单一门槛效应,薪酬激励需要跨过一定的门槛,使得职能经验异质性的高管团队优化企业负责任的行为;薪酬激励存在双重门槛效应,存在一个合适的区间,使得职能经验异质性的高管团队能在此薪酬激励的区间内改善企业不负责任的行为。薪酬激励存在双重门槛效应,当薪酬激励跨过第二道门槛时,高管团队共享经验会优化企业负责任的行为;薪酬激励在共享经验与企业不负责任行为的关系中,不存在门槛效应。薪酬激励存在单一门槛效应,当薪酬激励越过此门槛时,拥有行业经验的高管团队会优化企业负责任的行为;薪酬激励存在双重门槛效应,即存在一个合适的区间,使得拥有行业经验的高管团队能在此薪酬激励下改善企业不负责任的行为。

第二,股权激励对高管团队经验与企业负责任行为的关系的影响不存在门槛效应；股权激励对高管团队经验与企业不负责任行为的关系的影响存在门槛效应。股权激励存在双重门槛效应，在股权激励到达第一道门槛前，为了获得更多的股权，职能经验异质性的高管团队会选择积极改善企业不负责任的行为；在股权激励到达第一道门槛后，到达第二道门槛前，高股权激励对高管存在着诱惑，此时高管会通过增加企业不负责任的行为以减少企业的投入与支出，在短时间内提升企业的业绩，以获取当前阶段的收益；当越过第二道门槛值时，股权激励不再起作用。股权激励存在单一门槛效应，当股权激励跨过此门槛后，共享经验的高管团队会增加企业不负责任的行为。股权激励存在双重门槛效应，在股权激励到达第一道门槛前，股权激励会激励行业经验的管理者改善企业不负责任的行为；而当股权激励跨过第一道门槛，到达第二道门槛前，此时股权激励仍然起作用，过高的股权激励会刺激管理者通过不负责任的行为来增加企业的收益，以此获得相应的股权收益；而当股权激励跨过第二道门槛后，股权激励不再起作用，此时过高的股权激励给高管带来的不仅是过高的决策风险，高管的个人收入也面临风险。

第三，虽然声誉激励的门槛效应不成立，但声誉激励仍具备激励作用，在随后对声誉激励作为普通调节变量的检验中，我们发现，声誉激励可以使有行业经验的高管团队减少企业不负责任的行为。

以上结果表明，三种激励机制发挥激励效果的形式各不相同。薪酬激励需要跨越一定的门槛满足高管团队成员的期望，良好的薪酬激励机制有助于企业高管团队成员发挥自己的经验，当薪酬激励的门槛设置为大于16.971时，有助于高管团队成员发挥经验的作用，优化企业负责任的行为，当薪酬激励的门槛区间为［14.875，15.627］时，高管团队成员会充分发挥经验的作用改善企业不负责任的行为。股权激励容易造成高管团队成员获得了股权却并没有提升社会责任水平的行为，并且还会出现损害企业社会责任形象的情况，因此股权激励必须控制在一定的门槛值范围内，本书的研究结果为高管团队成员的持股比例低于22.4%时，职能经验异质性的高管团队、共享管理经验的高管团队和行业经验的高管团队均可以改善企业不负责任的行为。这时股权激励既能满足高管对股权的期望，又使得高管的利益与企业的利益相绑定，避免做出损害企业利益的行为。虽然声誉激励不存在门槛效应，但声誉激励是改善企业不负责任行为的重要手段，在声誉激励的约束下，有经验的高管团队会改善企业不负责任的行为以维护企业的声誉。

　　虽然薪酬激励、股权激励与声誉激励发挥激励作用的形式不同，但三种激励机制可以同时存在于企业中，并且互为补充，目的都是促使高管做出对企业有利的行为。本书丰富了高管激励在高管团队经验与企业社会责任之间关系的影响研究，为企业制定相应的激励机制提供了参考。

7 研究结论与启示、研究局限与展望

7.1 研究结论与启示

7.1.1 研究结论

本书以 2013—2021 年 A 股主板公司为样本，以企业同时存在负责任的行为和不负责任的行为为切入点，并以高阶梯队理论为理论基础，以注意力理论为补充，结合我国企业的高管激励机制，理论分析和实证研究了高管团队经验、高管激励与企业社会责任之间的关系。本书的主要研究结论如下，表 7-1 展示了全文的假设以及研究结果。

7.1.1.1 高管团队经验与企业社会责任的关系

职能经验异质性、共享管理经验和行业经验影响企业负责任的行为和不负责任的行为，然而高管团队经验对企业负责任行为与不负责任行为的影响是不对称的。职能经验异质性的管理者具有丰富的异质性知识，虽然其在制定企业社会责任战略时既注重优化企业负责任的行为，又注意改善企业不负责任的行为，但职能经验异质性的管理团队较为关注优化企业负责任的行为。高管团队的共享管理经验随着团队成员共同任职时间的增长逐步积累，共享管理经验的管理者在制定企业社会责任战略时既关注企业负责任的行为又关注企业不负责任的行为。由于共事时间较长的管理者会对企业所面对的环境比较敏感，因此其对企业不负责任行为的关注会略多于企业负责任的行为，这可以使得企业在面对不负责任的行为带来的问题时及时作出反应，减少了协商的时间。行业经验的管理者在制定企业社会责任战略时既关注企业负责任的行为，也关注企业不负责任的行为，对企业不负责任的行为的关注也略多于企业负责任的行为。一方面，行业经验丰富的高层管理者可以识别企业所面临的威胁，改善企业不负责任的行为；另一方面，行业经验丰富的高层管理者拥有广泛的外部关系网络，出于维护外部关系网络，其也会注意改善企业不负责任的行为。

为了进一步讨论高管团队经验对企业社会责任影响的不对称性，本书将企业社会责任分为对内部利益相关者的社会责任和对外部利益相关者的社会责任。面对外部利益相关者时，职能经验异质性的管理者、共享管理经验的管理者和行业经验的管理者都会更加关注对外部利益相关者不负责任行为的改善。面对内部利益相关者时，职能经验异质性的管理者和行业经验的管理者在制定企业社会责任战略时会关注内部利益相关者的利益，但当内部利益相关者的利益受损时，其改善对内部利益相关者不负责任的行为却不明显。

本书还根据股权性质的不同研究了国有与民营企业高管团队经验对企业社会责任的影响。国有企业的高管团队经验促使高管团队积极履行企业社会责任，同时也会改善企业不负责任的行为。民营企业更倾向于通过对企业不负责任的行为进行改善，在社会公众和政府面前建立一个良好的、负责任的企业形象。在企业生命周期的不同阶段，高管团队经验发挥着不同的作用，在企业的成长期、成熟期、衰退期，企业会选择不同的社会责任战略在此阶段获得或维持自身的竞争优势。高管团队经验在不同的产业类型中对企业社会责任的影响各不相同，高管团队经验帮助企业在当前的环境下选择合适的企业社会责任行为，以此来维持企业的竞争优势。

7.1.1.2 高管团队经验的交互效应与企业社会责任

职能经验异质性与共享经验交互后仍能优化企业负责任的行为和改善企业不负责任的行为，但与单独的职能经验异质性对企业社会责任的影响相比，高管团队成员共事时间的增长，会在一定程度上削弱职能经验异质性的高管团队优化企业负责任行为与改善企业不负责任行为的积极性。

由行业经验与共享经验的交互效应的结果可知，随着团队成员共事时间的增长，高管团队能充分整合利用行业经验的管理者带来的各种知识以及对外部行业市场的评估，在面对激烈的竞争时更有效地优化企业负责任的行为与改善企业不负责任的行为，以此来提升企业的竞争优势。

本书进一步研究了高管团队的经验交互对企业内部利益相关者和外部利益相关者负责任的行为与不负责任的行为的影响。研究结果表明，随着共事时间的增长，职能经验异质性高管团队和拥有行业经验的高管团队对内部利益相关者不负责任的行为关注增多，与职能经验异质性高管团队和行业经验高管团队只关注改善外部利益相关者不负责任的行为相比，经验交互的高管团队会在内部利益相关者和外部利益相关者的关注上变得均衡，高管团队成员共享管理经验可以整合高管团队现有的知识，并弥补高管团队现有相关决策的不足，使高管团队做出的决策更加有利于企业的发展。

7.1.1.3 高管团队经验、高管激励与企业社会责任

高管激励只有满足高管团队成员的期望时，才能很好地发挥激励的作用，本书将高管激励作为门槛变量引入高管团队经验与企业社会责任关系的研究中来。

①薪酬激励的门槛效应

高管的薪酬激励需要跨越一定的门槛满足高管团队成员的期望，薪酬激励大多数情况下都会发挥激励的作用，良好的薪酬激励机制有助于企业高管团队成员发挥自己的经验优势。当薪酬激励的门槛设置为大于 16.971 时，有助于高管团队成员发挥经验的作用，优化企业负责任的行为；当薪酬激励的门槛区间为（14.875, 15.627]时，高管团队成员会充分发挥经验的作用，改善企业不负责任的行为。

②股权激励的门槛效应

在检验股权激励对高管团队经验与企业负责任行为关系的影响时，门槛效应并不存在。为了进一步确定股权激励对高管团队经验与企业负责任行为关系的影响，本书将股权激励作为线性调节变量进行了检验，发现股权激励并不能使高管团队成员重视企业负责任的行为，这可能是由于股权属于长期收益，而企业负责任行为的投资大，见效周期长，并不能显著并快速地改善高管的收入现状。与优化企业负责任的行为相比，高管团队改善企业不负责任的行为可以获得良好、快速的反馈。

检验股权激励对高管团队经验与企业不负责任行为关系的影响时，我们发现，股权激励不是越多越好，必须控制在一定的门槛值范围内，当高管团队成员的持股比例低于 22.4% 时，职能经验异质性的高管团队、共享管理经验的高管团队和行业经验的高管团队均会选择改善企业不负责任的行为，此时的股权激励既能满足高管对股权的期望，又使得高管的利益与企业的利益相绑定，避免高管团队做出损害企业利益的行为。

③声誉激励的门槛效应

虽然声誉激励的门槛效应不存在，但声誉激励具备激励的作用。在声

誉激励作为线性调节变量的检验中，我们发现，声誉激励可以使有经验的高管团队减少企业不负责任的行为，这是因为改善企业不负责任的行为不只能给高管带来声誉，还能保全整个企业的声誉。

薪酬激励、股权激励和声誉激励虽然发挥激励的形式不同，但三种激励方式可以同时存在于企业，互为补充，目的就是激发高管团队成员的经验优势，使其可以提升企业社会责任水平，促进企业持续健康的发展。

表 7-1　全书假设与结论汇总

研究	假设	假设内容	检验结果
高管团队经验与企业社会责任	H4-1a	高管团队职能经验异质性有助于优化企业负责任的行为	成立
	H4-1b	高管团队职能经验异质性有助于改善企业不负责任的行为	成立
	H4-2a	高管团队成员共享管理经验能优化企业负责任的行为	成立
	H4-2b	高管团队成员共享管理经验能改善企业不负责任的行为	成立
	H4-3a	高管团队成员行业经验有助于优化企业负责任的行为	成立
	H4-3b	高管团队成员行业经验有助于改善企业不负责任的行为	成立
高管团队经验交互与企业社会责任	H5-1a	职能经验异质性和共享经验的交互仍然可以优化企业负责任的行为，然而随着团队成员共享经验水平的提升，职能经验异质性与企业负责任行为之间的正相关关系会变弱	成立
	H5-1b	职能经验异质性和共享经验的交互仍然可以改善企业不负责任的行为，然而随着团队成员共享经验水平的提升，职能经验异质性与企业不负责任行为之间的负相关关系会变弱	成立
	H5-2a	行业经验和共享经验的交互可以优化企业负责任的行为，随着团队成员共享经验水平的提升，行业经验与企业负责任行为之间的正相关关系会增强	成立
	H5-2b	行业经验和共享经验的交互可以改善企业不负责任的行为，随着团队成员共享经验水平的提升，行业经验与企业不负责任行为之间的负相关关系会增强	成立

表7-1(续)

研究	假设	假设内容	检验结果
高管激励的门槛效应	H6-1a	薪酬激励存在门槛效应,薪酬激励需要跨越一定的门槛值或存在最佳的薪酬激励区间,使职能经验异质性的高管团队优化企业负责任的行为	成立
	H6-1b	薪酬激励存在门槛效应,薪酬激励需要跨越一定的门槛值或存在最佳的薪酬激励区间,使职能经验异质性的高管团队改善企业不负责任的行为	成立
	H6-1c	薪酬激励存在门槛效应,薪酬激励需要跨越一定的门槛值或存在最佳的薪酬激励区间,使共享经验的高管团队优化企业负责任的行为	成立
	H6-1d	薪酬激励存在门槛效应,薪酬激励需要跨越一定的门槛值或存在最佳的薪酬激励区间,使共享经验的高管团队改善企业不负责任的行为	不成立
	H6-1e	薪酬激励存在门槛效应,薪酬激励需要跨越一定的门槛值或存在最佳的薪酬激励区间,使拥有行业经验的高管团队优化企业负责任的行为	成立
	H6-1f	薪酬激励存在门槛效应,薪酬激励需要跨越一定的门槛值或存在最佳的薪酬激励区间,使拥有行业经验的高管团队改善企业不负责任的行为	成立
	H6-2a	股权激励存在门槛效应,股权激励需要在一定的门槛值范围内,使职能经验异质性的高管团队优化企业负责任的行为	不成立
	H6-2b	股权激励存在门槛效应,股权激励需要在一定的门槛值范围内,使职能经验异质性的高管团队改善企业不负责任的行为	成立
	H6-2c	股权激励存在门槛效应,股权激励需要在一定的门槛值范围内,使共享经验的高管团队优化企业负责任的行为	不成立
	H6-2d	股权激励存在门槛效应,股权激励需要在一定的门槛值范围内,使共享经验的高管团队改善企业不负责任的行为	成立
	H6-2e	股权激励存在门槛效应,股权激励需要在一定的门槛值范围内,使拥有行业经验的高管团队优化企业负责任的行为	不成立
	H6-2f	股权激励存在门槛效应,股权激励需要在一定的门槛值范围内,使拥有行业经验的高管团队改善企业不负责任的行为	成立
	H6-3a	声誉激励存在门槛效应,声誉激励需要在一定的门槛值范围内,使职能经验异质性的高管团队优化企业负责任的行为	不成立

表7-1(续)

研究	假设	假设内容	检验结果
	H6-3b	声誉激励存在门槛效应，声誉激励需要在一定的门槛值范围内，使职能经验异质性的高管团队改善企业不负责任的行为	不成立
	H6-3c	声誉激励存在门槛效应，声誉激励需要在一定的门槛值范围内，使共享经验的高管团队优化企业负责任的行为	不成立
	H6-3d	声誉激励存在门槛效应，声誉激励需要在一定的门槛值范围内，使共享经验的高管团队改善企业不负责任的行为	不成立
	H6-3e	声誉激励存在门槛效应，声誉激励需要在一定的门槛值范围内，使拥有行业经验的高管团队优化企业负责任的行为	不成立
	H6-3f	声誉激励存在门槛效应，声誉激励需要在一定的门槛值范围内，使拥有行业经验的高管团队改善企业不负责任的行为	不成立

7.1.2　理论贡献

本书以高阶梯队理论为主体理论框架，结合注意力理论和激励理论，以环环相扣的行文逻辑，深入探讨了高管团队经验、高管激励与企业社会责任的关系。本书的研究具有以下理论贡献：

第一，以往的研究或把企业社会责任看作一个整体，或单独研究企业不负责任的行为。然而，企业负责任的行为与不负责任的行为可以同时在企业中存在，对其同时进行研究是非常有意义的：一方面，增加企业负责任的行为并不意味着企业不负责任行为的减少，企业不负责任行为的减少也不意味着企业负责任行为的增加，真正意义上的提高企业履行社会责任的水平既包含优化企业负责任的行为，又包含改善企业不负责任的行为；另一方面，企业负责任的行为与不负责任的行为给社会公众带来的刺激不同，企业负责任的行为与不负责任的行为受到的企业关注也可能是不同的，这就可能会导致企业管理层做出决策时会更加关注企业负责任行为与不负责任行为的某一方面。本书将企业负责任的行为和不负责任的行为同时引入研究框架，不仅研究相关因素如何影响企业负责任的行为与不负责任的行为，还比较了相关因素对二者的影响是否对称，并把企业社会责任的行为进一步细化为对内部利益相关者、外部利益相关者负责任的行为与不负责任的行为。本书的研究拓宽了企业社会责任研究的领域，为研究企业社会责任提供了新视角。

第二，高管团队作为企业战略和政策的主要制定者和执行者，高管团队的经验对企业社会责任战略的制定和执行的推动作用不可忽视。以往的研究都集中于高管团队的人口统计学特征对企业社会责任的影响，鲜有学者对高管团队经验与企业社会责任的关系进行相应的研究。本书以高管团队经验为切入点，不仅研究了高管团队经验对企业社会责任的影响，还研究了不同的高管团队经验交互对企业社会责任的影响，以上研究是对高阶梯队理论的进一步应用，丰富了高管团队对企业社会责任影响的相关文献，有助于进一步了解和掌握企业社会责任的影响因素。

第三，以往研究只得出高管团队特征会影响企业社会责任履行这一结论，鲜有研究解释高管团队为什么会对企业社会责任的影响有所不同。本书认为，对于不同的股权性质、不同生命周期与不同产业类型的企业，高管团队经验对企业负责任的行为与不负责任行为的关注不同是因为在有限的信息与资源的约束下，企业高管团队的注意力集中在那些对企业有利的行为上。高阶梯队理论与注意力理论相结合解释了为何不同经验的高管团队会侧重于关注企业社会责任的不同方面，为今后开展类似的研究提供了新的研究思路。

第四，已有的研究大多着眼于某个激励措施的线性调节效果，本书认为激励只有在满足高管期望时才能发挥作用，因此本书将激励作为门槛变量，研究薪酬激励、股权激励、声誉激励如何激励高管发挥不同经验的作用，以促使企业优化负责任的行为或改善不负责任的行为，丰富了高管激励计量方法的同时，也丰富了激励对高管团队特征与社会责任关系的影响方面的文献。

7.1.3 实践启示

企业要想提高自身履行社会责任的水平，既要优化企业负责任的行为，又要改善企业不负责任的行为。本书从研究结果出发提出一些相关的建议，希望能帮助企业制定更合理的企业社会责任战略。

第一，企业既要做好事，又要避免做坏事。本书认为企业负责任的行为和不负责任的行为同时存在于企业内部，企业负责任行为的增加并不意味着企业不负责任行为的减少，因此提升企业履行社会责任的水平，企业不只要做好事，还要避免做坏事。对于企业来说，履行社会责任包括制造好的商品、提供好的服务、不污染环境、不亏待员工、不欺骗顾客、努力促进社会的和谐发展等。企业做好事，会提升顾客对企业的认可度和忠诚度，得到社会与政府的肯定。尽管现实中企业可以通过不负责任的行为使企业获得短期的利益，然而一旦企业出现重大的食品安全事件或生产安全事件，不仅会使得企业之前建立的负责任的形象崩塌，还会使得企业无论如何努力再难建立起公众对其的信任，企业做坏事给自身带来的不仅是一时的经济惩罚，给企业带来的声誉损失更是难以估计。中小企业或经营效果较差的企业，要积极履行企业必要的社会责任，并积极避免出现不负责任的企业行为；经营效果好的企业，尤其是国有企业，要积极优化企业负责任的行为，这是党的二十大对企业的要求，也是社会对企业的期望，同时这些企业还需要注意改善企业不负责任的行为，尤其是预防那些可能给企业带来重大损失的不负责任的行为。

第二，注重培养高管团队能力。本书的研究表明，高管团队的经验对优化企业负责任的行为和改善企业不负责任的行为有重要的作用。由于高管团队的经验在企业不同的发展阶段、不同类型的企业中所起的作用不同，因此在高管团队组建时，就要注重对高管团队成员的选择。一方面，企业要了解自身的需要，通过不同渠道来组建高管团队成员。内部招聘可以鼓励企业原有员工提升相应能力，是企业对内部员工的认可，内部招聘也可以减少成员磨合的时间；同时可以进行外部招聘，尤其是招聘有行业经验的管理者，可以给企业带来新的外部关系网络，如新的客户、新的供应商等，新人员的加入还可以冲击由于长时间共事所导致的高管团队的集体思维。另一方面，在高管相关能力的培养上，应当注重其在不同职能岗位的经历与锻炼，培养其思考问题视角和相应的专业知识，增强管理者应对不同情境的决策能力。在共享经验方面，企业要注重高管团队成员的交流与合作，对成员间出现的影响团队沟通的问题，要及时发现，分析原因并进行解决，加强成员间相互学习和整合资源的能力，鼓励高管成员间多沟通、多合作，从而提高成员间的默契程度，提高决策效率；在行业经验方面，鼓励管理层多出席行业交流峰会，加强其与相关行业人员的交流。

第三，优化企业激励机制。本书通过将高管激励作为门槛变量，验证了高管薪酬激励、股权激励、声誉激励在高管团队经验与企业社会责任关系中的作用。所得的研究结果表明，薪酬激励、股权激励和声誉激励所带来的效果不同。首先，企业要完善薪酬激励机制，由于薪酬激励只有在满足高管的期望时才能发挥作用，因此企业需要通过制定合理的考核标准，激励高管充分积极地发挥自身经验知识的效用，以获得相应的薪酬；其次，企业要着眼公司长远利益，适当增加股权激励，来激励高管团队运用经验知识制定符合企业长期可持续发展的企业战略，及时发现并改善企业不负责任的行为；最后，高管的声誉往往代表着企业的声誉，通过良好的声誉激励可以给高管带来心理上的满足感，使得高管团队在制定相关战略决策时，更加注重企业的声誉。企业可以采取适当的方式对高管进行表彰，例如企业可以召开表彰大会等对高管所做的贡献加以表彰，在企业宣传窗口对高管的相关事迹进行宣传等。企业还可以将多种激励机制相结合，满足高管对薪酬的需求的同时，也满足高管对声誉的追求。

第四，健全社会责任制度评价体系。本书的研究使用的数据来自 CNRDS 数据库中的 CESG 数据库，此数据库最大的特点就是将企业社会责任分为优势和关注两大类，与国外的 KLD 的衡量企业社会责任的方式基本一致，这为同时研究企业社会责任中负责任的行为和不负责任的行为提供了可能。然而，此数据库中包含的企业还比较有限。针对此数据库存在的不足，一方面，需要企业进一步配合，披露自己的企业社会责任行为；另一方面，政府可以进一步完善企业社会责任的评价体系，使其评价指标更加科学地反映企业当前的社会责任现状，以督促企业改善不负责任的行为。

7.2 研究局限与展望

虽然本书基于高阶梯队理论探讨了高管团队经验、高管激励与企业社会责任之间的关系，但本书还存在着一些不足，可以在未来的研究中继续进行探讨。

第一，对于企业社会责任的测量，CNRDS 数据库所包含的企业数量有限，这也是企业社会责任数据库普遍存在的问题，由于一些企业存在较多年份的缺失数据，在研究时不得不对原本就不多的数据样本进行删减。随着时间的推移，会有更多的企业披露社会责任的信息，样本量的增大会使本书的结论更有说服力。未来可能会开发出更权威的数据库用来记录企业的社会责任行为，或者可能有更具说服力的算法来计算企业的社会责任行为，因为企业社会责任行为是值得研究的。对企业社会责任数据的获取，目前还出现了这样一种问题，越来越多的数据库将企业社会责任数据库改为 ESG 数据库，这就需要对所研究的问题进行充分的考量，判断此数据库是否合适。

第二，对于高管团队经验的维度，从以往的研究和本书的研究中可以看出，并没有一个综合的指标可以完全代表高管团队的经验，这是因为经验作为一个隐性的知识，并没有统一的衡量方式，学者们根据研究的对象不同对高管团队经验进行了不同维度的划分，本书选取了被多数学者（Kor，2003；杨林 等，2020；陈云，2011；田雨霏，2022）研究并认可的高管团队职能经验异质性、共享管理经验和行业经验作为高管团队经验的代理变量。未来高管团队经验还可能包含哪些，二手数据应该如何测量是可以继续研究的方向。

第三，本书在第 5 章研究了职能经验异质性与共享经验的交互、行业经验与共享管理经验的交互对企业社会责任的影响，目的是想要探究随着高管团队成员共事时间的增加，职能经验异质性和行业经验对企业社会责任的影响是否会发生变化。本书的研究没有将职能经验异质性与行业经验进行交互是考虑到企业实际经营中，高管团队需要拥有多种经验。而交互会得到两种结果，一种是职能经验异质性与行业经验互补，另一种是职能经验异质性与行业经验相互替代，而替代作用是不符合逻辑也无法解释的。出于同样的原因，本书也没有进行三个变量的交互分析。然而，可能存在更好的角度来解读三个变量交互的结果。因此，在未来的研究中，还可以对三者的关系进行进一步的研究。

第四，本书通过高阶梯队理论与注意力理论相结合的方式，解释高管团队经验为何对企业负责任的行为与不负责任的行为的关注不同，造成这种不同的原因还可能是高管团队经验发挥作用的路径不同，但这种路径是否存在，是否能很好地解释高管团队经验如何影响企业社会责任，还需要在以后的研究中加以验证。

第五，对于调节变量的选择，本书主要是从激励的角度研究高管激励对高管团队经验与企业社会责任关系的影响，还存在其他的调节变量，例如政府管制等也可能会影响高管团队经验与企业社会责任之间的关系，这在以后的研究中是非常值得关注的。

参考文献

[1] 曹晓丽，杨敏. 高管薪酬激励对上市公司业绩影响的实证研究 [J]. 会计之友，2014，475（7）：79-83.

[2] 曹越，郭天枭. 高管学术经历与企业社会责任 [J]. 会计与经济研究，2020，34（2）：22-42.

[3] 曾爱民，王昱晶. 高管激励对企业社会责任影响研究 [J]. 景德镇学院学报，2017，32（2）：54-61.

[4] 曾爱民，魏志华，张纯，等. 企业社会责任："真心"抑或"幌子"：基于高管内幕交易视角的研究 [J]. 金融研究，2020，483（9）：154-171.

[5] 陈浩，刘春林，鲁悦. 政治关联与社会责任报告披露 [J]. 山西财经大学学报，2018，40（4）：75-85.

[6] 陈和，隋广军. 试论资本密集型企业的特性及其对传统企业理论的挑战 [J]. 外国经济与管理，2010，32（3）：52-60，65.

[7] 陈良勇，阮荣彬，万文海，等. 童年贫困经历对企业家社会创业导向的影响机制研究 [J]. 管理评论，2022，34（3）：153-162，219.

[8] 陈维政，吴继红，任佩瑜. 企业社会绩效评价的利益相关者模式 [J]. 中国工业经济，2002（7）：57-63.

[9] 陈伟民. 高管团队人口特征、社会资本和企业绩效 [J]. 郑州航空工业管理学院学报，2007，86（2）：82-84.

[10] 陈文强. 控股股东涉入与高管股权激励："监督"还是"合谋"？[J]. 经济管理，2017，39（1）：114-133.

[11] 陈笑雪. 管理层股权激励对公司绩效影响的实证研究 [J]. 经济管理，2009，31（2）：63-69.

［12］陈云. 企业高层管理团队冲突及其管理［M］. 北京：知识产权出版社，2011.

［13］崔小雨，陈春花，苏涛. 高管团队异质性与组织绩效的关系研究：一项 Meta 分析的检验［J］. 管理评论，2018，30（9）：152-163.

［14］单令彬，李丰杉，丁颖涌. 企业承担环境责任能实现环境效益和经济效益双赢吗：基于股权资本成本视角［J］. 投资研究，2021，40（2）：71-91.

［15］邓新明，熊会兵，李剑峰，等. 政治关联、国际化战略与企业价值：来自中国民营上市公司面板数据的分析［J］. 南开管理评论，2014，17（1）：26-43.

［16］邓彦，潘星玫，刘思. 高管学历特征与企业环保投资行为实证研究［J］. 会计之友，2021，654（6）：102-108.

［17］杜君. TMT 异质性与企业社会责任：基于中国 IT 行业上市公司面板数据的实证研究［J］. 智能计算机与应用，2021，11（3）：115-120.

［18］付悦. 高管团队认知对组织双元能力开发的作用机理研究：基于组织性格的视角［J］. 心理科学进展，2018，26（1）：14-25.

［19］傅超，王文姣，傅代国. 管理者从军经历与企业战略性慈善捐赠［J］. 杭州电子科技大学学报（社会科学版），2021，17（3）：15-21.

［20］葛建华，冯云霞. 企业家公众形象、媒体呈现与认知合法性：基于中国民营企业的探索性实证分析［J］. 经济管理，2011（3）：101-107.

［21］郭文忠，周虹. 高管团队特征、市场化程度与企业社会责任履行：基于 Heckman 两阶段模型的分析［J］. 技术经济与管理研究，2020，283（2）：66-70.

［22］韩亮亮，李凯，宋力. 高管持股与企业价值：基于利益趋同效应与壕沟防守效应的经验研究［J］. 南开管理评论，2006（4）：35-41.

［23］韩亮亮，杨隆华. 声誉激励、声誉惩罚与公司业绩［J］. 当代财经，2016，377（4）：72-81.

［24］韩晓宇. 管理层团队经验对企业风险承担能力影响及其作用机制研究［D］. 武汉：华中科技大学，2021.

［25］何明钦. 高管团队职能背景、创新投资与企业绩效［J］. 工业技术经济，2020，39（8）：3-12.

［26］何一清，王迎军，方琳，等. 企业高管环境扫描与突破认知惰

性机制研究 [J]. 科研管理，2015，36（9）：100-105.

[27] 贺云龙，肖铭玥. 政治关联、媒体报道与企业社会责任信息披露：来自沪深 A 股数据的实证分析 [J]. 哈尔滨商业大学学报（社会科学版），2020，171（2）：93-102.

[28] 胡保亮，赵田亚，闫帅. 高管团队行为整合、跨界搜索与商业模式创新 [J]. 科研管理，2018，39（12）：37-44.

[29] 黄荷暑，周泽将. 女性高管、信任环境与企业社会责任信息披露：基于自愿披露社会责任报告 A 股上市公司的经验证据 [J]. 审计与经济研究，2015，30（4）：30-39.

[30] 黄珺，周春娜. 股权结构、管理层行为对环境信息披露影响的实证研究：来自沪市重污染行业的经验证据 [J]. 中国软科学，2012，253（1）：133-143.

[31] 黄群慧，李春琦. 报酬、声誉与经营者长期化行为的激励 [J]. 中国工业经济，2001（1）：58-63.

[32] 黄群慧. 企业家的期望角色：经济学和管理学的阐释 [J]. 财经科学，2001（6）：57-62.

[33] 贾明，张喆. 高管的政治关联影响公司慈善行为吗？[J]. 管理世界，2010，199（4）：99-113，187.

[34] 贾鲜凤，田高良. 高管薪酬激励、代理成本与企业社会责任 [J]. 财会通讯，2019（33）：15-19.

[35] 蒋亚楠. 上市公司高管团队特征对企业社会责任履行影响研究：以媒体关注度为调节变量 [D]. 兰州：甘肃政法学院，2019.

[36] 蒋尧明，赖妍. 高管海外背景对企业社会责任信息披露的影响：基于任职地区规制压力的调节作用 [J]. 山西财经大学学报，2019，41（1）：70-86.

[37] 蒋尧明，郑莹. 企业社会责任信息披露高水平上市公司治理特征研究：基于 2012 年沪市 A 股上市公司的经验证据 [J]. 中央财经大学学报，2014，327（11）：52-59.

[38] 赖妍，刘小丽. 高管海外背景、注意力配置与企业社会责任信息披露 [J]. 金融与经济，2022，535（2）：86-96.

[39] 赖妍，杨玲，张红. 高管海外背景、权力距离与企业社会责任信息披露 [J]. 会计之友，2020，630（6）：58-64.

[40] 李东升, 余振红, 连军. 高管超额薪酬与企业绩效的非线性异质关系检验 [J]. 财会月刊, 2018, 828 (8): 89-98.

[41] 李冬伟, 黄祺雯. 企业社会责任缺失: 概念、前因及后果 [J]. 财会通讯, 2018, 774 (10): 30-34.

[42] 李闽洲, 顾晓敏. 高管薪酬、产权性质与企业社会责任 [J]. 财会通讯, 2018, 788 (24): 31-40, 129.

[43] 李茜, 熊杰, 黄晗. 企业社会责任缺失对财务绩效的影响研究 [J]. 管理学报, 2018, 15 (2): 255-261.

[44] 李善民, 叶会. 股权结构与公司绩效的差异分析: 基于产业要素密集度的视角 [J]. 证券市场导报, 2007, 177 (4): 35-43.

[45] 李姝, 谢晓嫣. 民营企业的社会责任、政治关联与债务融资: 来自中国资本市场的经验证据 [J]. 南开管理评论, 2014, 17 (6): 30-40.

[46] 李维安. 分类治理: 国企深化改革之基础 [J]. 南开管理评论, 2014 (5): 1.

[47] 李卫宁, 李莉. TMT 异质性、战略变革与绩效改善的关系研究: 基于绩效下滑的非多元化企业的数据实证 [J]. 中国管理科学, 2015, 23 (6): 153-161

[48] 李心斐, 程宝栋, 许恒, 等. 高管 "海归" 背景有助于企业社会责任履行吗: 基于 A 股上市公司的经验数据 [J]. 经济管理, 2020 (11): 1-17.

[49] 李新春, 陈斌. 企业群体性败德行为与管制失效: 对产品质量安全与监管的制度分析 [J]. 经济研究, 2013, 48 (10): 98-111, 123.

[50] 李延喜, 包世泽, 高锐, 等. 薪酬激励、董事会监管与上市公司盈余管理 [J]. 南开管理评论, 2007, 57 (6): 55-61.

[51] 廖飞, 施丽芳, 茅宁, 等. 竞争优势感知、个人声誉激励与知识工作者的内生动机: 以知识的隐性程度为调节变量 [J]. 南开管理评论, 2010, 13 (1): 134-145

[52] 林宏妹, 陈选娟, 吴杰楠. 高管任期与企业社会责任: 基于 "职业生涯忧虑" 的研究视角 [J]. 经济管理, 2020, 42 (8): 51-67.

[53] 刘兵, 李嫄, 龚晓娜. 科技型中小企业高管团队群体动力源研究: 能力构成与权力分配孰轻孰重 [J]. 科技进步与对策, 2014, 31 (17): 138-143.

［54］鲁桐，党印. 公司治理与技术创新：分行业比较［J］. 经济研究，2014，49（6）：115-128.

［55］鲁桐，仲继银，孔杰. 2008 年中国上市公司 100 强公司治理评价报告［J］. 首席财务官，2008，41（9）：32.

［56］罗正英，姜钧乐，陈艳，等. 行业竞争、高管薪酬与企业社会责任履行［J］. 华东师范大学学报（哲学社会科学版），2018，50（4）：153-162，177.

［57］吕长江，郑慧莲，严明珠，等. 上市公司股权激励制度设计：是激励还是福利？［J］. 管理世界，2009，192（9）：133-147，188.

［58］马连福，刘丽颖. 高管声誉激励对企业绩效的影响机制［J］. 系统工程，2013，31（5）：22-32.

［59］马永强，邱煜，金智. CEO 贫困出身与企业创新：人穷志短抑或穷则思变？［J］. 经济管理，2019，41（12）：88-104.

［60］孟庆斌，侯德帅，汪叔夜. 融券卖空与股价崩盘风险：基于中国股票市场的经验证据［J］. 管理世界，2018，34（4）：40-54.

［61］苗瑞雪. 企业高层管理人员激励约束机制构建［J］. 中国劳动，2010，294（6）：41-43.

［62］彭雪蓉，刘洋. 外部性视角下企业社会责任与企业财务绩效：一个重新定义的框架［J］. 浙江工商大学学报，2016（3）：72-79.

［63］彭珏，陈红强. 内部控制、市场化进程与企业社会责任［J］. 现代财经（天津财经大学学报），2015，35（6）：43-54.

［64］齐宝鑫，武亚军. 转型经济中民营企业成长的中长期激励机制研究：华为推行 TUP 的产权制度创新实践与理论启示［J］. 复旦学报（社会科学版），2018，60（3）：156-169.

［65］郄海拓，綦萌，李晓意，等. 和而不同：高管团队职能背景异质性对企业跨界技术并购绩效的影响［J］. 科技进步与对策，2021，38（21）：83-91.

［66］邱煜. 贫困经历会使高管更加谨慎吗？［J］. 现代财经（天津财经大学学报），2019，39（10）：46-62.

［67］邵剑兵，吴珊. 管理者从军经历与政府补助：基于慈善捐赠和冗余雇员的双重视角［J］. 上海财经大学学报，2018，20（3）：63-78.

［68］沈红波，谢越，陈峥嵘. 企业的环境保护、社会责任及其市场

效应：基于紫金矿业环境污染事件的案例研究［J］．中国工业经济，2012（1）：141-151.

［69］史元，李琳．高管角色、审计背景与企业信息披露质量［J］．工业技术经济，2020，39（7）：65-73.

［70］舒力，熊晓炼．高管背景特征与企业社会责任：基于高管激励的调节效应研究［J］．生产力研究，2019，329（12）：74-78.

［71］宋凌云，王贤彬．政府补贴与产业结构变动［J］．中国工业经济，2013（4）：94-106.

［72］苏然．CEO 背景特征、CEO 薪酬与企业自愿性社会责任［J］．现代财经（天津财经大学学报），2016，36（11）：76-88.

［73］苏奕婷，王彦勇．高管薪酬激励决定因素与效果研究［J］．东岳论丛，2020，41（12）：156-167.

［74］孙德升．高管团队与企业社会责任：高阶理论的视角［J］．科学学与科学技术管理，2009，30（4）：188-193.

［75］孙继伟，林强，李晓琳，等．科创企业管理团队冲突显现的影响因素研究：基于扎根理论的探索［J］．中国人力资源开发，2020，37（12）：81-98.

［76］孙俊华，陈传明．企业家社会资本与公司绩效关系研究：基于中国制造业上市公司的实证研究［J］．南开管理评论，2009（2）：28-36.

［77］孙秀梅，高德芳，宋剑锋．创业者行业经验、资源整合与商业模式创新性［J］．华东经济管理，2021，35（5）：61-70.

［78］谭雪．行业竞争、产权性质与企业社会责任信息披露：基于信号传递理论的分析［J］．产业经济研究，2017，88（3）：15-28.

［79］唐翌．企业高阶理论应用于 CSR 研究的点滴启示：对"王鹤丽与童立（2020）"一文的回应［J］．管理学季刊，2020，5（3）：21-24，162.

［80］唐跃军，吕斐适，程新生．大股东制衡、治理战略与信息披露：来自 2003 年中国上市公司的证据［J］．经济学（季刊），2008，7（2）：647-664.

［81］田雨霁．高管团队经验对企业风险承担的影响［J］．合作经济与科技，2022，693（22）：98-101.

［82］王鹤丽，童立，罗银燕．企业社会责任：研究综述以及对未来

研究的启示［J］. 管理学季刊，2020，5（3）：1-15，160.

［83］王华，黄之骏. 经营者股权激励、董事会组成与企业价值：基于内生性视角的经验分析［J］. 管理世界，2006（9）：101-116，172.

［84］王竞一，张东生. 行业经验、创业经验对创业机会识别影响综述［J］. 商业经济研究，2015，683（28）：95-96.

［85］王士红. 所有权性质、高管背景特征与企业社会责任披露［J］. 会计研究，2016（11）：53-61.

［86］王帅，徐宁. 公司高管声誉的三重激励效用及其实现途径［J］. 经济与管理研究，2016，37（2）：124-131.

［87］王帅，徐宁，姜楠楠. 高管声誉激励契约的强度、效用及作用途径：一个中国情境下的实证检验［J］. 财经理论与实践，2016，37（3）：69-76.

［88］王旭，王非. 无米下锅抑或激励不足？政府补贴、企业绿色创新与高管激励策略选择［J］. 科研管理，2019，40（7）：131-139.

［89］魏立群，王智慧. 我国上市公司高管特征与企业绩效的实证研究［J］. 南开管理评论，2002（4）：16-22.

［90］卫武，易志伟. 高管团队异质性、断层线与创新战略：注意力配置的调节作用［J］. 技术经济，2017，36（1）：35-40.

［91］文雯，宋建波. 高管海外背景与企业社会责任［J］. 管理科学，2017，30（2）：119-131.

［92］吴丽君，卜华. 民营企业高管背景与社会责任"迎合"行为研究［J］. 技术经济，2020，39（11）：165-174.

［93］吴婷. 政府补助支持企业创新的效果研究：基于高管薪酬激励的调节视角［J］. 江苏商论，2021，435（1）：107-113.

［94］吴育辉，吴世农. 高管薪酬：激励还是自利？来自中国上市公司的证据［J］. 会计研究，2010，277（11）：40-48，96-97.

［95］冼迪曦. 企业社会责任视角下环境信息披露的动因探析［J］. 经济研究导刊，2021，477（19）：74-76.

［96］肖红军. 国有企业社会责任的发展与演进：40年回顾和深度透视［J］. 经济管理，2018，40（10）：5-26.

［97］肖作平，杨娇. 公司治理对公司社会责任的影响分析：来自中国上市公司的经验证据［J］. 证券市场导报，2011，227（6）：34-40.

［98］谢荷锋，牟腊春. 高管流动与跨企业战略学习中的"马太效应"：基于中国制造业上市公司的实证检验［J］. 华东经济管理，2017，31（3）：131-139.

［99］谢佩洪，周祖城. 企业履行社会责任的动因及对策建议［J］. 中国人力资源开发，2008，217（7）：26-30.

［100］徐海成，张蓓齐，徐思. 高管团队异质性、股权集中度与企业社会责任［J］. 长安大学学报（社会科学版），2020，22（3）：46-54.

［101］徐莉萍，邵宇青，张淑霞. 企业社会责任、社会责任缺失与企业绩效［J］. 财会通讯，2020，849（13）：83-88.

［102］徐宁，吴皞玉，王帅. 动力抑或负担？高管声誉双重治理效用研究述评与展望［J］. 外国经济与管理，2017，39（10）：102-113.

［103］徐宁，徐向艺. 技术创新导向的高管激励整合效应：基于高科技上市公司的实证研究［J］. 科研管理，2013，34（9）：46-53.

［104］徐宁. 塑造长期主义者：高管声誉治理效应及实现机制研究［M］. 北京：经济科学出版社，2021.

［105］许年行，李哲. 高管贫困经历与企业慈善捐赠［J］. 经济研究，2016，51（12）：133-146.

［106］许瑜，冯均科. 高管激励机制、产权性质与审计定价［J］. 中国注册会计师，2017，214（3）：32-37.

［107］杨波，李佩. 企业高管团队职能背景对企业绩效的影响［J］. 经济论坛，2017，569（12）：110-117.

［108］杨林，顾红芳，李书亮. 高管团队经验与企业跨界成长战略：管理自主权的调节效应［J］. 科学学与科学技术管理，2018，39（9）：101-119.

［109］杨林，和欣，顾红芳. 高管团队经验、动态能力与企业战略突变：管理自主权的调节效应［J］. 管理世界，2020，36（6）：168-188，201，252.

［110］杨林. 高管团队异质性、企业所有制与创业战略导向：基于中国中小企业板上市公司的经验证据［J］. 科学学与科学技术管理，2013，34（9）：159-171.

［111］杨忠智，乔印虎. 行业竞争属性、公司特征与社会责任关系研究：基于上市公司的实证分析［J］. 科研管理，2013，34（3）：58-67.

[112] 姚冰湜，马琳，王雪莉，等. 高管团队职能异质性对企业绩效的影响：CEO 权力的调节作用 [J]. 中国软科学，2015，290（2）：117-126.

[113] 姚振华，孙海法. 高管团队组成特征与行为整合关系研究 [J]. 南开管理评论，2010，13（1）：15-22.

[114] 衣凤鹏，徐二明. 高管政治关联与企业社会责任：基于中国上市公司的实证分析 [J]. 经济与管理研究，2014，258（5）：5-13.

[115] 殷格非. 2012：中国企业社会责任管理元年 [J]. WTO 经济导刊，2012（7）：72.

[116] 殷红，杜彦宾. 企业社会责任信息披露：行业差异性与收敛性：基于中国企业 300 强的非参数检验 [J]. 财会通讯，2018，788（24）：79-83.

[117] 应佩佩，刘斌. 考虑企业社会责任缺失的双渠道供应链决策模型 [J]. 中国管理科学，2016，24（1）：626-633.

[118] 袁业虎，熊笑涵. 上市公司 ESG 表现与企业绩效关系研究：基于媒体关注的调节作用 [J]. 江西社会科学，2021，41（10）：68-77.

[119] 张爱卿，高应蓓. 基于 CiteSpace 的国内外企业社会责任缺失研究可视化对比分析 [J]. 中央财经大学学报，2020（6）：93-106.

[120] 张宏亮，王靖宇. 晋升激励与国有企业异常捐赠 [J]. 财经科学，2017（4）：77-88.

[121] 张林刚，施小维，熊焰. 海外背景董事对企业社会责任缺失行为的改善作用 [J]. 哈尔滨商业大学学报（社会科学版），2020，170（1）：34-49.

[122] 张平. 高层管理团队异质性与企业绩效关系研究 [J]. 管理评论，2006，18（5）：54-61.

[123] 张维迎. 产权、激励与公司治理 [M]. 北京：经济科学出版社，2005.

[124] 张兴亮. 高管薪酬研究综述 [J]. 财务研究，2015，6（6）：52-63.

[125] 张英明，徐晨. 关于完善上市公司股权激励税收政策的思考 [J]. 财政科学，2021（3）：44-54.

[126] 张英明，徐晨. 高管团队特征、社会责任意识与财务舞弊风

险：基于 A 股上市公司的门槛效应检验［J］．会计之友，2021，670（22）：58-65.

［127］张兆国，向首任，曹丹婷．高管团队异质性与企业社会责任：基于预算管理的行为整合作用研究［J］．管理评论，2018，30（4）：120-131.

［128］张振刚，户安涛，黄洁明．高管团队职能背景与企业创新绩效："精力"与"资源"的中介作用［J］．科技进步与对策，2019，36（24）：143-152.

［129］张正勇，邱佳涛．会计稳健性、公司治理与社会责任报告印象管理［J］．财经理论与实践，2017，38（3）：77-83.

［130］张正勇．产品市场竞争、公司治理与社会责任信息披露：来自中国上市公司社会责任报告的经验证据［J］．山西财经大学学报，2012，34（4）：67-76.

［131］章琳一．高管晋升锦标赛激励与企业社会责任：来自上市公司的证据［J］．当代财经，2019，419（10）：130-140.

［132］赵选民，韩瑞婷．谈我国企业社会责任由义务向战略的转变［J］．商业时代，2011，513（2）：89-90.

［133］赵选民，李瑾瑾．客户集中度、媒体报道与企业社会责任信息披露［J］．西安石油大学学报（社会科学版），2020，29（2）：51-60.

［134］郑海东，赵丹丹，张音，等．企业社会责任缺失行为公众反应的案例研究［J］．管理学报，2017，14（12）：1747-1756.

［135］钟鹏，吴涛，李晓渝．上市公司企业社会责任报告、社会责任缺失与财务绩效关系的实证研究［J］．预测，2021，40（1）：17-23.

［136］周虹．高管团队异质性与企业社会责任履行水平［J］．经济论坛，2017（5）：100-105.

［137］周中胜，何德旭，李正．制度环境与企业社会责任履行：来自中国上市公司的经验证据［J］．中国软科学，2012，262（10）：59-68.

［138］朱帮助，李璨．高管团队断裂带与企业社会责任：数字治理与媒体治理的调节效应［J］．广西大学学报（哲学社会科学版），2022，44（5）：92-102.

［139］朱芳芳．利益一致和利益冲突：高管团队薪酬差距的激励效应研究［J］．经济与管理评论，2017，33（4）：153-161.

［140］朱沆，叶文平，刘嘉琦．从军经历与企业家个人慈善捐赠：烙

印理论视角的实证研究 [J]. 南开管理评论, 2020, 23 (6): 179-189.

[141] 朱丽, 柳卸林, 刘超, 杨虎. 高管社会资本、企业网络位置和创新能力: "声望"和"权力"的中介 [J]. 科学学与科学技术管理, 2017, 38 (6): 94-109.

[142] 左晶晶, 唐跃军. 高管过度激励、所有权性质与企业国际化战略 [J]. 财经研究, 2011, 37 (6): 79-89.

[143] 左晶晶, 唐跃军. CEO 激励与国际化战略 [J]. 管理评论, 2014, 26 (7): 148-158.

[144] 左晶晶, 唐跃军. 过度激励与企业业绩: 基于边际递减效应和中国上市公司高管团队的研究 [J]. 产业经济研究, 2010, 44 (1): 48-56.

[145] ADAMS R B, FERREIRA D. Women in the boardroom and their impact on governance and performance [J]. Journal of Financial Economics, 2009, 94 (2): 291-309.

[146] AGLE B R, DONALDSON T, FREEMAN, R E, et al. Dialogue: toward superior stakeholder theory [J]. Business Ethics Quarterly, 2008 (18): 153-190.

[147] ALCHIAN A A, DEMSETZ H. Production, information costs, and economic organization [J]. American Economic Review, 1972, 62 (5): 777-795.

[148] ARMSTRONG J S. Social irresponsibility in management [J]. Journal of Business Research, 1977, 5 (3): 185-213.

[149] ATAY E, TERPSTRA-TONG YEE J. L. The determinants of corporate social irresponsibility: a case study of the Soma mine accident in Turkey [J]. Social Responsibility Journal, 2020, 16 (8): 1433-1452.

[150] BALDERJAHN I. Personality variables and environmental attitudes as predictors of ecologically responsible consumption patters [J]. Journal of Business Research, 1988 (17): 51-56.

[151] BANERJEE S, HOMROY S. Managerial incentives and strategic choices of firms with different ownership structures [J]. Journal of Corporate Finance, 2018 (48): 314-330.

[152] BANSAL P, ROTH K. Why companies go green: a model of eco-

logical responsiveness [J]. Academy of Management Journal, 2000 (43): 717-736.

[153] BANTEL K A, JACKSON S E. Top team, environment and performance effects on strategic planning formality [J]. Journal of Financial Economics, 1993 (36): 337-360.

[154] BANTEL K, JACKSON S. Top management and innovations in banking: does the composition of the top team make a difference? [J]. Strategic Management Journal, 1989, 10 (1): 107-124.

[155] BANTEL W K. A. Top management team turnover as an adaptation mechanism: the role of the environment [J]. Strategic Management Journal, 1993, 14 (7): 485-504.

[156] BARNEA A, RUBIN A. Corporate social responsibility as a conflict between shareholders [J]. Journal of Business Ethics, 2010, 97 (1): 71-86.

[157] BARNETT M L, SALOMON R M. Does it pay to be really good? Addressing the shape of the relationship between social and financial performance [J]. Strategic Management Journal, 2012, 33 (11): 1304-1320.

[158] BARNEY J B, BUSENITZ L W, FIET J O, et al. New venture teams' assessment of learning assistance from venture capital firms [J]. Journal Business Venturing, 1996, 11 (4): 257-272.

[159] BATTISTIN E, GAVOSTO A, RETTORE E. Why do subsidised firms survive longer? An evaluation of a program promoting youth entrepreneurship in Italy [J]. Econometric Evaluation of Labour Market Policies, 2001 (13): 153-181.

[160] BAUCUS M S, NEAR J P. Can illegsl corporate behavior be preticted? An event history analysis [J]. Academy of Managememt Journal, 1991, 34 (1): 9-36.

[161] BAUDOT L, JOHNSON J A, ROBERTS A, et al. Is corporate tax aggressiveness a reputation threat? Corporate accountability, corporate social responsibility, and corporate tax behavior [J]. Journal of Business Ethics, 2020 (2): 197-215.

[162] BEBCHUK L A, FRIED J M. Executive compensation as an agency problem [J]. Journal of Economic Perspectives, 2003, 17 (3): 71-92.

[163] BEBCHUK L, FRIED J. Paying for long-term performance [J]. University of Pennsylvania Law Review, 2010 (158): 1915-1960.

[164] BEBCHUK L, FRIED J, WALKER D. Managerial power and rent extraction in the design of executive compensation [J]. University of Chicago Law Review, 2002, 69 (3): 751-846.

[165] BEDNAR M. K, LOVE E G, KRAATZ M. Paying the price? The impact of controversial governance practices on managerial reputation [J]. Academy of Management Journal, 2015, 58 (6): 1740-1760.

[166] BEJI R, YOUSFI O, LOUKIL N, et al. Board diversity and corporate social responsibility: empirical evidence from France [J]. Journal of Business Ethic, 2020, 173 (1): 133-155.

[167] BERLE A, MEANS C. The modern corporate and private property [M]. New York: MacMillan, 1932.

[168] BERMAN S L, DOWN J, HILL C W. Tacit knowledge as a source of competitive advantage in the National Basketball Association [J]. Acadmic Management Journal, 2002, 45 (1): 13-31.

[169] BESLEY T, PRAT. A. Handcuffs for the grabbing hand? Media capture and government accountability [J]. American Economic Review, 2006, 96 (3): 720-736.

[170] BLAU P M. Inequality and heterogeneity: a primitive theory of social structure [M]. New York: The Free Press, 1977.

[171] BOEKER W. Strategic change: the influence of managerial characteristics and organizational growth [J]. Academy of Management Journal, 1997, 40 (1): 152-170.

[172] BOUQUET C, BIRKINSHAW J. Weight versus voice: how foreign subsidiaries gain attention from corporate headquarters [J]. Academy of Management Journal, 2008, 51 (3): 577-601.

[173] BOWEN H R. Social responsibilities of the businessman, harper and row [M]. New York: The Free Press, 1953.

[174] BRANCO M C, RODRIGUES L L. Corporate social responsibility and resource-based perspectives [J]. Journal of business ethics, 2006, 69 (2): 111-132.

[175] BRISKER E, AUTORE D, COLAK G, et al. Executive compensation structure and the motivations for seasoned equity offerings [J]. Journal of Banking & Finance, 2014 (40): 330-345.

[176] BUYL T, BOONE C, HENDRIKS W, et al. Top management team functional diversity and firm performance: the moderating role of CEO characteristics [J]. Journal of Management Studies, 2011, 48 (1): 151-177.

[177] CAMBINI C, RONDI L, MASI S D. Incentive compensation in energy firms: does regulation matter? [J]. Corporate Governance An International Review, 2015, 23 (4): 378-395.

[178] CAMPBELL J L. Institutional analysis and the paradox of corporate social responsibility [J]. American Behavioral Scientist, 2006, 49 (7): 925-938.

[179] CAMPBELL J L. Why would corporations behave in socially responsible ways? An institutional theory of corporate social responsibility [J]. Academy of Management Review, 2007 (32): 946-967.

[180] CARPENTER M A, SANDERS W G, GREGERSEN H B. Bundling human capital with organizational context: the impact of interna tional assignment experience on multinational firm performance and CEO pay [J]. Academy of Management Journal, 2001, 44 (3): 493-511.

[181] CARROLL A B. A three-dimensional conceptual model of corporate performance [J]. Academy of Management Review, 1979, 4 (4): 497-505.

[182] CARROLL A B. The pyramid of corporate social responsibility toward the model of management organizational stakeholders [J]. Business Horizons, 1991, 34 (4): 39-48.

[183] CASTANIAS R P, HELFAT C E. Managerial resources and rents [J]. Journal of Management, 1991 (17): 155-171.

[184] CASTANIAS R P, HELFAT C E. The managerial rents model: theory and empirical analysis [J]. Journal of Management, 2001 (27): 661-678.

[185] CHAIGNEAU P. The optimal timing of CEO compensation [J]. Finance Research Letters, 2018 (24): 90-94.

[186] CHEN C J, GUO R S, YUNG-CHANG H, et al. How business strategy in non-financial firms moderates the curvilinear effects of corporate social responsibility and irresponsibility on corporate financial performance [J]. Journal

of Business Research, 2018, 92 (C): 154-167

[187] CHIN M K, HAMBRICK D C, TREVIO L K. Political ideologies of CEOs: the influence of executives' values on corporate social responsibility [J]. Administrative Science Quarterly, 2013 (58): 197-232.

[188] CHOI J, WANG H L. Stakeholder relations and the persistence of corporate financial performance [J]. Strategic Management Journal, 2009, 30 (8): 895-907.

[189] COLES J, DANIEL N, NAVEEN L. Managerial incentives and risk-taking [J]. Journal of Financial Economics, 2006 (79): 31-468.

[190] COOMBS J E, GILLEY K M. Stakeholder management as a predictor of CEO compensation: main effects and interactions with financial performance [J]. Strategic Management Journal, 2005, 26 (9): 827-840.

[191] CORE J E, HOLTHAUSEN R W, LARCKE D F. Coprorate governance, chief executive officer compensation, and firm performance [J]. Journal of Financial Economics, 1999, 51 (3): 371-406.

[192] CRILLY D, HANSEN M, ZOLLO M. The grammar of decoupling: a cognitive-linguistic. perspective on firms' sustainability claims and stakeholders' interpretation [J]. Academy of Management Journal, 2016, 59 (2): 705-729.

[193] D'AVENI R, MACMILLAN I. Crisis and the content of managerial communications: a study of the focus of attention of top managers in surviving and failing firms [J]. Administrative Science Quarterly, 1990, 35 (4): 634-657.

[194] DAHL R A, SIMON H A. Administrative behavior: a study of decision-making proceses in administrative organization [J]. Administrative Science Quarterly, 1957, 2 (2): 244-266.

[195] DAVIS K. Can business afford to ignore social responsibilities [J]. California Management Review, 1960 (2): 70-76.

[196] DAVIS K. The case for and against business assumption of social responsibilities [J]. Academy of Management Journal, 1973, 16 (2): 312-322.

[197] DAVIS K. Understanding the social responsibility puzzle: what does the businessman owe to society [J]. Business Horizons, 1967 (10): 45-50.

[198] DECKOP J R, MERRIMAN K K, GUPTA S. The effects of CEO pay structure on corporate social performance [J]. Journal of Management, 2006

(32): 329-342.

[199] DEMACARTY P. Financial returns of corporate social responsibility, and the moral freedom and responsibility of business leaders [J]. Business & Society Review, 2010, 114 (3): 393-433.

[200] DHALIWAL D, HOGAN C, TREZEVANT R, et al. Internal control disclosures, monitoring, and the cost of debt [J]. Accounting Review, 2011 (86): 1131-1156.

[201] DI GIULI A, KOSTOVETSKY L. Are red or blue companies more likely to go green? Politics and corporate social responsibility [J]. Journal of Financial Economics, 2014, 111 (1): 158-180.

[202] DICKINSON V. Cash flow patterns as a proxy for firm life-cycle [J]. Accounting Review, 2011, 86 (6): 1964-1994.

[203] DIERICKX I, COOL K. Asset accumulation and sustainability of competitive advantage [J]. Management Science, 1989 (35): 1504-1511.

[204] DOORN S V, REIMER M. How top management teams' expertise drives CSR: CSR strategizing at the CEO-TMT interface [J]. Academy of Management Annual Meeting Proceedings, 2016, 1 (1): 2151-6561.

[205] DU C Y, HAN R, LI C Q. An exploration of the construction of China's eldercare service talent team from the expectancy theory perspective [J]. Open Journal of Business and Management, 2017, 5 (3): 501-513.

[206] DUNBAR R J M, SCHWALBACH J. Corporate reputation and performance in Germany [J]. Corporate Reputation Review, 2000, 3 (2): 115-123.

[207] DYCK A, LUIGI Z. The bubble and the media, corporate governance and capital flows in a global economy, cornelius, P. and B. [M]. New York: Oxford University Press, 2002.

[208] EISENHARDT K M, MARTIN J A. Dynamic capabilities: what are they? [J]. Strategic Management Journal, 2000 (21): 1105-1121.

[209] EISENHARDT K M, SCHOONHOVEN C B. Organizational growth: linking founding team, strategy, environment, and growth among U. S. semiconductor ventures, 1978—1988 [J]. Administrative Science Quarterly, 1990, 35 (3): 504-529.

[210] ENER H. Do prior experiences of top executives enable or hinder

product market entry? [J]. Journal of Management Studies, 2019, 56 (7): 1345-1376.

[211] FAMA, E. Agency problems and the theory of the firm [J]. Journal of Political Economy, 1980, 88 (2): 288-307.

[212] FAMA E F, JENSEN M C. Separation of ownership and control [J]. Journal of Law and Economics, 1983 (26): 301-326.

[213] FERNANDEZ - FEIJOO B, ROMERO S, RUIZ S. Does board gender composition affect corporate social responsibility reporting? [J]. International Journal of Business and Social Science, 2012, 3 (1): 31-38.

[214] FERRIS G R, BLASS F R, DOUGLAS C, et al. Personal reputation in organizations [A]. Mahwah, NJ: Lawrence Erlbaum Associates, 2003.

[215] FERRY W H. Forms of irresponsibility [J]. Annals of the American Academy of Political & Social Science, 1962 (1): 65-74.

[216] FETSCHERIN M. The CEO branding mix [J]. Journal of Business Strategy, 2015, 36 (6): 22-28.

[217] FINKELSTEIN S U. Power in top management teams: dimensions, measurement, and validation [J]. Academy of Management Journal, 1992, 35 (3): 505-538.

[218] FINKELSTEIN S, HAMBRICK D C. Strategic leadership: top executives and their effects on organizations [M]. St. Paul, MN: West Publishing Company, 1996.

[219] FINKELSTEIN S, HAMBRICK D C. Top-management-team tenure and organizational outcomes: the moderating role of managerial discretion [J]. Administrative Science Quarterly, 1990, 35 (3): 484-503.

[220] FLAMMER C. Competing for government procurement contracts: the role of corporate social responsibility [J]. Strategic Management Journal, 2018 (39): 1299-1324.

[221] FLAMMER C. Does corporate social responsibility lead to superior financial performance [J]. Management Science, 2015, 61 (11): 2549-2568.

[222] FLAMMER C, BANSAL P. Does a long-term orientation create value? Evidence from a regression discontinuity [J]. Strategic Management Journal, 2017 (38): 1827-1847.

［223］ FOLKES V S, KAMINS M A. Effects of information about fims' ethical and unethical actions on consumers' attitudes ［J］. Journal of Consumer Psychology, 1999, 8 (3): 243-259.

［224］ FU R, TANG Y, CHEN G. Chief sustainability officers and corporate social (ir) responsibility ［J］. Strategic Management Journal, 2020, 41 (4): 656-680.

［225］ GALASKIEWICE J, BURT R S. Inter organization contagion in corporate philanthropy ［J］. Administrative Science Quarterly, 1991, 36 (1): 88-105.

［226］ GELETKANYCZ M A, BLACK S S. Bound by the past? Experience-based effects on commitment to the strategic status quo ［J］. Journal of Management, 2001 (27): 3-21.

［227］ GELLERMAN S W. Why "good" managers make bad ethical choices ［J］. Harvard Business Review, 1986, 64 (4): 85-90.

［228］ GEORGAKAKIS D, GREVE P, RUIGROK W. Top management team faultlines and firm performance: examining the CEO-TMT Interface ［J］. The Leadership Quarterly, 2017, 28 (6): 741-758.

［229］ GODFREY P C, MERRILL C B, HANSEN J M. The relationship between corporate social responsibility and shareholder value: an empirical test of the risk management hypothesis ［J］. Strategic Management Journal, 2009, 30 (4): 425-445.

［230］ GODLEY A C, HAMILTON S. Different expectations: a comparative history of structure, experience, and strategic alliances in the U. S. and U. K. poultry sectors, 1920—1990 ［J］. Strategic Entrepreneurship Journal, 2019 (14): 89-104.

［231］ GOODWIN V L, BOWLER W M, WHITTINGTON J L. A social network perspective on LMX relationships: accounting for the instrumental value of leader and follower networks ［J］. Journal of Management, 2009, 35 (4): 954-980.

［232］ GORT M, KLEPPER S. Time paths in the diffusion of product innovations ［J］. The Economics Journal, 1982, 92 (367): 630-653.

［233］ GREENING D, JOHNSON R. Managing industrial and

environmental crises: the role of heterogeneous top management teams [J]. Business Society, 1997, 36 (4): 334-362.

[234] GRIMMER M, BINGHAM T. Company environmental performance and coneumer purchase intentions [J]. Joummal of Business Research, 2013, 66 (10): 1945-1953.

[235] GROENING C, KANURI V K. Investor reactions to concurrent positive and negative stakeholder news [J]. Journal of Business Ethics, 2018, 149 (4): 833-856.

[236] GUENSTER N, BAUER R, DERWALL J, et al. The economic value of corporate eco-efficiency [J]. European Financial Management, 2011, 17 (4): 679-704.

[237] HAAS M R, CRISCUOLO P, GEORGE G. Which problems to solve? Online knowledge sharing and attention allocation in organizations [J]. Academy of Management Journal, 2015, 58 (3): 680-711.

[238] HALL B, MURPHY K J. The trouble with stock options [J]. National Bureau of Economic Research, 2003, 17 (3): 49-70.

[239] HAMBRICK D C. Fragmentation and the other problems CEOs have with their top management teams [J]. California Management Review, 1995, 37 (3): 110-127.

[240] HAMBRICK D C, GELETKANYCZ M A, FREDRICKSON J W. Top executive commitment to the status quo: some tests of its determinants [J]. Strategic Management Journal, 1993 (14): 401-418.

[241] HAMBRICK D C, CHO T S, CHEN M J. The influence of top management team heterogeneity on firms' competitive moves [J]. Administrative Science Quarterly, 1996, 41 (4): 659-684.

[242] HAMBRICK D C, MASON P A. Upper echelons: the organization as a reflection of its top managers [J]. Academy of Management Review, 1984, 9 (2): 193-206.

[243] HAMORI M, KOYUNCU B. Experience matters? The impact of prior CEO experience on firm performance [J]. Human Resource Management, 2015, 54 (1): 23-44.

[244] HANLON M, RAJGOPAL S, SHEVLIN T. Are executive stock op-

tions associated with future earnings? [J]. Journal of Accounting and Economics, 2003, 36 (1): 3-43.

[245] HANSEN C H, HANSEN R D. Finding the face in the crowd: an anger superiority effect [J]. Journal of Personality and Social Psychology, 1988, 54 (6): 917-924.

[246] HARJOTO M, LAKSMANA I, LEE R. Board diversity and corporate social responsibility [J]. Journal of Business Ethics, 2015, 132 (4): 641-660.

[247] HARRIS D, HELFAT C. Specificity of CEO human capital and compensation [J]. Strategic Management Journal, 1997, 18: 895-920.

[248] HARRISON D A, PRICE K H, BELL M P. Beyond relational demography: time and the effects of surface and deep-level diversity on work group cohesion [J]. Acadmic Management Journal, 1998, 41 (1): 96-107.

[249] HERRMANN P, DATTA D K. Relationships between top management team characteristics and international diversification: An empirical investigation [J]. British Journal of Management, 2005, 16 (1): 69-78.

[250] HOFFMAN A J, OCASIO W. Not all events are attended equally: toward a middle-range theory of industry attention to external events [J]. Organization Science, 2011, 12 (4): 414-434.

[251] HOLMSTRÖM B. Managerial incentive problems: a dynamic perspective [J]. Review of Econimic Studies, 1999, 66 (1): 169-182.

[252] HOLMSTRÖM B, MILGROM P. Multitask principal - agent analyses: incentive contracts, asset ownership, and job design [J]. Journal of Law Economics & Organization, 1991, 12 (7): 24-52.

[253] HONG B, LI Z, MINOR D. Corporate governance and executive compensation for corporate social responsibility [J]. Journal of Business Ethics, 2016 (1): 199-213.

[254] HUR W O, MOON T O, CHOI W E. When are internal and external corporate social responsibility initiatives amplified? Employee engagement in corporate social responsibility initiatives on prosocial and proactive behaviors [J]. Corporate Social Responsibility and Environmental Management, 2019 (4): 849-858.

[255] JACKSON S. Consequences of group composition for the inter personal dynamics of strategic issue processing [J]. Advances in Strategic Management, 1992 (8): 345-382.

[256] JAMALI D. The case for strategic corporate social responsibility in developing countries [J]. Business and Society Review, 2007, 112 (1): 1-27.

[257] JAMES E M. Measurement of corporate social action [J]. Business & Society, 2006, 45 (1): 20-46.

[258] JEHN K A, NORTHCRAFT G B, NEALE M A. Why differences make a difference: a field study of diversity, conflict, and performance in workgroups [J]. Administrative Science Quarterly, 1999 (44): 41-763.

[259] JENSEN M C, MECKLING W H. Theory of the firm: managerial behavior, agency costs and ownership structure [J]. Journal of Financial Economics, 1976 (3): 305-360.

[260] JENSEN M C, MURPHY K J. Performance pay and top - management incentives [J]. Journal of Political Economy, 1990, 98: 225-264.

[261] JEONG Y C, KIM T Y. Between legitimacy and efficiency: an institutional theory of corporate giving [J]. Academy of Management Journal, 2019, 62 (5): 1583-1608.

[262] JIA M, ZHANG Z. Managerial ownership and corporate social performance: evidence from privately owned Chinese firms' response to the Sichuan earthquake [J]. Corporate Social Responsibility and Environmental Management, 2013, 20 (5): 257-274.

[263] JINGOO K, HAN K Y. The impact of media on corporate social responsibility [D]. Pennsylvania: University of Pennsylvania, 2013.

[264] JONES B, BOWD R, TENCH R. Corporate irresponsibility and corporate social responsibility: competing realities [J]. Social Responsibility Journal, 2009, 5 (3): 300-310.

[265] JONES T M. Instrumental stakeholder theory: a synthesis of ethics and economics [J]. Academy of Management Review, 1995 (20): 404-437.

[266] JONES T M, HARRISON J S, FELPS W. How applying instrumental stakeholder theory can provide sustainable competitive advantage [J]. Academy of Management Review, 2018 (43): 371-391.

［267］ KANG C, GERMANN F, GREWAL A R. Washing away your sins? Corporate social responsibility, corporate social irresponsibility, and firm performance ［J］. Journal of Marketing, 2016 (2): 59-79.

［268］ KATZ R. The effects of group longevity on project communication and performance ［J］. Administrative Science Quarterly, 1982 (27): 81-104.

［269］ KAUL A, LUO J. An economic case for CSR: the comparative efficiency of for-profit firms in meeting consumer demand for social goods ［J］. Strategic Management Journal, 2018 (39): 1650-1677.

［270］ KEIG D L, BROUTHERS L E, MARSHALL V B. Formal and informal corruption environments and multinational enterprise social irresponsibility ［J］. Journal of Management Studies, 2015 (1): 89-116.

［271］ KEKEOCHA M Z. Expectancy theory and its implication for customer-focused service strategy: a perspective of service industries in Onitsha Anambra state ［J］. Journal of Arts Management and Social Sciences, 2016, 1 (2): 104-118.

［272］ KIM J B, LI Y, ZHANG L D. CFOs versus CEOs: equity incentives and crashes ［J］. Journal of Financial Economics, 2011 (101): 713-730.

［273］ KIM J Y, FINKELSTEIN S, HALEBLIAN J. All aspirations are not created equal: the differential effects of historical and social aspirations on acquisition behavior ［J］. Academy of Management Journal, 2015 (5): 1361-1388.

［274］ KIRZNER I. Entrepreneurial discovery and the competitive market process: an Austrian approach ［J］. Journal of Economic Literature, 1997, 35 (1): 60-85.

［275］ KIRZNER I M. Uncertainty in economic thought ［J］. Southern Economic Journal, 1997, 64 (1): 347-348.

［276］ KOH P S, QIAN C, WANG H. Firm litigation risk and the insurance value of corporate social performance ［J］. Strategic Management Journal, 2014, 35 (10): 1464-1482.

［277］ KOR Y Y. Experience-based top management team competence and sustained growth ［J］. Organization Science, 2003 (14): 707-719.

［278］ KOR Y Y, MAHONEY J T. Penrose's resource-based approach:

the process and product of research creativity [J]. Journal of Management studies, 2000, 37 (1): 109-139.

[279] KOTCHEN M, MOON J J. Corporate social responsibility for irresponsibility [J]. The BE Journal of Economic Analysis & Policy, 2012, 12 (1): 1-23.

[280] KRAATZ M S, MOORE J H. Executive migration and institutional change [J]. The Academy of Management Journal, 2002, 45 (1): 120-143.

[281] KREPE D, WLISON R. Reputation and imperfiect information [J]. Journal of Economic Theory, 1982, 27 (2): 253-279.

[282] KRISHNA U. Corporate social responsibility and firm size [J]. Joumal of Business Ethics, 2008 (83): 167-175.

[283] LANGDANA F, MURPHY P T. The ricardian trade model [J]. Springer Texts in Business and Economics, 2014 (2): 19-25.

[284] LANGE D, WASHBURN N T. Understanding attributions of corporate social irresponsibility [J]. Academy of Management Review, 2012, 37 (2): 300-326.

[285] LAUX V. Stock option vesting conditions, CEO turnover, and myopic investment [J]. Journal of Financial Economics, 2012, 106 (3): 513-526.

[286] LEV B, PETROVITS C, RADHAKRISHNAN S. Is doing good good for you? How corporate charitable contributions enhance revenue growth [J]. Social Science Electronic Publishing, 2010, 31 (2): 182-200.

[287] LI D, XIN L, CHEN X, et al. Corporate social responsibility, media attention and firm value: empirical research on Chinese manufacturing firms [J]. Quality & Quantity, 2017, 51 (4): 1563-1577.

[288] LIN-HI N, MüELLER K. The CSR bottom line: preventing corporate social irresponsibility [J]. Journal of Business Research, 2013, 66 (10): 1928-1936.

[289] LIOUIA S Z. Environmnental corporate social responsibility and financial performance: disentangling direct and indirect effiects [J]. Ecoiogical Economicg, 2012 (8): 100-111.

[290] LUBATKIN M H, SIMSEK Z, LING Y E A. Ambidexterity and performance in small - to - medium - sized firms: the pivotal role of top

management team behavioral integration [J]. Journal of Management, 2006 (32): 646-672.

[291] LUO X R, WANG D, ZHANG J. Whose call to answer: institutional complexity and firms' CSR reporting [J]. Academy of Management Journal, 2017 (60): 321-344.

[292] MA J, HUANG X. TMT experience and corporate social (ir) responsibility: the moderating effects of faultlines [J]. Nankai Business Review International, 2022, 14 (4): 675-697.

[293] MACKEY A, MACKEY T B, BARNEY J B. Corporate social responsibility and firm performance: investor preferences and corporate strategies [J]. Academy of Management Review, 2007, 32 (3): 817-835.

[294] MAJEED S, AZIZ T, SALEEM S. The effect of corporate governance elements on corporate social responsibility (CSR) disclosure: an empirical evidence from listed companies at KSE pakistan [J]. International Journal of Financial Studics, 2015, 3 (4): 530-556.

[295] MALMENDIER U, TATE G, YAN J. Overconfidence and early-life experiences: the effect of managerial traits on corporate financial policies [J]. Journal of Finance, 2011, 66 (5): 1687-1733.

[296] MANNER M H. The impact of CEO characteristics on corporate social performance [J]. Journal of Business Ethics, 2010, 93: 53-72.

[297] MANSO G. Motivating Innovation [J]. Journal of Finance, 2011 (66): 1823-1860.

[298] MARQUIS C, TILCSIK A. Institutional equivalence: how industry and community peers influence corporate philanthropy [J]. Organization Science, 2016 (27): 1325-1341.

[299] MASULIS R W, REZA S W. Agency problems of corporate philanthropy [J]. The Review of Financial Studies, 2014 (28): 592-636.

[300] MATTEN D, MOON J. Corporate social responsibility education in europe [J]. Journal of Business Ethics, 2004, 54 (4): 323-337.

[301] MATTINGLY J E, BERMAN S L. Measurement of corporate social action: discovering taxonomy in the kinder lydenburg domini ratings data [J]. Business & Society, 2006, 45 (1): 20-46.

[302] MCCONNELL J J, SERVAES H. Additional evidence on equity ownership and corporate value [J]. Journal of Financial Economics, 1990, 27 (2): 595-612.

[303] MCWILLIAMS A, SIEGEL D. Corporate social responsibility and financial performance: correlation or misspecification? [J]. Academy of Management Review, 2000 (5): 603-609.

[304] MCWILLIAMS A, SIEGEL D. Corporate social responsibility: a theory of the firm perspective [J]. Academy of Management Review, 2001 (26): 117-127.

[305] MENA S, RINTAMäKI J, FLEMING P, et al. On the forgetting of corporate irresponsibility [J]. Academy of Management Review, 2016 (4): 720-738.

[306] MENZ M. Functional top management team members: a review, synthesis, and research agenda [J]. Journal of Management, 2012, 38 (1): 45-80.

[307] MICHEL J G, HAMBRICK D C. Diversification posture and top management team characteristics [J]. Academy of Management Journal, 1992 (35): 9-35.

[308] MILBOURN T T. CEO reputation and stock-based compensation [J]. Journal of Financial Econorics, 2003, 68 (2): 233-262.

[309] MILGROM P, ROBERTS J. Predation, reputation, and entry deterrence [J]. Journal of Economic Theory, 1980, 27 (2): 280-312

[310] MOHR L A, WEBB D J. The effects of corporate social responsibility and price on consumer responses [J]. Journal of Consumer Affairs, 2005, 39 (1): 121-147.

[311] MOMBEUIL C, FOTIADIS A K, WANG Z. The pandora's box of corporate social irresponsibility: an empirical study within failed states context [J]. Journal of Cleaner Production, 2019 (10): 1306-1321.

[312] MULLER A, KRAUSSL R. Doing good deeds in times of need: a strategic perspective on corporate disaster donations [J]. Strategic Management Journal, 2011, 32 (9): 911-929.

[313] MURPHY P E, SCHLEGELMILCH B B. Corporate social responsi-

bility and corporate social irresponsibility: introduction to a special topic section [J]. Journal of Business Research, 2013 (66): 1807-1813.

[314] NADKARNI S, BARR P S. Environmental context, managerial cognition, and strategic action: an integrated view [J]. Strategic Management Journal, 2008, 29 (13): 1395-1427.

[315] ÖBERSEDER M, SCHLEGELMILCH B B, MURPHY P E, et al. Consumers' perceptions of corporate social responsibility: scale development and validation [J]. Journal of Business Ethics, 2013, 124 (1): 101-115.

[316] OCASIO W. Attention to attention [J]. Organization Science, 2011, 22 (5): 1286-1296.

[317] OCASIO W. Towards an attention-based view of the firm [J]. Strategic Management Journal, 1997, 18 (1): 187-206.

[318] OSTER S M. Modern competitive analysis [M]. New York: Oxford University Press, 1999.

[319] PARIAT P, BAGGA S. Victor vroom's expectancy theory of motivation: an evaluation [J]. International Research Journal of Business and Management, 2014, 7 (9): 1-8.

[320] PEETERS G, CZAPINSKI J. Positive-negative asymmetry in evaluations: the distinction between affective and informational negativity effects [J]. European Review of Social Psychology, 1990, 1 (1): 33-60.

[321] PENROSE E T. The theory of the growth of the firm [M]. New York: John Wiley and Sons, 1959.

[322] PEPPER A, GORE J. Behavioral agency theory: new foundations for theorizing about executive compensation [J]. Journal of Management, 2015 (41): 1045-1068.

[323] PETRENKO O V, AIME F, RIDGE J, et al. Corporate social responsibility or CEO narcissism? CSR motivations and organizational performance [J]. Strategic Management Journal, 2016, 37: 262-279.

[324] PFARRER M D, et al. After the fall: reintegrating the corrupt organization [J]. Academg of Management Review, 2008, 23 (3): 730-749.

[325] PFEFFER J, SALANICK G R, LEBLEBICI H. The effect of uncertainty on the use of social influence in organizational decision making [J].

Administrative Science Quarterly, 1976 (21): 227-245.

[326] PORTER M E, KRAMER M R. The competitive advantage of corporate philanthropy [J]. Harvard Business Review, 2002 (80): 56-68.

[327] RANFT A L, ZINKO R, FERRIS G R, et al. Marketing the image of management: the costs and benefits of CEO reputation [J]. Organizational Dymamics, 2006, 35 (3): 279-290.

[328] REIMER M, VAN DOORN S, HEYDEN M L M. Unpacking functional experience complementarities in senior leaders' influences on CSR strategy: a CEO-top management team approach [J]. Journal of Business Ethics, 2018, 151 (4): 977-995.

[329] REUBER A. A, FISCHER E. The influence of the management team's international experience on the internationalization behaviors of SMEs [J]. Journal of International Business Studies, 1997, 28 (4): 807-826.

[330] RICHARDSON S. Over-investment of free cash flow [J]. Review Accounting Study, 2006 (11): 159-189.

[331] RODENBACH M, BRETTEL M. CEO experience as micro-level origin of dynamic capabilities [J]. Management Decision, 2012 (50): 611-634.

[332] RUSSO M V, FOUTS P A. A resource-based perspective on corporate environmental performance and profitability [J]. Academy of Management Journal, 1997 (40): 534-559.

[333] SALAIZ A, EVANS K, PATHAK S, et al. The impact of corporate social responsibility and irresponsibility on firm performance: new insights to an old question [J]. Organizational Dynamics, 2020, 49 (2): 1-8.

[334] SCHEFCZYK M, GERPOTT T J. Qualifications and turn over of managers and venture capital-financed firm performance: an empirical study of German venture capital-investments [J]. Journal of business Venturing, 2001 (16): 145-163.

[335] SCHEIDLER S, EDINGER-SCHONS L M. Partners in crime? The impact of consumers' culpability for corporate social irresponsibility on their boycott attitude [J]. Journal of Business Research, 2020 (3): 607-620.

[336] SCHLEGELMILCH B B. Ecological ethical and charitable concerns traces of a personal research odyssey [D]. Manchester: University of Manches-

ter, 2006.

[337] SCHWARTZ M S, CARROLL A B. Corporate social responsibility: a three-domain approach [J]. Business Ethics Quarterly, 2003, 13 (4): 503-530.

[338] SERFLING M A. CEO age and the riskiness of corporate policies [J]. Journal of corporate finance, 2014 (25): 251-273.

[339] SETHI S P. Dimensions of corporate social performance: an analytical framework [J]. California Management Review, 1975, 17: 58-64.

[340] SHAFER W E, FUKUKAWA K, LEE G M. Values and the perceived importance of ethics and social responsibility: the US versus China [J]. Journal of Business Ethics, 2007, 70 (3): 265-284.

[341] SHLEIFER A, VISHNY R W. A survey of corporate governance [J]. Journal of Finance, 1997, 52 (2): 737-783.

[342] SIMSEK Z. CEO tenure and organizational performance: an intervening model [J]. Strategic Management Journal, 2007 (28): 653-662.

[343] SLOAN R G. Accounting earnings and top executive compensation [J]. Journal of Accounting and Economics, 1993, 16 (1): 55-100.

[344] SMITH C, WATTS R. The investment opportunity set and corporate financing, dividend and compensation policies [J]. Journal of Financial Economics, 1992 (32): 263-292.

[345] SMITH K G, GRIMM C M, GANNON M J, et al. Organizational information processing, competitive responses, and performance in the U. S. domestic airline industry [J]. Academy of Management Journal, 1991, 34 (1): 60-85.

[346] SMITH K G, SMITH K A, OLIAN J D, et al. A top management team demography and process: the role of social integration and communication [J]. Administrative science quarterly, 1994 (39): 412-438.

[347] SOUITARIS V, MAESTRO B. Polychronicity in top management teams: the impact on strategic decision processes and performance of new technology ventures [J]. Strategic Management Journal, 2009, 31 (6): 652-678.

[348] STRIKE V., GAO J, BANSAL P. Being good while being bad: social responsibility and the international diversification of US firms [J]. Journal of

International Business Studies, 2006, 37 (6): 850-862.

[349] SUN M, HUANG, M C. Does CSR reputation mitigate the impact of corporate social irresponsibility? [J]. Asian Business & Management, 2022, 21 (2): 261-285.

[350] SUN W, DING Z. Is doing bad always punished? A moderated longitudinal analysis on corporate social irresponsibility and firm value [J]. Business & Society, 2020 (6): 1-38.

[351] SURROCA J, TRIBO J A, ZAHRA S A. Stakeholder pressure on MNEs and the transfer of socially irresponsible practices to subsidiaries [J]. Academy of Management Journal, 2013 (56): 549-572.

[352] TANG Y, MACK D Z, CHEN G. The differential effects of CEO narcissism and hubris on corporate social responsibility [J]. Strategic Management Journal, 2018 (39): 1370-1387.

[353] TANG Y, QIAN C, CHEN G, et al. How CEO hubris affects corporate social (ir) responsibility [J]. Strategic Management Journal, 2015 (36): 1338-1357.

[354] TIHANYI. The evolving value of foregn partnersgips in tansitioning economies [M]. Business Source Premier, 2000.

[355] TIMOTHY S C, KRISTEN N C. What CSR is not: corporate social irresponsibility [A]. Bingley: Emerald Group Publishing Limited, 2012 (2): 23-41.

[356] TOSI H, WERNER S, KATZ J, et al. How much does performance matter: a meta-analysis of CEO pay studies [J]. Journal of Management, 2000 (26): 301-339.

[357] TUSHMAN M L, NEWMAN W H, ROMANELLI E. Convergence and upheaval: managing the unsteady pace of organizational evolution [J]. California Management Review, 1986, 29 (1): 29-44.

[358] VAN DE VAN A H, HUDSON R, SCHROEDER D M. Designing new business startups: entrepreneurial, organizational, and ecological considerations [J]. Journal of Management, 1984, 10 (1): 87-107.

[359] VON DEN DRIESCH T, DA COSTA M E S, FLATTEN T C, et al. How CEO experience, personality, and network affect firms' dynamic capabilities

［J］. European Management Journal, 2015（33）: 245-256.

［360］WADDOCK S. Stakeholder performance implications of corporate responsibility［J］. International Journal of Business Performance Management, 2003, 5（3）: 114.

［361］WALKER K, ZKANG Z, NI N N. The mirror effect: corporate social responsibility, corporate social irresponsibility and firm performance in coordinated market economies and liberal market economies［J］. British Journal of Management, 2019（1）: 151-168.

［362］WALLER M, HUBER G, GLICK W. Functional background as a determinant of executives' selective perception［J］. Academy of Management Journal, 1995, 38（4）: 943-974.

［363］WANG C L. Entrepreneurial orientation, learning orientation, and firm performance［J］. Entrepreneurship Theory & Practice, 2010（3）: 35-57.

［364］WANOUS J P. Organizational entry: recruitment selection and socialization of newcomers the addison-wesley seri［M］. Addison Wesley Longman Publishing, 1980.

［365］WARTICK S L, COCHRAN P L. The evolution of the corporate social performance model［J］. Academy of Management Review, 1985, 10（4）: 758-769.

［366］WIENGARTEN F, FAN D, PAGELL M, et al. Deviations from aspirational target levels and environmental and safety performance: implications for operations managers acting irresponsibly［J］. Journal of Operations Management, 2019, 65（6）: 490-516.

［367］WILLIAMS C, CHEN P-L, AGARWAL R. Rookies and seasoned recruits: how experience in different levels, firms, and industries shapes strategic renewal in top management［J］. Strategic Management Journal, 2017, 38（7）: 1391-1415.

［368］WILLIAMS K Y, O'REILLY C A. Demography and diversity in organizations: a review of 40 years of research［J］. Research in Organizational Behavior, 1998, 20（3）: 77-140.

［369］WILLIAMS R, BARRETT J D. Corporate philanthropy, criminal activity, and firm reputation: is there a link?［J］. Journal of Business Ethics,

2000, 26 (4): 341-350.

[370] WRIGHT P, KROLL M, PETTUS K. M. Influences of top management team incentives on firm risk taking [J]. Strategic Management Journal, 2010, 28 (1): 81-89.

[371] WRIGHT P G. Tariff on animal and vegetable oils [M]. Macmillan Company, New York, 1928.

[372] WU J. The antecedents of corporate social and environmental irresponsibility [J]. Corporate Social Responsibility & Environmental Management, 2014 (5): 286-300.

[373] XU D, ZHOU K Z, DU F. Deviant versus aspirational risk taking: the effects of performance feedback on bribery expenditure and R&D intensity [J]. Academy of Management Journal, 2019 (4): 1226-1251.

[374] XU N, LI X, YUAN Q, et al. Excess perks and stock price crash risk: evidence from China [J]. Journal of Corporate Finance, 2014 (25): 419-434.

[375] YUAN Y, TIAN G, LU L, et al. CEO ability and corporate social responsibility [J]. Journal of Business Ethics, 2017 (2): 391-411.

[376] ZHANG D. Top management team characteristics and financial reporting quality [J]. The Accounting Review, 2019, 94 (5): 349-375.

[377] ZHANG J, KONG D M, WU J. Doing good business by hiring directors with foreign experience [J]. Journal of Business Ethics, 2018, 153 (3): 859-876.

[378] ZHANG J, LIANG Q, ZHANG Y, et al. Team faultline: types, configuration and influence evidence from China [J]. International Journal of Conflict Management, 2017, 28 (3): 346-367.

[379] ZOTT C, HUY Q N. How entrepreneurs use symbolic management to acquire resources [J]. Administrative Science Quarterly, 2007, 52 (1): 70-105.